明室
Lucida

照亮阅读的人

厌女简史

A Brief History of Misogyny

The World's Oldest Prejudice

世界上最古老的偏见

Jack Holland

[爱尔兰] 杰克·霍兰 —— 著　汪丽 —— 译

北京联合出版公司

首先，谨将本书献给它的作者，
以示我们深切的怀念。

本书也献给抚养作者长大的那些女性——
他的母亲伊丽莎白·罗杰斯·霍兰、
他的祖母凯特·墨菲·霍兰、
他的姑妈"锡西"玛莎·霍兰。
同样献给他的姊妹们——
凯瑟琳、伊丽莎白和艾琳。

玛丽·哈德森
及珍妮·霍兰

致　谢

杰克·霍兰死后，我们努力寻找机会出版他的这本书。在这一过程中，我们需要感谢的人有很多。感谢斯蒂芬·戴维斯、唐·吉尔伯特、苏珊·菲尼克斯、马西娅·罗克和米歇尔·斯托达德，感谢他们给予我们的精神支持或实际帮助。还要特别感谢布拉德·亨斯利、大卫·戈丁和迈克·迈尔斯，感谢他们对杰克·霍兰网站（www.jackholland.net）的创建、开发和维护。

我们更要特别感谢我们在伦敦的出版经纪人萨福·克利西特。在其他众多出版商拒绝出版这本书的情况下，感谢她能有勇气和远见来接管这本书的出版计划。

谨向以上所有人表达我们衷心的感谢。

玛丽·哈德森

及珍妮·霍兰

序 言

我父亲热爱历史，也关爱女性。这是他研究厌女症这个主题的两大原因。与这一研究内容迥然不同的是，他之前的职业生涯主要围绕对北爱尔兰政治问题的研究。

2002年，父亲开始撰写这本《厌女简史：世界上最古老的偏见》。这一主题很容易引发议论和话题。当父亲告诉其他一些男士他正在写作的内容时，他们通常的反应都是，以为我父亲在写某种为厌女症辩护的书籍，他们的这一反应着实令我父亲大为惊讶。另一种常见的反应便是，人们也很惊讶，这样一本书竟然会由一个男人来执笔。对此，父亲给出的回答也很简单。"为什么不行呢？"他会说，"厌女症本来也是由男人发明的。"

在父亲写作本书的过程中，他完全沉浸在一系列针对女性的犯罪故事中，而加害人通常是她们的丈夫、父亲、邻居和上司等支配者。每当他向母亲和我转述那些耸人听闻的故事时，我们都会不寒而栗。例如，现代早期欧洲史上加诸疑似女巫者的骇人听闻的折磨。他剪下各类报纸上的相关新闻报道，阅读过难计其数的各国历史，还转向诗歌和戏剧，试图在那里为厌女症的存在找到文化上的解释。

我父亲认为这是他最重要的一项工作。在此项工作中，父亲将他记者的敏锐目光聚焦到一个令人闻之生畏的问题上：在整个人类历史上，该如何解释占世界一半人口的女性所遭受的来自另一半人口的压迫和暴行呢？

父亲用来解决这个问题的方法，与他使其他更为当代的矛盾冲突呈现在读者眼前的方法是一致的。这其中就包括：压缩提炼令人费解且难以考证的原始材料的能力，关于西方文化和历史的丰富知识储备，对受压迫者怀有的深切同情，以及那抒情性的散文风格。凭借这些卓越的能力和素养，他写就了这部关于厌女症的历史。尽管这一主题常常显得残暴无端，但本书读起来却是温和而愉悦的。

2004年3月，在完成《厌女简史》一个月之后，父亲被诊断出了癌症。那年5月，他死于NK/T细胞淋巴瘤，一种极其罕见却几乎百分百致命的癌症。尽管因疾病和治疗变得疲弱不堪，但父亲仍然专注于这本书的推进，在医院的病床上，他也仍然在进行最后的编辑校对工作。

父女关系在本书中占有重要的地位。因为正是在这种最亲密的家人关系中，厌女症的有害影响才会被放大和延展开来，或者被消除。父女关系也是所有女孩生活中的核心关系。作为一名父亲，我父亲一直以一种轻松自如的态度承担他的父职角色，他赞赏我却不至于恭维，以其儒雅老练的赞许，伴我一路从女孩成长为女人。最重要的是，凡事他总会询问我的想法。他鼓励我不怕争论，敢于挑战他的父亲权威。有时候，针对我的一些不成熟的思想观念，父亲听完也会咯咯地笑出声来；而另外一些时候，我们的辩论又会进展得相当激烈。父亲告诉我，他很珍视我的这份聪明才智。从他温柔的眼神中，我也能读出他对我的女性特质呵护有加。

我实在无法估量这份认可对我的人生所产生的重要意义，尤其是因为，现在它好像已经随着父亲的去世而不复存在了。当我读着父亲写的这本书，看到书中记述的横跨多个大洲、纵贯数个世纪、如此众多的女性所遭受的种种不公待遇时，我才开始意识到这种反差所形成的反讽。我庆幸自己没有受到厌女症的影响。尤为重要的是，至少在家中，我可以不受其束缚地生活。

父亲的一生给我留下了许多温馨的记忆，而我最为珍视的亲切回忆，是他去世前的三天。在纽约曼哈顿的一家医院中，他和我单独坐在一间病人休息室里，一起整理通读本书的手稿。我大声地为父亲朗读手稿，他也很想知道我能否给他提些什么修改方面的建议。这让我很是受宠若惊，毕竟他是一名职业作家和权威专家，也是我的长辈和父亲，但他居然会征询我——这个新手记者、非专家人士、年轻女性和女儿——的个人意见。

回想起来，那真是一段金色的美好时光。如今，在我写下这些时，它又在我的记忆里复苏了。那感觉就好像是，我们手头正在做的这份安静的工作比他的病情更为重要。在那间洒满阳光的病房里，我们父女俩坐着，俯瞰窗外的哈得孙河，虽然只是那么短暂的一刹那，我们也好似和癌症病房中那种令人窒息的苦痛与恐惧相隔绝了。

记得就在我们这样进行校读工作后不久，我发现父亲的医生正静静地站在门口看着我们，显然，他也备受感动。父亲的主治医生是个十分和善、说话温声细语的人。大约两周前，他告诉母亲和我，父亲的大限将至，已经时日无多。而在那一刻，医生的面部表情仿佛是在告诉我，他不常看到像这样的情景。

我的父亲杰克·霍兰在20世纪50年代的北爱尔兰长大，他成年的日子正好赶上了社会剧变和政治动荡的20世纪60年代。从早年起，他的周围就环绕着一群能力出众的女性。霍兰主要是由他的祖母凯特·墨菲·霍兰和姑妈"锡西"玛莎·霍兰一起抚养长大的。他的祖母来自唐郡[*]一个偏远落后的乡村，是一位令人敬仰、十分有威严的家长。而他的姑妈是一位十足美丽的女人，终生未婚，一辈子都在贝尔法斯特的一家亚麻厂工作。霍兰的母亲是伊丽莎白·罗杰斯·霍兰，她自幼家贫，偶尔才能去上上学。在霍兰的整个职业生涯中，她一直是他的动力来源。父亲过去常常说，作为一名作家，他的目标就是让像他母亲这样没有受过教育但又不乏智慧的人能够理解复杂的思想。

他也一直都很关心女性的生命经验。在着手撰写他的第一本关于北爱尔兰问题的非虚构作品时，他就开始关注这些主题了。他从母亲和姑妈的书信与故事中汲取宝藏素材，在他于1981年出版的书《太漫长的牺牲：1969年以来北爱尔兰的生死存亡》(*Too Long a Sacrifice: Life and Death in Northern Ireland Since 1969*) 中，他让这些素材派上了很大用场。他创作的第一部小说是《囚徒之妻》(*The Prisoner's Wife*，1982)，探讨的是丈夫外出打仗时留守家中的妻子所承受的种种苦痛。

父亲一生中最重要的女人便是我的母亲玛丽·哈德森，一个拥有非凡才智的人，也是一位才华横溢的语言学家和教师。他们携手共度了30年，无论就个人生活，还是就职业生涯而言，这都是一段美满幸福而又富有成效的婚姻，这对他们彼此来说

---

[*] County Down，北爱尔兰阿尔斯特省的一个郡，位于北爱尔兰东南部和爱尔兰岛的最东端。——译者注，全书同

都弥足珍贵。在成长过程中,我见证了无数次他们在餐桌上进行的讨论,关于他当时正在写的书的这个或那个方面。这本《厌女简史》和父亲大多数的书一样,都是经由母亲的编辑才臻于完善的。

如果没有母亲过去两年以来的这份坚持,这本书也就无法付梓出版。与我父亲签订过合同,并在写作过程中有着密切合作的美国出版商,在父亲死后突然奇怪地宣称,这本书的手稿不能出版。我母亲认为这说不过去,她决定无论如何都要出版这本书,因为这是一个必须被讲述出来的故事。正是因为有母亲的这份韧性,这本重要且能发人深思的著作,现在才能够与读者见面。

如今,我们生活在一个相对开明的时代,人们终于了解到,厌女症现象不仅是压迫和不公的渊薮,同时也是人类发展和在社会及经济上取得进步的障碍。然而,总体而言,女性所得的报酬至今仍然低于她们的男性同行。在美国,人们几十年前赢得的女性生育权也正在逐步受到侵蚀。真正的两性平等,依旧道阻且长。除此以外,在世界许多地方,性别问题又因为贫困、无知、原教旨主义和疾病而更显得错综复杂。几个世纪以来,女性的命运几乎没怎么得到改善。

我父亲杰克·霍兰敏锐地意识到,这些问题不是单靠一本书就能解决的,事实上,即使是很多本书也无法解决。但这本书,作为父亲的最后一本书,必将成为一件用来与这个世界上最古老的偏见进行斗争的锐利武器。

珍妮·霍兰

目 录

导 论 001

第一章　潘多拉的女儿们 013
第二章　城门口的女人：古罗马的厌女症 041
第三章　神圣干预：厌女症和基督教的兴起 079
第四章　从天后到魔女 113
第五章　噢！美丽新世界：文学、厌女症及现代性的兴起 151
第六章　维多利亚时代的秘密 193
第七章　超人时代的厌女症 239
第八章　身体政治 265
第九章　结论：我们该如何应对厌女症？ 297

进阶阅读建议 319
注　释 323
人名译名对照表 345

导 论

> 她那被剃光了的头颅
> 像是根烤焦的玉米茬
> 她的眼罩是脏的绷带
> 她的绞索是一枚指环

——谢默斯·希尼
《惩罚》("Punishment"),
选自诗集《北方》(*North*, 1975)

2002年6月22日,在印度旁遮普邦的一个偏远地区,有位名叫穆罕塔兰·比比的巴基斯坦女性,在村委会的命令下被判处轮奸刑。据称,此事起因是有人看到她的兄弟与一位高种姓女性厮混在一处。于是,四个莽汉无视比比女士无助的求饶乞怜,便将她拖进一间小屋进行了施暴。

"他们强奸了我足足一小时,之后我连动也动不了。"她这般告诉采访记者。数百人目睹了此次施暴过程,但没有一个人愿意伸出援手。

2002年，地点在尼日利亚。阿明娜·拉瓦尔因为未婚先孕被判处石刑。根据判决，她的脖子以下都将被埋在土里，而后，众人纷纷向她的头部投掷石块，直到她的头骨破碎裂开为止。

在美国北卡罗来纳州费耶特维尔的布拉格堡军事基地中，仅在2003年夏天的短短六周之内，就有四名女性惨死于她们暴怒的丈夫之手。其中一名女性被那个曾经声称爱她的男人捅了足足50多刀。

还有非洲东部。从埃及一直绵延到索马里的这一大片地区范围内，据估计，有80%到100%的女性都遭受过生殖器残割（genital mutilation）。其中也有一些人逃往美国以寻求庇护。这些女性争论说，她们理应有权享有与那些逃离政治迫害的难民同等程度的庇护。但她们参与的这项抗争，其历史比一切争取民族、政治或公民权利的斗争都要古老得多。

* * *

我自幼在北爱尔兰长大，这里是一个与上文提到的印度旁遮普邦及东非距离遥远且截然不同的世界。但即便是在北爱尔兰地区，"屄"（cunt）这个词也表达出了一个人对他人所能表达的最具侮辱性的鄙视。要是你厌恶或鄙视某人，那么，骂他"屄"就足够了。

这个词常常被人潦草地写在到处散落着垃圾的后巷之墙上，或者混合着尿液和粪便臭味的公共厕所里。没有比被人当作"屄"来对待更糟糕的事情了，也没有比被人叫作"蠢屄"（stupid cunt）更愚蠢的事情了。

我从小长大的地方是北爱尔兰的贝尔法斯特,这座城市有属于它自己的特殊仇恨。多年来,不同教会间的宗派仇恨使得这座城市成了暴力和流血的代名词。但有一件事,即使是交恶的天主教徒和新教徒都能达成一致意见,那就是"屄的可鄙地位"。

在英国一些贫穷的工业化地区,殴打妻子这种日常蔑视女性的行为简直就是家常便饭。在这一方面,贝尔法斯特与这些地区毫无二致。当某个男人恶狠狠地踢一只狗时,其他男人会插手介入,保护那只狗。但当某个丈夫对他的妻子施以殴打暴行时,其他男人却觉得没有义务冲上前去制止恶行。颇具讽刺意味的是,这是因为夫妻关系具有"神圣"的地位,所以,它不容他人干涉。

20 世纪 60 年代后期,政治暴力事件频繁爆发,厌女行为则更加公开地表现出来。那些与英国士兵约会的天主教女孩,会被人拖到街上施暴。她们被人(通常是被其他女人)捆绑并压制着,又被男人削砍和剃光头发,接着,他们将烧热的焦油滴浇在这些女孩身上,并把羽毛粘贴在女孩身上。随后,这些女孩会被绑在路灯柱上,被那些紧张兮兮的围观路人盯着,她们的脖子上还会挂上一个标牌,上面潦草地写着另一个带有性侮辱的字眼——"whore"(娼妓)。

也许,我们是在效仿法国人,英语国家在有关性行为的问题上通常都会参考法国人的所作所为。我们可能看到过一些新闻图片,它们呈现了在法国解放时,因与德国士兵交往而被指控的女性所遭受的命运。不过,我们也会遵循自己强烈感情的内在逻辑,通过使用"屄"这个简洁的单音节词,我们表达了相同的暴怒之火。

大约在 1800 年前,作为天主教会创始人之一的德尔图良*就

---

* Tertullian(约 160—约 225),古罗马基督教神学家,拉丁教父。

已经阐明了这一逻辑，他这样写道：

> 你是通往魔鬼的门户，你是那棵禁树的解封者，你是神圣律法的第一个摒弃者。对于那个魔鬼不敢攻击的人，你是那个引诱了他的女人。你就这样轻而易举地毁掉了人——这一上帝的形象。

厌女症，即对女性的仇恨，在许多不同的层面上蓬勃发展，从希腊思想家——他们帮助西方社会构建了看待世界的方式——作品中最崇高的哲学维度，到19世纪伦敦的后街暗巷，乃至现代洛杉矶的高速公路——连环杀手在他们身后留下了一串惨遭折磨和肢解的女性的尸体踪迹。从公元3世纪的基督教苦修者，到20世纪90年代后期阿富汗的塔利班统治者，他们都一直将其厌女的怒火喷向女性，并试图抑制女性的性欲。至少有一次，在中世纪晚期的猎巫运动中，厌女症直接导致了一场近乎是针对女性的大屠杀。在整个欧洲，有数十万——也有些历史学家说高达数百万——的女性，被活活烧死在了火刑柱上。这一事件在欧洲文明催生出的那些最伟大和最知名的艺术家笔下已经得到了呈现，也在最卑劣和最庸俗的现代色情作品中被津津乐道。整个厌女症的历史，的确是一段独特而又顽固持久的仇恨史，它将亚里士多德与"开膛手杰克"，李尔王与詹姆斯·邦德联系在了一起。

在最私人的层面上，性行为本身变成了一种耻辱和羞耻——对经历了性行为的女人来说是耻辱，对实施性行为的男人来说是羞耻。在贝尔法斯特的俚语中，"stiff"这个动词可以表达出两种意思："做爱"或"杀害"。但这里的死亡，并非法语中的"la petite mort"（小死亡），用来描述在性高潮的狂喜中忘乎所以、消弭自我的状态。所以,"I just stiffed that cunt"这句话,就可以表示"我刚刚把那个家伙给干掉了",或者是"我刚刚干了那个女人"。但是,不管它想表达哪种意思,受害者现在被丢弃了,被贬损了,从根本上被非人化(dehumanized)了。

我深知,想要追溯任何仇恨的历史都是一件极为复杂和困难重重的事情。无论什么形式的仇恨,无论是阶级仇恨还是种族仇恨,是宗教仇恨还是民族仇恨,当人们想追溯其根源时,通常都会发现冲突。但是,在这一系列人类彼此之间的令人沮丧的仇恨中,唯有厌女症涉及以下这一点——大多数男性对女性都有着深切的需要和欲望,同样,大多数女性对男性也是如此。在厌女症这里,仇恨以一种特殊的方式与欲望共存。这就是厌女症如此复杂的原因:它涉及了男人与他自己的冲突。事实上,在大多数情况下,人们甚至都没有意识到这种冲突。就像在天主教世界的其他国家一样,在爱尔兰,这首先表现得就像是一个悖论。比如,大街上的女人可能会受到蔑视,但一旦走进任何天主教堂,你就会立刻发现,那个伫立在高高基座上的女人*广受人们的崇敬,甚至是膜拜。

* * *

我们贝尔法斯特的教堂是一栋不大起眼的建筑物,它属于典型的爱尔兰教堂。这些教堂大多建于19世纪末和20世纪初,在那时,天主教建筑盛行富丽辉煌风格的阶段已经结束了很长一段

---

* 指天主教所崇奉的圣母马利亚(Virgin Mary),其雕塑或画像装饰通常会遍布天主教的各类大小教堂。

时间，取而代之的则是一种多愁善感式的宗教虔诚。我们的教堂是用红砖建造的，就像它周围的那一排排小房子一样。它唯一的华丽之处，可能就是伪哥特式建筑的门廊和教堂入口处那个斑岩圣水池。到礼拜天做完最后一场弥撒时，圣水池小盆的底部已经凝结起了一小团毛茸茸的黑色尘土。

而一旦进入幽暗的教堂内部，人们的注意力就会立刻被那尊年轻女子的雕像所吸引。她披着蓝色斗篷，头上环绕着一圈星星，她那只苍白而优雅精致的赤脚，正踩在一条蠕动着的大蛇的头上。大蛇那分叉的舌头从它的血盆大口中恶狠狠地伸吐出来。但它那有毒的愤怒却因被遏制而无力施展："那条巨龙，就是古蛇，也叫魔鬼，又名撒旦，已经被彻底赶出去了，使它不得再迷惑整个世界。"（《圣经·新约·启示录》[*]，第 20 章第 2 节）

教会告诉我们，这位女性，一个童贞女，通过自身的纯洁便战胜了魔鬼。这种贞洁，正因其完美而无懈可击。我们还被告知，威严耸立的童贞女所战胜的那种邪恶，她因战胜它而显得更加崇高的那种邪恶，正是肉体的邪恶，是欲望的邪恶，也是一种对无法言之于口的行为的欲望之恶。但是，我们好像被这样一个事实分散了注意力，也即，这条蛇的形象实在太过明显，它是一种无法被忽视的性欲象征。这座雕像，在庆祝纯洁战胜身体欲望时，反而又强调了一种潜在的性感。她的衣服被微微撩起，以显示她那精致、充满女性气质的脚，而那只脚又正在与滑行、蠕动的蛇发生如此亲密的肢体接触。有一天，我们也终会知道，对性的压抑只不过是另一种形式的性迷恋，就像色情作品那样。

---

[*] 本书中有关《圣经》的译文，均参考和合本《圣经》（NIV 对照本），除完整的章节引用外，部分地方可能有所删改，以便更好地契合原作的援引方式，保持行文流畅。

到了 15 岁时，我和我的朋友们就都知道了被童贞女踩踏到尘土中不断蠕动之物的真正所指。这就是我们的社会期待女性去扮演的角色——拒绝他人的欲望，毁灭自己的欲望。

其实，无须经过什么哲学训练，人们也可以破译对"屄"这一词的使用背后的厌女症观念。但是，圣母马利亚作为上帝之母被人们尊崇，这说明了厌女症不仅可以向下蔑视女性，也可以向上把女性奉若神明。不过，无论在哪个方向上，其目的都是相同的：将女性非人化。

尽管厌女症是最为顽固持久的偏见之一，但几个世纪以来，它也发生了一系列的演化和改变：根据盛行的社会、政治，尤其是宗教的潮流动态而有所缓和，或是变本加厉。随着基督教的兴起和原罪教义的宣传与普及，仇恨女性的历史也相应地发生了戏剧性的转变。

正如本书会进一步解释的那样，原罪教义是古代世界三股强大潮流在基督教中汇合而成的产物。这三股潮流分别是：希腊哲学中的柏拉图主义；犹太教父权制中的一神论主张；基督教新约中的启示录传统——它断言基督是上帝之子，而且，上帝在他身上道成肉身，直接干预人类事务。这种哲学、神秘主义和历史主张的大融合是前所未有的，它们共同为世界上最古老的偏见构造了一个强大的意识形态基础，将受孕本身定为一种罪——原罪。因而，女人即使被尊崇为圣母马利亚，也同时对犯下此罪负有责任。这里的罪指的便是，人从与上帝同在的完美恩典状态堕落到现实存在的恐怖之境。

将女性非人化采取的是一种双线的运作进程——向上推崇和向下蔑视。那么，这种进程又是如何发生的呢？对这一故事的探究将会使我们远远超越对圣母马利亚的崇拜，从而洞察到更多方面的内容。实际上，这是关于世界上最古老的偏见的故事。厌女症以这种或那种方式存续了很长很长时间。即使历经吞噬帝国和文化、扫除其他思想和情感模式的灾难，厌女症似乎也没有改变。在哲学发展和科学革命似乎永久地改变了我们看待这个世界的方式之后，厌女症依然顽固地存在着。当社会和政治剧变重塑了公民与国家之间的关系，当民主政治消灭了寡头政治并将专制独裁的君主赶下王权宝座时，厌女症又再次回到了我们这个崇尚平等理念的世界之中，它就像一个持续存在的幽灵，无法被完全驱除。厌女症既像最新的色情网站，时时保持更新，又像我们的文明本身，古老而久远。

我们是这一古老传统的继承者，所以我们需要回溯到过往的伟大文明的起源处进行一番探究，正是这一文明深刻塑造了我们的意识和二元论的思维，而后者正是我们非人化地对待人类中的一半人口的真正根源。"世界的二元性是无从理解的。"20世纪奥地利思想家奥托·魏宁格如此写道——他也许是最后一位试图从哲学角度为厌女症的存在找寻合理解释的西方哲学家了。他认为，"这是人类堕落的情节，是一个原始之谜。它将永恒生命捆绑在易朽的存在之上，又将纯真置于罪疚之中"。

去认真了解这个"谜"的历史，可能有助于我们解开这一谜团。但要想追根溯源，则还有必要去看看在它出现之前可能存在过的那些历史。如果说几个世纪以来女性一直都是被人蔑视的客体对象，那么是否存在一个"史前"——"遭到蔑视之前"、形成厌女症之前——的女性历史？这就是问题所在。

总而言之，这一问题已经引发了许多思考，其中主要是一些女权主义历史学家和学者。他们试图走到传统的女性历史之外去探寻，因为传统的女性历史主要研究她们与男性的关系。事实上，用学术界的话语来说，直到最近，人们才开始认识到女性与其他事物之间的关联。

历史（history）过去一直都是（并且在很大程度上仍旧是）"他的故事"（his story）——历史讲述的是男性在宗教、政治、军事、社会、哲学、经济、艺术和科学等所有这些复杂领域怎样对周围的世界施加影响的故事。事实上，除了女权主义者之外，许多人都将历史描述为典型的父权制社会的产物，在这种社会中，女性的地位和贡献被大加贬损和严重忽视了。纵观这一段历史，我们可以看到，厌女症在不同时期会以不同的形式表现出来。的确，对一些人来说，我们所谓的历史，仅仅是父权制社会想要讲述的故事而已，而厌女症正是这样的社会所利用的一种意识形态，一套旨在为男性对女性的统治进行辩护的信仰和观念体系。

许多女权主义者对这种历史性的禁锢形式感到沮丧，转而到史前时代寻求安慰。她们构建起一个更为久远的过去，在那个过去的时代，母权制盛行，它赋予女性更高的社会地位，这样便可以保护她们，让其免于在后来时代中所受到的种种蔑视。正是这些轻蔑严重摧毁了女性的生活，也扭曲了世人对女性的看法。

从19世纪开始，无论是这样还是那样的故事版本，母权制社会模式总能对非常广泛的人群产生强烈的吸引力，从弗里德里希·恩格斯和西格蒙德·弗洛伊德，到20世纪后半叶的灵修派女权主义运动成员，莫不如此。此外，母权制社会模式还得到了一些严肃学者，如考古学家玛利亚·金布塔斯等人的拥护，并在诸如罗莎琳德·迈尔斯的《最后的晚餐究竟是谁做的？：女人的世界史》（*Who Cooked the Last Supper?: The Women's History of the World*）等一系列畅销书中被广为传颂。迈尔斯在其书中写道：

因为，起初，当人类从史前的黑暗中脱离出来时，上帝是个女人。而且，这是一位怎样的女人啊！……这最初的"女-上帝"（woman-God）享有着强大无比的权力，也占据着宇宙中的核心地位，这是历史上保存得最完好的一个秘密。

迈尔斯给出了一个崇拜大母神（the Great Goddess）的历史年表（等同于母权制社会的盛行时期），并且声称"女性的这种神圣地位至少持续了两万五千年——有些评论家将其向前推得更远，认为它持续了四万年甚至是五万年。事实上，在人类历史发展的这一阶段，女性始终被视为特别且神奇的存在"。

这里的问题在于要寻找到母权制社会存在的证据。但是，即使有证据证明母权制社会确实存在过，也不会改变一个事实，那就是女性与男性的关系决定了她们在历史上的地位：母权制社会的历史，也只不过是用女性的支配地位替代了其从属地位而已。在人们所认为的母权制盛行的大部分阶段，根本就没有书面记录保存和流传下来。诚然，从法国南部到西伯利亚一带出土的一些手工艺品，诸如旧石器时代所谓的维纳斯小雕像等，会经常被人用来证明存在过对大母神的广泛崇拜。然而，众所周知，它们其实很难判定真伪。对一些支持母权制社会存在的人来说，它们证明了当时的社会给予过女性敬畏和尊重；但也有人认为，这些小雕像是怪诞的，它们激发的远非敬畏和尊重，而是恐惧。然而，即便可以证明这些小雕像的确代表了一种大母神崇拜，历史也已经证实，女神崇拜与女性的高社会地位之间没有必然的联系。例如，在中世纪轰轰烈烈的焚烧女巫运动期间，对于圣母马利亚的崇拜就处于一种上升态势。

在欧洲，发现证据的时间要比旧石器时代晚得多。只有当我们进入凯尔特文明时，我们才发现了一种前古典时代的文化，它提供了文本记录，证明在希腊人和罗马人奠定其历史上的霸权地位之前，盛行过一种母权制的社会形式。这些证据形式各异，既有凯尔特民族的各类神话和传奇故事，也有当时希腊人和罗马人写的一些著作，记录了凯尔特人给予女性的一种在他们看来令人震惊的自由。

人们总会禁不住想象存在过一个阿卡迪亚*式的乐园，一段失落的黄金岁月，那时候，男人与女人之间关系和谐，没有冲突。虽然这种美好的愿望具有极强的诱惑力，但是我们必须停止这种想象。我们最想要看到的是有证据表明——至少在凯尔特人的社会中确实存在——男女两性之间的关系可以更加均衡平等。这本《厌女简史》将会表明，随着希腊和罗马帝国的崛起，这种两性之间的平衡彻底地丧失了。此外，本书还将探讨魏宁格指出的由那些文明创造的二元论。在这种二元论中，男性是正题，而女性则是反题。

正是由于这种二元论（与辩证法不同）的本质中没有合题的缘故，两性之间注定会有永久性的矛盾冲突。女性所面临的打击来自哲学、科学和法律等多个领域，其中的一些表述旨在证明女性相较于男性具有"与生俱来的劣等性"，并将其编纂进成文法典。后来，基督教又为证明女性的劣等性增加了一个神学上的阐释维度，让厌女症产生了更加广泛而深远的不良影响，以至于直到今天，厌女症的存在仍然清晰可感。

在后启蒙时代，随着自由民主的兴起，出现了一系列为女

---

* Arcadia，伯罗奔尼撒半岛中部一个人烟稀少的山区，诗人们常以此象征宁静的田园生活，类似于世外桃源。

性争取政治和法律上的平等的长期斗争。但是，厌女症也从未因社会的进步而停止自身的发展。在西方社会中，继女性争得政治和法律上的平等之后兴起的是性解放运动，而这次运动却引发了原教旨主义派的新教徒以及保守派的天主教徒的强烈反对。在很多第三世界国家中，争取女性权利的运动也深刻动摇了一些根深蒂固的宗教观念和社会习俗。这在塔利班统治下的阿富汗——一个以压制女性为主要目的的国家——体现得最为明显。塔利班政府立法将女性排除在公共生活之外，并否认女性享有基本的权利——此举的运作方式十分像纳粹的《纽伦堡法案》（Nuremberg Laws），后者将德国的犹太人贬黜为非人。很少有——甚至可以说从未有过——像厌女症这样的偏见，其目的如此昭然若揭：将人类半数人口非人化。

不同于其他仇恨，这种对女性的仇恨正以前所未见的方式影响着我们，因为它猛击着我们内心最深处的灵魂。厌女症居于私人世界和公共世界的交会之处。因而，这种仇恨女性的历史，一方面可能会产生一些公共的后果，与此同时，它也不禁让人从个人层面不断地追问思索：为什么男人与女人之间的复杂关系会滋生厌女症？最后，这种思考本身将会让我们看到，两性之间的平等最终能消除厌女症，终结这一世界上最古老的偏见。

第一章

潘多拉的女儿们

一般很难精准地确定偏见的起源。但如果说厌女症有诞生日的话,那应该是在公元前8世纪左右。如果厌女症有源起地的话,那它大致位于地中海东部的某个地区。

大约在那段时期,同时在希腊和犹太地区,创世的故事在获得了神话的强大威力后广为流传。这些创世故事都描述了人类的堕落,以及女人的软弱如何导致随后的所有人类都要遭受痛苦、苦难和死亡。自那时起,这两套神话体系都汇入了西方文明的主体,并由两个最强劲的支派传承至今:在犹太教传统中,如《创世记》所述(大部分的美国人将《创世记》中所述认定为事实[1]),导致人类堕落的始作俑者是夏娃;而在希腊神话中,这一罪魁祸首则是潘多拉。

希腊人是统领我们智性思想世界的第一批殖民者。他们认为,宇宙由自然法则支配,而人类的智力可以探索并理解宇宙。这一认识愿景是我们的科学和哲学所依赖的根基。希腊人还创造了第一个民主政体。但在厌女症的历史上,希腊人也享有其独特的思想先驱地位。他们对女性所持的有害观点一直持续到了现代,这质疑了我们可能仍然持有的进步观念——理性和科学的兴起意味着偏见和仇恨的式微。

潘多拉神话的最早记载出现于公元前8世纪,在农民出身的诗人赫西俄德的两首诗中:《神谱》(Theogony)和《工作与时日》(Works and Days)。尽管赫西俄德是位有着丰富阅历的农民,但他对创造人类神话的记述却忽略了一些基本的生活事实。在女人来到这个世上之前,男人就已经存在,他们作为众神的伴侣,生活在幸福的自主自治之中,"与悲伤和痛苦的工作相隔绝/也没有任何疾病之虞……"[2]。正如《圣经》中有关创造人类的记载所述,女人是上帝创造男人之后才增添的想法。但无独有偶,同样的故事也出现在希腊神话中,在其中,潘多拉也是最恶毒的女人。宙斯,这位众神之神,通过向人类隐瞒火的秘密来惩罚他们,因此,人类像野兽一样,必须茹毛饮血。普罗米修斯——一位半神和第一批人的创造者——从天庭偷取了火种并将其带至人间。宙斯发现自己被普罗米修斯欺骗后怒火中烧,于是设计了一个绝顶诡计,并以"礼物"——"取悦他们的邪恶事物"——的形式送给了人类。这个"礼物"就是潘多拉,一位"全然的给予者"。用来描述潘多拉的希腊语是"*kalon kakon*",意为"美丽的罪恶"。她的美貌堪比女神:

> 所有女人的后代都来源于她
> 致命的女性种族和妻子部落
> 她们与凡俗男子一起生活并给他们带去灾祸。[3]

众神让她"行为上诡计多端,道德上如同婊子"。潘多拉被献给了普罗米修斯的弟弟埃庇米修斯*。埃庇米修斯被"这个对男人而言致命的绝望陷阱"给迷住了,并娶了她。潘多拉随身携带一个密封的大罐子,她一直被告知永远都不要打开罐子。这种罐子是陶器制品,呈子宫形,主要用于储存葡萄酒和橄榄油等。在更早的时代,它也被用来当作骨灰盒。[4]潘多拉无法抗拒地想看一看里面究竟都有些什么东西:

> 但现在这女人打开了盒子,
> 将痛苦和邪恶遍布人世间。[5]

根据希腊神话所述,从那以后,人类便注定要劳作、变老、得病,并最终因痛苦折磨而死去。

神话的一个功能,便是回答那些常被孩子们问到的问题,例如,"为什么星星会发光?""爷爷为什么死了?"等等。神话也可以用来维护事物的现有秩序——自然以及社会中的秩序,还可以用来解释一些传统的信仰、仪式和用途等。希腊文明和后来的犹太-基督教传统中最核心的一个信仰是,人是由众神或上帝所创造的,并且人与动物的创造是截然分开的。(这种信仰在保守派基督徒中一直存在,这也是为什么达尔文的进化论会持久地遭到强烈抵制。)能够使用火是人与动物截然不同的明证,这也进一步加强了物种之间的等级划分。但是,火的获得又使人类离众神过近,以至于众神会感到不适。据说,女人的存在就是对人类这种傲慢的惩罚,好借此来提醒人类 / 男人,不管他的出身和抱

---

* Epimetheus,希腊神话人物。普罗米修斯意为"先知先觉之人",埃庇米修斯的名字有"后知后觉者"之意。

负如何，都只能像低等野兽一般通过女人的身体来到这个世界上。而今，也有些人已经把这种轻蔑的态度颠倒了过来，他们认为，这是在赞颂女人，因为女人与自然界之间的联系更为紧密。但对希腊人来说，自然正是对人类拥有更高自我的一种威胁和挑战，而女人则是自然最强大（因为最迷人）的具象体现。因此，将女人非人化就显得十分必要，尽管事实是，正是女人才让人类物种得以绵延存在。轻蔑是女人应得的惩罚，因为正是女人诱发了性欲，导致人类进入了生死循环，而我们永远无法从中挣脱。

除了将人类终有一死的命运全部推卸到潘多拉身上之外，希腊人还将女性视为"他者"（the Other），即男人的对立面，需要框定界限来约束她们。最为重要的是，希腊为现实的二元论奠定了哲学和科学上的基础，根据这个二元论，女性注定永远要代表这个易变的、本质上可鄙的尘世。任何尝试非人化对待人类半数人口的历史都将面临这一悖论，即，我们最为珍视的一些价值，其实是在贬低、诋毁和鄙视女性的社会中被编造出来的。历史学家萨拉·波默罗伊如此写道："现代读者所熟悉的性别角色，早在雅典的黑暗时代就已经被牢固确立了。"[6]也就是说，希腊社会给予我们的，除了柏拉图和帕特农神庙，还有一些最廉价的性别二分法，其中就包括"好女孩与坏女孩的对立"。

那些后来发展演变成希腊人的部落，以征服者之姿席卷到了地中海东部。他们不仅在希腊本土，而且还在其周围的一些岛屿和小亚细亚（现代的土耳其）海岸扩建领土。这之后过了大约五个世纪才是赫西俄德的创作时期。到了公元前6世纪，希腊人的领土已经向西扩张到了西西里、意大利南部海岸，以及高卢（今天的法国）东南部海岸。希腊人还带去了他们好战的诸神，其中最强大者是宙斯，即"雷霆之神"。然而，拥有暴虐好战的诸神并不一定能表明，这就是一种厌恶女性的文化。在希腊人所遇到的古老文明，例如，埃及文明和巴比伦文明中，它们各自也有大量的好战之神，但是，这些文明中都没有可以比肩希腊文明的那种人类堕落的神话。《吉尔伽美什史诗》(*The Epic of Gilgamesh*)是美索不达米亚地区的一首苏美尔诗歌，它可以追溯到公元前3000年。在这首长诗中，也有一位像普罗米修斯一样、渴望与众神相抗衡的英雄，他就是吉尔伽美什。吉尔伽美什之所以会与众神抗衡，是想寻求和分享众神的不朽。但是，在这一史诗中，女性并没有被某个报复心切的神灵拿来作为报复的工具，去惩罚想要挑战必死之命运的人类。同样，吉尔伽美什也没有谴责女性，认为她们应该为"人类／男人的命运"负责；相反，他认为，应该为我们的必死之命运负责的是众神。掌管天堂的女神这样告诉吉尔伽美什：

> 吉尔伽美什，你这是要去往哪里？你将永远找寻不到你正在找寻的那种生活。当众神创造人类时，他们只分配给了他死亡，而生命，众神却保留给了自己。至于你，吉尔伽美什，用美味佳肴来填满你的肚子吧，日复一日，日以继夜，跳舞并享乐、欢宴并欣喜吧；让你的华服焕然一新，在池水中沐浴，关爱牵着你的手的小孩，让你的妻子在你的怀抱中得享幸福；因为，这也是人类的命运。[7]

在后来统治了欧洲西北部的游牧民族凯尔特人的文化中，也有很多关于乐园与失乐园的神话，但他们并没有关于人类堕落的神话。凯尔特版本的天堂，就像苏美尔人和犹太人的天堂一样，是一个硕果累累的芳香乐园。在那里，美丽的女人统治着一切；

她们吸引男人,将其引向幸福的乐园生活。但是,这里唯一的冲突是男人对家园的思念和他们对乐园中女人的欲望之间的冲突。欲望是存在的,但其恶果并不存在。在凯尔特人的这个神话版本中,并没有与潘多拉或夏娃相对应的女性角色。

希腊诸神——他们历来高居于奥林匹斯山上——也成为希腊的民族之神,他们具有几个十分显著的特征。在五位主要的女神之中,有四位不是处女就是无性的。其中最重要的是雅典娜,她像纽约港的自由女神像一样雌雄同体。雅典娜通常示人的形象是手持盾牌和长矛,戴着盔甲,穿着厚厚的遮蔽身体的长袍。第五位女神是阿佛洛狄忒,也即爱神,她有时表现得像个天上的傻瓜。大多数女神都是无性的,这与男性众神的残暴和掠夺成性形成了惊人的对比。至关重要的是,希腊诸神实际上将一个连环强奸犯——"天神"宙斯——确立为众神的父神。宙斯的众多后代,几乎都是凡人女性被强奸后生下的。只有两个例外,那就是雅典娜和狄俄尼索斯,他们是宙斯自己生出来的。雅典娜从宙斯的脑袋里跳了出来,全副武装,还手执长矛和盾牌;而狄俄尼索斯则是从宙斯的大腿根部蹦出来的。

所有宗教都要求我们去相信一些不可能之事。在男性自主自治的幻想中,男性在某种程度上摆脱了对女性的依赖,这在潘多拉的创世神话中表现了出来。在那里,男性可以在没有女性的情况下独自存在。在希腊诸神中,这种不可能之幻想也表露无遗,它声称,男性可以让女性在她们不可或缺的领域——生育领域——变得冗余。也许,更为可笑的还要数众神之父变成众神之母的这个神话,它还被亚里士多德赋予了科学上的解释。亚里士多德认为,在怀孕过程中,母亲的作用仅仅是为胎儿提供所需的营养物质。女性是男性精子的被动接受器,而精子中已经包含了胎儿发育所需要的一切（环境除外）。这似乎是想表明，无论女性能够做成什么事，男性都可以做得更好一些——尽管也没有任何证据能表明，有哪位希腊男性曾急于尝试怀孕和分娩。

厌女症在公元前8世纪的希腊兴起，彼时，以家族为基础的王朝势力正在走向衰弱；取而代之的是，权力被置于城邦的政体之中。有位历史学家这样写道：

> 在政治权力根植于王室家族之处，家庭与政治、私人与公共生活之间的界限并不是那么严明。男性和女性的职责也会有重叠之处，因此，女性可以——在其丈夫不在场的情况下——接近政治权力的中心。[8]

贵族家庭之间的联盟至关重要，女性在建立这种联盟中的作用也是不可或缺的。这在与赫西俄德同时代的、天赋更高的荷马的作品中有所体现。在讲述围攻特洛伊城故事的《伊利亚特》（The Iliad）中，斯巴达的国王、海伦的丈夫墨涅拉俄斯将他的王权归功于他的妻子。对墨涅拉俄斯来说，当他的妻子海伦与帕里斯私奔到特洛伊之后，他必须让海伦回来，这不仅是因为她无与伦比的美丽，还因为，他的王权取决于他的妻子。

荷马创作的《伊利亚特》和《奥德赛》（The Odyssey）（后者讲述了希腊的一个国王奥德修斯的漫长归家之旅）都是基于早先列国时代的材料而写就。在荷马的这些作品中，女性通常被他同情地加以描绘；她们既复杂又强大，是所有文学作品中最令人难忘的一些人物。随着这一时代的结束，希腊社会开始从田园经济转向劳动密集型的农业经济，人们更加关注对私有财产的保护。但是，对女性的敌视——不仅出现在赫西俄德的作品中，也出现在现存的其他公元前8世纪的著作中——不能完全用政治和社会结构的变化来加以解释。诚然,也没有哪一种根深蒂固的仇恨仅用政治和社会原因就可以解释清楚。然而,它们却能提供我们所需要了解的彼时的社会语境,在其中,男性在表现厌女症时并没有觉得不适。[9]而让他们最自在地表达仇视的女性,是一个公元前8世纪的人物——特洛伊的海伦,她是希腊厌女症的众矢之的,她的脸"发动了千艘船舰/烧毁了伊利昂城裸露的塔楼"[10]。

海伦的母亲丽达*也是宙斯的强奸受害者之一,宙斯变成天鹅侵犯了她。但是,在海伦与众不同的一生中,作为一个复杂的偶像,她既诱发了欲望,也引发了憎恶,更确切地说,她更像是潘多拉的女儿。像潘多拉的美貌一样,海伦的美丽也是一个诡计。它激起了男人们非同寻常的情欲,他们都渴望得到她。但是,这就像是揭开了招致流血争端和城邦毁灭的邪恶魔咒一般。在《伊利亚特》中,海伦也表现出了自我憎恶,她将自己描述为一个"下作的婊子,有着迷人的邪恶"[11]。她的描述很容易让人想起人们对潘多拉的描述。在雅典创作的顶峰时期,当自我厌恶成为一些伟大戏剧中女性角色的普遍感受时,海伦是厌女症的关注焦点。海伦是屠杀人类的刽子手、全人类的诅咒、婊子娼妓、吸血鬼、城邦的毁灭者、盛毒酒的圣杯、男人的吞噬者——几乎所有你能想象得到的厌女的绰号,都被无情地抛向了她。在欧里庇得斯[†]的《特洛伊妇女》(*The Trojan Women*)中,被屠杀的特洛伊国王普里

---

* Leda,又译勒达,希腊神话中的人物,埃托利亚国王的女儿,斯巴达的王后,廷达瑞俄斯的妻子。

[†] Euripides(约前480—约前406),古希腊剧作家,和索福克勒斯、埃斯库罗斯并称为古希腊三大悲剧作家。代表作有《美狄亚》《阿尔刻斯提斯》《希波吕托斯》《特洛伊妇女》等。

阿摩斯的遗孀赫卡柏向胜利一方的斯巴达国王墨涅拉俄斯如此哭喊道：

> 我祝福你，墨涅拉俄斯，我祝福你，
> 只要你能杀了她！只怕见到
> 她的面容，怕她诱惑你并使你堕落！
> 她诱惑强壮男人的眼睛；她下圈套
> 毁灭高城；她身上的妖火吞噬了
> 众多华屋高宇。她竟有如此魔法，
> 宛如一杯盛着死亡的毒鸩！[12]

赫卡柏的请求终将是徒劳的。因为墨涅拉俄斯既需要也渴望海伦，所以他不会惩罚她。墨涅拉俄斯把海伦带回了斯巴达，在那里，他们之间讲和了，并重新过起了婚姻生活。然而，其他女性则没有海伦这么幸运了，她们大多沦为胜利者的奴隶，只能空自哀悼她们失去的父亲、丈夫和儿子。

就像潘多拉的故事一样，海伦的故事也是一则寓言，它将欲望与死亡紧密联系在了一起。在潘多拉的故事中，潘多拉失去了童贞——打开罐子之举——并让死亡进入了这个世界，正如帕里斯对海伦的欲望带来了战争和所有的恐怖灾祸一般。这些寓言都是西格蒙德·弗洛伊德所谓的"生命本能（Eros）与具有毁灭性的死亡本能——'死欲'（Thanatos）——之间的永恒搏斗"[13]的生动体现。在轻蔑女性的文化中，女性会感到极度的内疚，她们也觉得是自己的美丽引起了他人的欲望，最终诱发了生与死之间无可逃遁的无限循环。

其他的神话和文化调和了生命本能和死亡本能之间的复杂

联动，但主要是将它看作生命不可避免的一种行为。在凯尔特人的神话体系中，人们通常认为，众女神掌管着生与死。然而，这种双重角色并不是从二元对立的角度来看待的；也就是说，生与死永远处在交战之中。凯尔特人将他们的女神描绘成在无意识地调和生与死的力量，就像现实中的母亲所做的那般：她将生命带到这个世界上，也带来了死亡。对他们而言，这种生死之间的和解仅仅是事物的本质，并不是责备或谴责女人的理由。但对希腊人的二元对立思维来说，自然体现了男人的弱点和局限，而女人则代表着自然。女人的存在不断提醒着人们去注意到这些局限。这是潘多拉和她的女儿们的罪过，因此，从童话到哲学中的厌女症，都在试图惩罚所有的女人。

诗人罗伯特·格雷夫斯[*]曾写道："神话中的一个不变规则是，无论上界的诸神之间发生了什么，它都会反映在人世间的事情上。"[14] 那些被神话认可的关系和态度，通常也会反映在社会的法律和习俗之中。在公元前 6 世纪，随着民主的兴起以及城邦的发展，这一点变得愈加明显，例如，雅典等城邦迅速地制定了限制性的法规来规范女性的行为。

对现代人来说，民主的兴起会导致女性地位下降的观念似乎有点自相矛盾。但是，众所周知，普遍的选举权甚至是平等的概念并没有推动希腊和罗马的民主制度发展。希腊和罗马都是奴隶制政体，民主权利受到严格的限制，只对成年男性公民开放。在这种奴隶制经济体之中，人人生而平等的想法就与一个公然的现实相矛盾，这一现实是自私自利的，也是普遍的。奴隶制是社会

---

[*] Robert Graves（1895—1985），英国诗人、小说家、学者，专门从事古希腊和罗马作品等的研究。

不平等本质的"自然"结果。在这样一个能将某种形式的严重不平等制度化的社会中，其他形式的不平等也更加容易盛行开来。

规范女性行为和缩减女性机会的法律，就为赫西俄德的厌女症寓言发展成为社会事实提供了最生动和最恰切的例子。从法律上来讲，雅典女性仍然被当作孩子，她们始终处于男性的全权监护之下。除非有某位监护人的陪同，否则，女性不得擅自离开家门半步。妻子很少被邀请与丈夫共进晚餐，并且，她得住在房子里的特定隔离区域。女性没有接受过正规的教育。哲学家德谟克利特*曾这样说过："不要让女人培养出理性，因为那将会产生可怕的后果。"女性在进入青春期时就早早嫁人了，对方的年龄往往是她们的两倍。夫妻双方在年龄和阅历上的巨大差距，以及受教育程度的不同等，都会强化女性是劣等者的观念。丈夫会被如此告诫："那些教妻子识字的人都是不明智的——他那么做，无疑是在给一条蛇涂上额外的毒药。"[15]

丈夫的通奸行为不会被当成正当的离婚理由。（这种观点在1923年之前的英国也很盛行，反映了希腊古典文化对英国上流社会文化的影响程度之大。）但是，如果一个女人犯了通奸罪或是遭到强奸，那么，她的丈夫则必须与她离婚，否则他将失去自己的公民身份。这些威胁使得世界上第一个民主政体中的女性境况比在古巴比伦独裁政府制度下生活的女性更加悲惨。在古巴比伦，根据公元前1750年汉谟拉比国王所编纂的法典，被判通奸罪的女性的丈夫，至少有权赦免她。

在古希腊，与其他男人的妻子发生自愿性关系是比强奸她更

---

* Democritus（约前460—约前370），古希腊哲学家，经验的自然科学家和第一位百科全书式的学者，是古代世界中唯物思想的重要代表人物。

为严重的一项罪行。在一次审判中,一位男子被指控谋杀了他妻子的情人,然后,法院文书宣读了梭伦(这位公元前6世纪伟大的雅典立法者)所制定的法律中有关强奸的条款:

>因此,陪审团的各位成员,本立法者认为,犯强奸罪的人应受到比引诱者稍微轻一些的惩罚:对于后者,立法者认为该判死刑;而对于前者,处以双倍罚款即可。立法者的想法也很简单,那些使用武力强奸妇女的人,他们会让被侵犯的人所厌恶,而那些通过劝诱使通奸得逞的人则会腐蚀妇女的思想。如此一来,他们就可以让别人的妻子更加迷恋他们,而不是依恋她们自己的丈夫。这样就坏了,因为,别人一家子都会处在这些引诱者的掌控之中,而且,人们到时候也分不清楚,到底谁才是孩子们的父亲。是她丈夫呢,还是这个情人?[16]

这位被审判的丈夫的辩护理由是,他有权杀死妻子的情人,因为他是当场抓住他们通奸的。被强奸的女性与被控通奸的女性会受到同样的惩罚,并且会被禁止参加公共仪式或佩戴珠宝。这与当今许多保守的伊斯兰社会一样,强奸的受害者反而要对自己被侵犯这件事负责。于是,女性在这种城邦小而紧密的社区中就成了社会弃儿,遭受着可怕的不公对待。[17]

梭伦还对女性施加了进一步的限制:限制她们出席葬礼(女性历来会提供有偿的哭丧服务)和宴会,也限制她们公开展示其财富。此外,女性被禁止参与买卖土地的交易。梭伦还颁布了一项法律,强制规定没有兄弟的女性在其父亲去世之后必须嫁给父亲这边最近的男性亲属。该婚姻中所生的儿子将继承所有的土地。

这样一来，女性就变成了"将财产保留在自家之中的工具"。[18]即使是在婚后，雅典女性也仍然处于父亲的控制之下，只要父亲认为对他自己有利，他就有权让女儿与现任丈夫离婚并嫁给另一个男人。梭伦的另一项法律禁止任何雅典公民奴役其他雅典公民（但它允许雅典公民奴役非公民），但是有一个值得注意的例外：对一位父亲或一家之主而言，要是他未婚的女儿在婚前失去了贞操，他就有权将女儿卖身为奴。

为了确保"好"女孩免于受到任何不端性行为的玷污，也就有必要提供一些"坏"女孩来满足男人们的性欲。梭伦将城邦的妓院全部合法化，性服务人员主要由奴隶和外邦人组成。虽然好女孩只构成了一个单一的类别（妻子兼母亲），但坏女孩的等级门类却多种多样，从有较高地位的高级妓女交际花——相当于情妇一类——到低等的站街女，不一而足。站街女的性服务只需要几块钱就可以买到，她们一般活动在人们会去排便的城市垃圾堆附近。妓女提供的性服务是一种公共便利，她们被视为帮男人排尽性欲的阴沟。[19]

"我们有高级妓女来纵情享乐，有众妾室来照料我们的日常起居，还有妻子为我们生出合法的子女并操持家务。"据说，这是雅典最伟大的演说家德摩斯梯尼*曾经说过的话。这种将女性的美德与无性联系起来的划分，就是为了将女性非人化，而这种划分一直被人沿用至今。

鉴于社会上存在着各种对女性的限制，我们也就丝毫不会感到奇怪，为何男性会对打破限制的女性产生某种奇特的痴迷了。

---

* Demosthenes（前384—前322），也译德摩西尼，古希腊演说家、民主派政治家。现存演说约60篇，被誉为修辞学的典范。

这种痴迷生动地体现在希腊人对亚马孙人*的兴趣上。亚马孙人是传说中的女战士部落，她们入侵过最男性化的圣所教堂，还组织发动过战争。亚马孙人在希腊历史中反复地出现，这一主题一直延续到现代时期。她们首次被提及是在公元前5世纪的历史学家希罗多德†（有"历史之父"之称）的笔下，被描绘为居住在文明的边缘地带，十分好战；她们只在需要交配时才会找一些男性，并会抛弃所有男婴，只抚养女婴。亚马孙女战士俨然是父权制雅典的一种镜像。在亚马孙人那里，自主自治的男性的幻想遭遇了噩梦般的对立面——自主自治的女性。

男人对女战士的迷恋由来已久，从古典时代的雅典，到今天的漫画主角神奇女侠和职业女子摔跤手等。亚马孙人就像这些职业女子摔跤手一样，关于她们的战斗，其实是一种幻想。但对男性来说，这种与焦虑相结合的迷恋，则是真实不虚的。在雅典人之中，它甚至发展到了执念的地步。描绘男人与亚马孙人之间的战斗是古代最流行的对女性的刻画之一。有超过800个这样的例子保存至今，其中大部分都出自雅典人之手。[20] 他们用亚马孙人的战斗场景装饰一切事物，从寺庙到花瓶，再到饮水碗。凡是公民能看到的地方，都不可避免地会看到这样的场景：一个男人举起剑或长矛，拽住一个女人的头发，将其从马背上拖下来；或者是，男人用棍棒戳刺或殴打她，将标枪瞄准她的乳头，而她的束腰外衣总是滑落而露出乳房，短裙也向上撩起露出了大腿。雅

---

* Amazons，也译"阿玛宗人"，古希腊传说中居住在黑海沿岸一带的女性部落，骁勇善战。亚马孙河的名字就来源于这一族群。

† Herodotus（约公元前484—约前425年），古希腊作家、历史学家，在西方史学中有"历史之父"之称。所著《历史》以记载希波战争为主，为欧洲史学的开山之作。

典最伟大的神庙——帕特农神庙建于公元前 437 年，为的是纪念这座城市的统治之神雅典娜，也为庆贺希腊人打败了入侵的波斯人。但是，那类选择被用来装饰雅典娜之盾的战斗场景，并不基于任何真实的历史事件。相反，它描绘的是英雄忒修斯——神话中希腊雅典的建造者——战胜了入侵的亚马孙大军的传奇性胜利。这一场景的受欢迎程度不能只通过这样一个事实来解释，即这是唯一一个允许艺术家描绘赤裸或半裸女性的主题。（按照公元前 5 世纪雅典的惯例，只有男性才能被描画成裸体。）它随着色情作品而一再重复。但就像色情作品一样，这种重复无法平息冲动和冲动背后的焦虑。[21]

男性对女性越界者的焦虑，在希腊悲剧中表现得最为强烈而且令人难忘。目前留存下来的所有希腊悲剧都是在公元前 5 世纪一个相对短暂的时期内由雅典剧作家写就的。在所有这些悲剧中，一半以上的标题中都包含女性的名字，或是提及与女性相关的东西。[22] 女性在这些悲剧中位居舞台中心，而且，她们常有一种勇猛反叛的姿态。但在这些悲剧中也有一个例外，它就是索福克勒斯*的《菲罗克忒忒斯》（*Philoctetes*），其中全然没有一个女性角色。

这些悲剧中的角色和大部分情节，几乎总是取材于荷马史诗和青铜时代的英雄、女英雄和恶棍。这就好像现代小说家所遵循的惯例，他们创作的所有角色和情节，都基于亚瑟王和他的圆桌骑士的传奇故事。因此，人们会质疑，这些戏剧到底能告诉我们多少关于真实女性的生活和问题呢？然而，问题不在

---

* Sophocles（约前 496—前 406），古希腊剧作家。代表作有《俄狄浦斯王》《安提戈涅》《厄勒克特拉》等。

于它们能多准确地反映真实女性的行为，而在于，它们在多大程度上如实地反映了社会对男女之间关系的焦虑——没有人会怀疑这一点。[23]

在欧里庇得斯的《美狄亚》(*Medea*)中，同名女主人公为了报复她的丈夫伊阿宋——希腊神话中的英雄——抛弃自己而与另一个女人结婚，便杀死了自己的孩子。在埃斯库罗斯*的《阿伽门农》(*Agamemnon*)中，当克吕泰涅斯特拉的丈夫阿伽门农航行去了特洛伊时，她有了一个情人；而当她丈夫回来时，她已接管了国家权力并谋杀了他。在索福克勒斯的《厄勒克特拉》(*Electra*)中，阿伽门农的女儿怂恿兄弟俄瑞斯忒斯杀死他们的母亲克吕泰涅斯特拉，以此来为他们的父亲报仇。《安提戈涅》(*Antigone*)讲述的也是一个女人的故事。国王克瑞翁以死亡令人痛苦为由，下令禁止一切丧葬仪式。这时候，安提戈涅公然违抗其国王叔叔的禁令，埋葬了她的哥哥。最终，安提戈涅也为她的反叛行为付出了代价，她被活埋在了高高筑起的砖墙里面。欧里庇得斯的《酒神的女祭司们》(*The Bacchae*)讲述了纵欲狂欢的酒神狄俄尼索斯的那些女性崇拜者是如何变得像亚马孙人一样狂野不羁的。她们在乡间横冲直撞，洗劫了各大村庄，在各种战斗中击溃了大队的士兵人马。此外，当底比斯的国王彭透斯想窥探一下她们的狂欢活动时，她们在迷乱狂喜之中即刻将他肢解，撕成了碎片。

在以上案例中，当女性反抗父权制统治，暂时摆脱了父权制强加在她们身上的束缚时，悲剧往往就会发生。这些女性在这样

---

* Aeschylus（约前525—前456），古希腊剧作家，有"悲剧之父"的美誉。代表作有《被缚的普罗米修斯》《波斯人》《七将攻忒拜》等。

做的同时，会主张拥有一些"自然"的权利。她们的叛乱往往以家庭为名义，这种叛乱要早于以国家为名义的叛乱，并且取代了后者。当安提戈涅宣称她对哥哥的爱让她必须违抗法律，体面地埋葬哥哥时，国王克瑞翁断言道："只要我还活着，我们这里就不会存在任何女人的法律。"[24]

在反抗行为中，悲剧女主人公跨越了可被接受的女性行为和不被社会认可的女性行为之间的界限，这使她们变得男性化，甚至像亚马孙人一样。当安提戈涅准备违抗法律时，她的妹妹伊斯梅内这样警告她意欲反抗的姐姐："我们生来就是女性……我们不应该和男人发生争执和冲突。"[25]

这里的主题内容即使不是自相矛盾的，也是混杂不明的。虽然剧作家经常对女性的痛苦和受到的压迫——正是这些痛苦和压迫导致了她们的反叛——表示同情，但由此产生的暴力和野蛮却加剧了社会上的一种潜在焦虑，也即，认为女性是狂野和非理性的动物，她们是自然力量的爆发，她们会威胁到男性所创造的文明秩序。这一点在欧里庇得斯的笔下有了很好的体现，这是迄今为止最强有力的厌女症案例之一：在欧里庇得斯的剧作《希波吕托斯》（*Hippolytus*）中，希波吕托斯*如此宣称：

> 下地狱去吧！我永远都恨不够
> 女人，也不要说我总说个没完，
> 因为女人的邪恶也是无穷尽的。

---

* 雅典国王忒修斯和亚马孙女王希波吕忒的儿子。他追逐狩猎女神阿尔忒弥斯，拒绝与其他女性交往，藐视爱神阿佛洛狄忒。为了报复他，阿佛洛狄忒让忒修斯的第二个妻子淮德拉爱上希波吕托斯，遭其拒绝后，淮德拉在忒修斯面前诬告他，忒修斯借助海神波塞冬的力量杀死了他。

> 要么得有人教她们懂事学乖点，
> 要么就让我把她们踩踏在脚下。[26]

虽然女性所遭受的种种不公已经得到人们的承认，但人们照样认为，十分有必要维持这种对女性不公的父权制秩序。

这种将女性视为"他者"、男人的对立面的观念，在各种戏剧中表现得淋漓尽致。自此，这种性别二元论就一直是西方文明的特征。这得部分归功于柏拉图和亚里士多德，是他们师徒俩分别给性别二元论披上了哲学和科学的外衣。

柏拉图（前427—前347）被称为最具影响力的哲学家——无论是在古代、中世纪还是现代的哲学家中，都是如此。柏拉图关于世界本质的思想，已经传播到了西方文明及其最强劲的催化剂——基督教——扎根的所有地方，其思想深深地影响了各大洲各个国家的思想和精神发展。而在柏拉图的思想成形之初，这些大陆和国家尚未被殖民者发现或探索。柏拉图在厌女历史上的贡献是这一非同凡响的影响的副产品，但是，在一定程度上，柏拉图的厌女症是非常复杂且自相矛盾的。

有些人盛赞柏拉图是第一位女权主义者，因为柏拉图在描述他乌托邦愿景的《理想国》（*The Republic*）一书中曾经主张，女性应与男性接受相同程度的教育。然而，与此同时，柏拉图对世界的二元论观点又表明，他怀有一种对平凡且易变的现实世界和存在领域的轻视。柏拉图认为，这一现实存在本身是种幻象，是聪慧之人需要藐视的障眼法。这种存在中包括婚姻和生育，柏拉图认为，这些都是女人才会有的低级追求。[27]柏拉图自己从未结过婚，他崇尚的是男人对男人的那种"纯"爱，他认为它要高于男人对女人的爱，后者更接近于兽欲。柏拉图的这种观点是一个再明显不过的二元论——他将男人视为灵性，将女人视为肉欲。但是，柏拉图赋予了这种二元论一种前所未见的强大哲学威力。

没有哪位哲学家的哲性思辨是发生在真空中的，不管他的思想是多么抽象或多么玄奥，总有一些真实到不能再真实的社会现实可以用来解释它的存在。"柏拉图是一个时代之子，这一时代依旧与我们同在。"[28] 卡尔·波普尔*曾如此写道。在多年饥荒、瘟疫、镇压、审查和公民流血事件的社会背景下，柏拉图意欲在这种感官世界之外寻找一个更高和更加完美的世界。在柏拉图还是一位青年的时候，希腊世界发生的一些震惊世人的重大事件深刻影响了他。柏拉图出生在一个富裕的雅典家庭，成长于雅典和斯巴达的伯罗奔尼撒战争期间。这场战争几乎从公元前431年一直持续到公元前404年。很少有战争会如伯罗奔尼撒战争一样产生如此旷日持久的不良后果。伯罗奔尼撒战争之于希腊的影响，就相当于第一次世界大战对于欧洲的总体影响。这场战争直接导致了雅典城及雅典帝国的覆灭。它结束了希腊文明史上智性和艺术成就最为非凡的时期。它耗尽了希腊的各类资源，为后来先是马其顿人，接着是罗马人对希腊的征服铺平了道路。在希腊战败后的社会动荡和混乱中，一个复仇心切的民主政权迫使柏拉图最敬爱的导师苏格拉底（前469—前399）自杀了。伯罗奔尼撒战争深刻地影响了柏拉图的世界观——仅这一点就足以使这场战争成为希腊历史上的转折点。它让柏拉图从心底生出了对民主的深切不信任，甚至是蔑视。

---

* Karl Popper（1902—1994），英国科学哲学家，原籍奥地利。他被视为20世纪最伟大的哲学家之一。代表作有《科学发现的逻辑》《开放社会及其敌人》等。

当柏拉图开始在历史上第一次设想人类的乌托邦社会时，它是一个极权国家，被永远来自精英阶层的护卫者所严加统领，下层阶级的唯一作用是维护社会的经济和农业根基。在《理想国》的世界中，爱情诗歌和舞蹈等轻浮的享乐都是被禁止的。护卫者不可以拥有财富，也不可以有任何形式的个人装饰，比如化妆。柏拉图一向认为身体在本质上是邪恶的，所以他经常会对变化无常的感官世界表示轻蔑。[29] 在《会饮篇》(Symposium)中，他将个人仪表之美称为"细琐小事"，还谈及"死亡的污染"。"所以，当一个人的欲望流向的是知识等美好事物时，"他在《理想国》中如此说道，"那么，他的快乐就将完全是纯粹思维之物，而肉体的快乐会从他身旁流过，不会被他重视。也就是说，如果他是一位真正的哲学家，而不是一个冒牌货的话，他就应当如此。"任何事情都不能让精英阶层从沉思至美和至善这件事上分心——不得不说，这确实是一个对抗至庸的秘诀，如果世界上真的存在这样的秘诀的话。

柏拉图的所有作品采用的都是对话形式，记述了苏格拉底和他的弟子们进行的问答对谈。在《理想国》中，苏格拉底主张将一部分选定的女性纳入统治精英阶层（即护卫者），她们承担的责任将与男性的相同，他声称女性和男性仅在生理和体力上有所不同。这些女性将与男性同胞一起接受培训和教育。男性和女性护卫者"将一起生活、共同起居饮食，他们没有私人住宅或私人财产"[30]。男性和女性护卫者之间的相互吸引是不可避免的，但是，"在我们的理想社会中，任何没有监管的交配或其他行为都是一种罪过。统治者不会允许这类事情发生"。此举的目标是"产生真正血统纯正的族群"，因此，最优秀的男性必须与最优秀的女性一起生育后代。他们结合后所生养的后代，一出生就会从孩子母亲身边被带走，放在国家的公共托儿所中寄养。因此，母亲们就可以免去母乳喂养等费时费力的工作。国家也会派专业的护士团队来代替她们做这件事。"没有父母会知道谁才是他们的孩子，孩子也不认识自己的父母。"通过消除私有财产，父亲不需要知道谁是他的儿子，因为根本没有任何财产需要继承。

在柏拉图的著作中，女性的平等是通过否认她们的一切性欲来实现的。实际上，女性已经变成了"荣誉男人"（honorary men）。她们唯一被认可的生物学特征就是生育能力。（几千年以后，一些激进的女权主义者会提出同样的主张——认为男人和女人的区别仅仅在于不同的生殖器官，而所有其他行为都是后天养成和习得的。）女性护卫者仅被允许和他人生育繁殖而不允许与人亲密结合。她们的后代将由国家"抚养"。控制性欲是国家控制公民的关键所在，它业已成为国家政策的工具。通过打破家庭的联结纽带，特别是母子之间的联系，柏拉图的乌托邦攻击了个体性的观念本身。所有极权主义意识形态都试图消除个人主义，以此确保国家的需求处于至高无上的地位。

贬低世俗的享乐是柏拉图乌托邦中的一个方面，这种观点在20世纪的极权主义国家中也可以找到。在理想国中，性被看成是为了完成生育出"血统纯正的族群"这一任务而存在，这预示了纳粹德国对繁育出优等民族观念的痴迷。在阿富汗塔利班狂热的审查中，为了建立所谓的纯正的伊斯兰共和国，大多数诗歌和音乐实际上都被禁止了。在塔利班统治期间，即使是开一家美发沙龙，也会被视作具有煽动性的行为。自柏拉图以降，禁止女性化妆打扮就一直是所有极权政体的宗旨。

《理想国》还明确指出，"他者"可以有多种表现形式，就其描述的情况来看，"他者"指的是种族上的他者。苏格拉底曾经说过,希腊人的"天敌"是野蛮人,就像男人的"天敌"是女人一样。将世界依据冲突的原则划分开来,就很容易发展出排他性的范畴以区别不同的人群。厌女症和种族主义经常出现在同一个社会环境中,这绝非偶然。

柏拉图的二元论在他的理念论(Theory of Forms)中得到了最强劲的哲学表达。柏拉图认为,护卫者应该将这一理论视作指导他们行事的智慧,视作教育方针的重中之重。如果不了解理念论的话,他们就不知道如何区分真正的现实与虚假的现实。对柏拉图来说,真正的现实只能由心灵掌握。

在《理想国》中,关于理念论,柏拉图这样写道:

> 有许多我们称之为美或善的特定事物,我们要将它们同至美和至善区分开来。同样,就所有其他事物的集合而言,我们也可以说,对应于每组集合都存在着一个单一且独特的理念,我们把这个唯一理念叫作绝对现实。[31]

柏拉图还将这种更高程度的"现实"等同于至善,而后者是完美且永恒的。在有关神*的本质的一次讨论中,柏拉图将神定义为这种完美的至高体现。他蔑视荷马式的诸神,认为他们就像魔术师一样,将自己变幻成不同形式的存在物。"任何的改变,都一定是变得更糟糕,而不是变得更好,而神不同,神是完美的至善。"

柏拉图的理念论是基督教中原罪教义的哲学根基,在该教

---

* 柏拉图这里的神(God)其实是指他所信仰的最高理念(Idea),所以这里译作"神",而非基督教中的"上帝"。后来的神学家奥古斯丁将柏拉图的最高理念之神与基督教的上帝划上了等号,详见本书第三章中的相关内容。

义中，受孕的行为本身就被视为从上帝的完美状态堕落至充满表象、苦难和死亡的地狱深渊。这就为潘多拉的寓言和人类堕落的神话提供了强大的哲学解释基础。在人类堕落之前，自主自治的男人与上帝生活在一种和谐的状态中。而男人之所以与上帝渐行渐远，则必然是因为女人的干预，这最终导致了人类从至高处坠落，也即，从至高的善中堕落。这种对现实的二元论观点贬低了感官世界，认为它与获得最高形式的知识——对神／上帝的认识——处于永恒的交战之中。柏拉图的这一理想愿景深刻地影响了后来基督教思想家对女性的看法，他们也都认为，女性——既是从字面意义上也是从隐喻意义上而言——代表了理应遭到鄙视的一切短暂、易变和可鄙之物。

如果说柏拉图的理念论让厌女症在哲学上得到认可，那么，柏拉图的弟子亚里士多德（前384—前322）则使厌女症在科学上被接受。由于亚里士多德的大部分科学在现代人眼中都是可笑的，因此人们很容易忘记一点，他的学说主导了西方对世界的看法将近2000年。直到17世纪的科学革命时，亚里士多德的思想学说才最终被推翻。"自17世纪初以来，几乎所有重大的智性进步都必须从攻击亚里士多德的某些学说开始。"[32]伯特兰·罗素*如是观察。

亚里士多德一般被认为是有史以来最强劲的厌女者之一。他对女性的看法主要体现在科学和社会学两个方面。尽管有些时候，亚里士多德是自然世界的精确观察者——他对各类物种的描述曾经令查尔斯·达尔文印象深刻——但他对女性的观察显然是

---

* Bertrand Russell（1872—1970），英国哲学家、数学家、逻辑学家，分析哲学的主要创始人。代表作有《西方哲学史》《哲学问题》等。

扭曲的。比如,亚里士多德提到过一个事实,这个事实常被人看作女性是劣等者的一个标志:女人不会变秃顶——这"证明"了女性在本质上更趋近于儿童。亚里士多德还声称,女人的牙齿要比男人的少。对此,伯特兰·罗素曾做过一个犀利、诙谐的评论:"要是亚里士多德能准许他的妻子偶尔张开嘴巴说说话,那么,他肯定不会犯这个低级错误。"[33]

亚里士多德引入了"目的因"(purpose)*的概念来作为科学的基础。一切事物——包括所有的生物——的目的都是发挥最大的潜能,成为它们所是的样子。在缺乏任何遗传学或者进化论知识的情况下,亚里士多德将目的因视为每件事物自身潜能的充分实现。从某种意义上来说,这是柏拉图理念论的一个唯物主义版本:存在一条完美理念的鱼,所有实际存在的鱼都是它不同类型的体现。这个理念就是它们的目的因。

当人们将它应用到人类身上,尤其是女性身上时,它就会产生一些不幸但实则可以预见的后果:它成了为性别不平等辩护的理由,却没有解释性别不平等的原因。最有害的例子体现在亚里士多德生物学里的生育理论中。这种理论假定,男性和女性有着不同的目的因:"男性天生优越,女性天生低劣;一方是统治者,另一方是被统治者;而生存需求的原则延及全人类。"因此,按照亚里士多德的观点,男人的精液一定携带着灵魂或精神,以及使胎儿发展成为完全之人的所有潜能。而女人,作为男人精子的被动接受者,仅提供孕育胎儿的营养物质和环境。男人是主动的一方,是推动者,而女人是被动的接受方,是被推动者。此外,

---

* 亚里士多德曾提出"四因说",即事物运动的原因分别是质料因、形式因、动力因和目的因。"四因"分别解释了事物为什么在运动中继续存在,为什么会以某种特定的形式运动,为什么会开始或停止运动,以及为什么要运动。

孩子的全部潜能只有在生为男婴时才被视为完全实现；如果子宫内的经血流动过多，女性的"寒冷体质"占了主导地位，那么，这个胎儿将无法充分发挥作为人类的全部潜能，最终诞生下来的便是女婴。亚里士多德如此总结道："事实便是，女性是残缺不全、遭到阉割的男性。"[34]

亚里士多德有关女性的大部分讨论都是在他谈论奴隶的同一背景下展开的。亚里士多德认为，和女性一样，奴隶也是生来注定要做奴隶的。然而，亚里士多德认为女性和奴隶有一点不同，奴隶缺乏"审慎的能力"，而女性具备这种能力。尽管如此，这种能力也是"不具有权威性的"。顺从被视为女人的自然状态，女人在顺从中才能实现她自身的目的。在一个很重要的方面，女人和奴隶是相似的：他们对其统治者——就奴隶而言，统治者是他的主人，而在女人那里，统治者是其丈夫——来说都具有劣等性，而且这种劣等性是恒定和不可更改的。

在古典时代*的社会中，将女性视为残缺不全、被阉割的男性的后果就是杀死女婴，人们常常会听到新生儿的哭喊声打破了夜晚的静谧。公元前1年，希拉里翁在写给妻子阿里斯的信中写道："先祝你好运吧！但如果……如果你产下的后代是男性，就让他好好活着；若是女性，就将她遗弃在野外吧！"这证实了当时社会中存在遗弃女婴的习俗，而且它将一直持续到基督教成为罗马帝国主要宗教的时期。[35]不受欢迎的婴儿就这样被随意丢弃在垃圾堆中。大多数被遗弃的婴儿都是畸形儿、有病的男婴，或是那些被视为"残缺不全、被阉割的男婴"（即女婴）。这在当时

---

* Classical Antiquity，或称古典古代、古典时期，是对希腊-罗马世界的长期文化史的广义称谓，通常认为古典时代从古希腊最早有文字记录的公元前8世纪一直持续至基督教出现以及罗马帝国的衰落为止。

是一种普遍的做法，因此，人们都习惯了那些被遗弃的婴儿的哭喊声，根本不会觉得被干扰了正常休息与安眠。在对公元前7世纪雅典的墓葬传统进行研究时，考古学家惊讶地发现，墓地中埋葬的女性数量是男性的两倍之多。到了公元前18年，历史学家狄奥·卡西乌斯*开始哀叹，已没有足够的女性可以解决上层阶级男性的婚配问题了。一位学者曾这样写道，女性被"有选择性地消灭掉了"。再加上分娩和流产时的高死亡率，这种遗弃女婴的惯例更使得男性的人数始终大大超过女性的人数，造成了男女人口比例明显失衡。[36]但是，并非所有被遗弃的女婴最终都死掉了。由于弃婴将会自动沦落为奴隶的身份，因此，妓院的老板们频频光顾这些弃婴所在的垃圾堆，四处寻找女婴，把她们捡回去当作妓女来抚养。我们永远也不清楚到底有多少潘多拉的女儿被人丢弃在了希腊和罗马城的垃圾堆中。唯一可以知道的是，她们中的有些人暴毙于饥寒交迫中，而另一些则要"幸运"一点，被人捡了回去，最终沦落至烟花巷，成为风尘女子，注定要被迫走上一生行淫之路。

由于想要男性而导致人口失衡，这与女性较低的社会地位有关。至今，在印度的部分地区，我们仍然能看到这一点，在这些地区，选择性地堕掉女胎意味着女性的人数会比男性更少，女性的地位也会因此受到影响。女性成了"稀缺商品"，她们被局限在婚姻和育儿的狭隘角色中。

另一方面，在女性人数超过男性的社会中，她们的社会地位也会相应提高。[37]斯巴达的情况就是如此，它常被人们用来作为

---

* Dio Cassius（约155—约235），有时也作卡西乌斯·狄奥，古罗马历史学家与政治家。著有《罗马史》。

女性社会地位提高的明证。作为伯罗奔尼撒战争的胜利者和柏拉图理想国的典范，斯巴达的社会情况显得有点反常：首先，斯巴达也有杀婴的惯例，但是不会区分是男婴还是女婴，只会区分是健康还是病弱。在斯巴达，所有健康的婴儿都会被好好地抚养，由于男性在出生时往往比女性更容易生病，而且并发症更多，因此，在斯巴达，遗弃在外的女婴要远少于男婴。再者，斯巴达是一个尚武的军国主义城邦，且常年处于交战状态，这一事实进一步大大提高了男性的死亡率。此外，斯巴达女性的结婚年龄比当时典型的婚龄要晚一些，因此，斯巴达的女性更容易在妊娠分娩中幸存下来。斯巴达社会期望他们的女性能够更强壮一些，这样才适合做斯巴达勇士的母亲，因此，城邦也特别关注女性的健康状况。让希腊所有地区的人们感到恐惧——无疑也会感到魅力无穷——的一点是，斯巴达女性常常赤身裸体地进行锻炼，还参与竞技类比赛，并且她们通常都要比其他城邦的女性更为强壮，也更为健康。

> 亲爱的斯巴达姑娘，你有一张惹人喜爱的脸，
> 像洗过玫瑰泉水浴一样，你看起来多么红润，
> 你轻松踏着步伐，皮肤光滑又匀称苗条。
> 难以置信，你竟可以徒手勒死一头公牛。[38]

让亚里士多德和其他传统卫道士感到愤怒的是，斯巴达女性甚至会穿着短而暴露的束腰外衣。她们还能够继承和管理丈夫的财产。到了公元前4世纪，斯巴达的女性已经拥有了斯巴达五分之二的土地。因此，结果看起来像是一个悖论——在斯巴达这个军国主义社会中，女性竟然比在民主之乡雅典享有更多的自由和

更高的社会地位。

吊诡的是，一方面，斯巴达如今已经逐渐被人们遗忘，它对待女性的方式也仅作为一种不自然的愚蠢行径被引述。另一方面，柏拉图和亚里士多德却流芳百世，成为西方世界哲学史和科学思想史上并峙的双峰柱，共同支撑起基督教这座宏伟的大厦。柏拉图的理念论及其对物质世界所固有的蔑视，以及亚里士多德的生物学上的二元论观点——这种二元论观点认为女性是进化失败、残缺不全、被阉割的男性——都为之后好多个世纪的厌女症提供了智性装置[*]。

---

[*] "装置"（apparatus）在现代一般多指福柯意义上的装置，出自法语"dispositif"，是关于权力关系的一套策略。这些权力关系支持特定类型的知识或受其支持。这里指后世厌女者常会回溯到柏拉图和亚里士多德那里去寻找依凭，来为其厌女观点辩护。

第二章

城门口的女人*：古罗马的厌女症

罗马女性让希腊男性的噩梦最终成真。这些女性无视带有厌女性质的禁令（由雅典的政治家伯里克利颁布），比如，好女人是不会让人说三道四的，哪怕人们是在称赞她也不行。服从这一禁令的结果就是，公元前 5 世纪雅典的那些好女人如今已彻底被人遗忘了。今天，没有一个雅典女性留下了她的名字，为人们所熟知。但是，罗马的女性却不同，她们让自己声名在外、远扬四方。其中一些女性甚至自那以后一直被人们津津乐道。她们包括：梅萨利娜†，她的名字如今已成为性欲过度的代名词；小阿格里皮娜‡，这个冷酷无情的女人有着"违拗天性"的野心，因为她

---

* 此处标题可能是仿照罗马人的俗语"Barbarians at the gate"（城门口的野蛮人），这一俗语指来自蛮族敌对势力的威胁、外国势力对帝国发起的攻击等，此处意指罗马女性对古罗马父权制社会中一些不公现象的强烈反击。

† Valeria Messalina（约 20—48），罗马皇帝克劳狄乌斯的第三任妻子，奥古斯都皇帝的曾孙女。据传她密谋反对她的丈夫，并在阴谋被发现后遭到处决。梅萨利娜臭名昭著的滥交传闻常见于艺术和文学作品中，但这可能是源于历史上的偏见。

‡ Julia Agrippina（15—59），罗马皇后，也是朱利亚-克劳狄王朝地位最显赫的女性。她是罗马将军日耳曼尼库斯和大阿格里皮娜的女儿，卡利古拉皇帝的妹妹，也是尼禄皇帝的母亲。

一路杀至权力的巅峰；森普罗尼亚[*]，这位知识分子女性放弃女性领域，进入了充满阴谋和革命流血的男性世界；克利奥帕特拉[†]，这位才华横溢的诱惑者密谋要统治整个帝国并致使它陷入内战；还有尤利娅[‡]，她是罗马皇帝奥古斯都的叛逆女儿，公然违抗父亲的计划，陷国家于危难之中。所有这些女性从罗马历史学家和诗人的书页中跃然于我们眼前，成为有血有肉的女性典型；与此同时，对她们的刻画也能让我们看到男性一直是如何看待女性的。很多有关她们的说法都很不中听。但事实证明，男性对女性的尖酸刻薄就像对她们所抱有的欲望一样一直存在着。对以上所述的女性来说，这些尖酸刻薄的描绘正是对她们曾经存在过的一份强有力的历史证明。那些被记录而流传下来的种种历史和观点，是对女性能造成深远影响，同时也能克服诸多障碍的明证，其中包括有史以来最可怕的厌女法律。

罗马人不是有原创性的思想家，他们并没有提出新的理论或哲学，来证明对女性进行的压迫和非人化是正当合理的。从希腊文化中演变出来的对女性的刻板印象，对他们来说已经足够了（这些刻板印象对后来很多国家的文化也都产生过这样强大的影响，这其中也包括我们自己的英语文化）。但是，罗马的作家们还让我们看到了这些刻板印象背后的东西。在文学作品和历史记

---

[*] Sempronia，恺撒的情人、布鲁图的母亲。

[†] Cleopatra VII Philopator（约前69—前30），也译作克娄巴特拉，有"埃及艳后"之称，是古埃及托勒密王朝的最后一任女法老。

[‡] Julia Agrippina（前39—后14），屋大维·奥古斯都唯一的女儿，大阿格里皮娜的母亲。在古罗马，女性一般没有自己的名字，她们采用家族名的阴性形式作为称呼，姓氏也是随夫姓的阴性形式（如阿格里皮娜是阿格里帕的阴性形式，屋大维娅是屋大维的阴性形式）。这也是朱利亚家族的很多女性都叫尤利娅的原因。

载中存有少数对杰出女性的描绘，这些杰出女性帮助塑造了世界上最伟大的文明之一。因而，从这些记录描绘中，我们可以瞥见她们为维护女性的权利所做出的种种抗争。

希腊人的厌女症和罗马人的厌女症之间很快就出现了一些差异。希腊的厌女症基于对女性自由行事的恐惧。然而，据目前的研究发现，在希腊，女人对男人权威的挑战仅限于私人领域，而且，只有通过希腊人的想象才能被公之于众。但不同的是，从一开始，罗马女性就公然地挑战社会中盛行的厌女症，并将她们的感受和诉求公之于众。罗马女性抗议她们的不公命运并走上街头示威。在罗马，她们匿名的面纱被彻底地揭开了。罗马女性进入了公共领域，并且，她们也创造了历史。例如，她们干涉并阻止了一场场战事；她们走上街头，抗议政府所制定的不公政策并最终也改变了该政策；她们善权谋，不惜杀掉自己的丈夫；一些女性还训练有素，成为在竞技场上进行战斗的角斗士（这很容易让人想起令人担忧焦虑的亚马孙女战士的形象）；她们挑战和颠覆了她们父亲的权威；她们甚至在两性关系中寻求个人的性满足，并拒绝生育者这一角色身份；而且，也许最令人不安的一点是，她们曾无限接近政治权力的中心。于是，她们引起了社会强烈的反对，这使得文学和历史上曾将一些火力最强劲的枪炮集中对准她们。

这些抗争发生在世界上有史以来最伟大也是最成功的罗马帝国。这是一个拥有约 6000 万人口的帝国，在其鼎盛时期，罗马帝国的边界一路从苏格兰延伸至伊拉克，容纳了令人眼花缭乱的各种民族和文化。罗马是帝国的首都，也是帝国有史以来最大的城市，在公元 1 世纪，它的人口就在 100 万到 200 万之间了。旧时的罗马就像今日的纽约，是一座宏伟的都城，也充斥着异域蛮族景象，聚集着从这个庞大帝国各个角落而来的不同种族的人。

然而，在这数百万人口中，只有相对较少的几个人名流传了下来。他们绝大多数都是构成社会上流阶层的人，曾在险恶而血腥的战场上为争夺荣誉、权力和财富而英勇战斗。正如在同样险恶而血腥的竞技场上，在罗马群氓的阵阵喝彩和号叫声中，那些勇敢无畏的角斗士在罗马的炎炎烈日下战斗至最后一口气。

2000多年后，正是在这个统治阶级才能留名的历史竞技场中，我们找到了仍为我们所知的几乎所有罗马女性的名字。她们被与男人的关系所定义：女儿、姐妹、情妇、妻子和母亲。就像古希腊悲剧中的那些女主人公一样，这些女性为了亲人和家族的利益而奋勇战斗。但在现实中，这可不是儿戏。在古罗马，这是生死攸关的大事。

就像在希腊一样，罗马女性在生活中要面临的第一个主要障碍就是，社会剥夺女性生育权的威胁。在罗马，这种威胁还被编入了成文法典，从而变相鼓励了社会上杀害女婴的行为。这种法律被认为出自罗慕路斯[*]，传说中的这个城市的缔造者，他颁布的法律规定，只有"每个男婴和头胎女婴"才能被抚养——这是一份死亡邀请，直接导致了很多随后出生的女婴被遗弃。

婚姻是女性一旦进入青春期就会面临的另一大障碍。在公元前7世纪左右的早期罗马，女性就已经受制于可以想象到的最为严苛的婚姻法了。作为妻子，女性被置于其丈夫的绝对统治下，丈夫手握着她的生死大权。丈夫可以与妻子的亲属们坐在一起，

---

* Romulus（前771—前716），传说中罗马城的创建者，古罗马的首任国王，是雷慕斯（Remus）的孪生兄弟。

审判"犯了通奸罪的妻子……以及，如果任何人的妻子被人发现有饮酒行为，那么，她的丈夫便有权对她进行宣判。而在这两种罪名之下，罗慕路斯的法律都允许丈夫判妻子死刑"[1]。如果说历史上曾有过那么一项法律，它积极鼓励男人殴打自己的妻子，那么非此法莫属了。埃格内修斯·梅特鲁斯是罗马历史上一个大贵族世家的继承人，有关他的例子可以被拿来作为典型范例，因为它向我们展示了在当时人们认为的一段好姻缘中，男人该如何行事。有一次，梅特鲁斯回到家，发现他的妻子正在喝酒。他立即抄起一根大棍，将她给活活打死了。根据历史学家瓦莱里乌斯·马克西姆斯[*]的说法：

> 不仅没有人指控他犯罪，甚至都没有人责备他。每个人都认为这是一个很好的典范，说明了一个违反戒酒法律的女人会得到她应有的惩罚。的确，对任何恣意饮酒的女性来说，所有美德的大门都会对她关闭，只有恶习才会向她敞开大门。[2]

瓦莱里乌斯·马克西姆斯还赞许地援引了盖乌斯·苏尔皮基乌斯·伽卢斯[†]的例子。伽卢斯把自己的妻子给休了，原因是他发现妻子在公共场合没有遮盖住头发。他给出的解释就好像是一个21世纪的沙特阿拉伯王子可能会给出的理由："法律已经规定了，只有我的眼睛才可以欣赏你的美貌。正是为了我的这双眼睛，你才应该提供美的装饰，为了我的这双眼睛，你才能表现得可爱

---

[*] Valerius Maximus，生活于提比略统治时期，代表作有《善言懿行录》，一部关于罗马人和外邦人（主要是希腊人）的历史逸闻汇编，共计八卷，目的是为演说家做参考。

[†] Gaius Sulpicius Gallus，罗马共和国时期的将军、政治家和演说家。

迷人……"3

这里还有一个案例,也是一个男人休了他的妻子,原因是他看到妻子与以前做过奴隶的一个女性友人交谈。这个男人觉得这种女性之间的私通联络会滋生出不良行为,因此,他认为最好防患于未然,与其事后惩治,不如事先就将罪恶的苗头给扼死在摇篮中。4 对于对抗公公的儿媳妇,法律也允许丈夫将其判处死刑。离婚的权力只授予了丈夫,这更是自不待言的事了。

罗马人继承了希腊人关注女性美德的特点,还将其与家族荣誉和国家福祉联系了起来。在早期罗马的贵妇当中,彰显美德的最为著名的例子要数卢克雷蒂娅。她的例子算是当时女性行为的典范,即使在罗马帝国的"衰落"时期,她也常为一些道德家所称赞。她的例子表明,女性在面对人们期望她达到的道德标准时将会面临哪些危险。这种道德标准建立在厌女的观念之上,将女性的性纯洁等同于美德。卢克雷蒂娅的丈夫克拉第努斯犯了一个错误,他在好色的罗马国王塔奎尼乌斯·苏培布斯面前夸赞自己妻子的美德。对某事的崇敬常常伴随着玷污它的冲动:性纯洁的象征,可能比色情图片更能引起人们的性欲。于是,出于想要亵渎这位典范妇人的贞洁美德的冲动,塔奎尼乌斯便威胁卢克雷蒂娅说,要是她不跟他睡觉,他将会把她和她的奴隶男仆都杀掉,然后将他们赤裸的尸身放在同一张床上。卢克雷蒂娅知道,要是人们以为她和奴隶有染,那么她的丈夫和他的家族都会蒙羞并惊惧不已,因此,两害相权取其轻,她选择屈从于塔奎尼乌斯的欲望。尽管我们知道,卢克雷蒂娅显然是被迫忍受塔奎尼乌斯的性欲的,但是在当时罗马的法律下,她仍然犯了通奸罪。卢克雷蒂娅向丈夫和家人坦白了自己的事情之后,便自杀了。就像许许多多遭到强奸的女性那样,卢克雷蒂娅在事后责备的是她自己,并且(正如圣奥古斯丁万般明智地指出的那样),她还为他人的恶行惩罚了自己。[5]厌女症自始至终让女性面临着同样的困境。无论她们是世俗眼中的"好"女孩还是"坏"女孩,她们都会被迫陷入同一个难题中:一方面,她们仍然会激起男性的欲望,而另一方面,要对此负责的是她们自己,而不是那些怀着欲望的男人。

如果对可怜的卢克雷蒂娅来说,她的故事算很不幸的话,那么,对整个罗马社会来说,至少这个故事还有个皆大欢喜的结局。被此事激怒的罗马人最后推翻了塔奎尼乌斯的统治,结束了罗马王政时代。之后,罗马人建立了共和国,它持续了将近五个世纪,最后才被帝国的独裁专制所取代。但是,几个世纪以来,卢克雷蒂娅一直都被当作女性贞操的范例,人们用它来胁迫女性接受她们的所有价值就在于美德。

早期罗马也为我们呈现了人类历史上的第一起大规模约会强奸案例。此外,"强奸萨宾女性"的案例也给后来的女性进行政治干预开创了先例。由于女性稀缺,罗马的创建者邀请邻邦萨宾部落的人来参加聚会。在罗慕路斯的指示下,罗马人打算劫掠一些邻邦部落的女人,于是,他们在收到事前约定的信号后采取了行动,强行俘虏了最漂亮的年轻女性并把她们给带回家了。根据历史学家李维*的说法,罗马人对他们俘虏的这些女性表现得很体贴。罗慕路斯说服她们留下来嫁给劫掠她们的人。整个故事充满戏剧性,其中最令人难以置信的是,罗慕路斯之所以能让萨宾女性留下来,主要是通过给她们朗读罗马的《婚姻法》来说明

---

* Titus Livius(前59—后17),古罗马历史学家。其代表性巨著《罗马史》从传说中罗马城的奠基一直写到公元前9年大德鲁苏斯之死。

罗马人的《婚姻法》要比萨宾人的优越。为了复仇,萨宾人发起了对罗马人的反击战争。在激战的某个时刻,萨宾女性因为不想看到她们的新婚丈夫与她们的父亲兄弟作战,于是闯入战场,最终阻止了这场战争。

罗马人将这个故事作为这座城早期历史的一部分,他们认为,这些女性在现实中实现了阿里斯托芬[*]在他的喜剧《吕西斯特拉忒》(*Lysistrata*)中所描绘的那种只能作为幻想存在的东西。在这部喜剧中,他讲述了希腊女性为阻止伯罗奔尼撒战争而进行性罢工的英勇事迹。

到了尤利乌斯·恺撒[†]执政时期,从罗马向南延伸的拉丁大道上矗立起了一座庙宇,它是专门敬献给女性的,感谢她们给罗马带来的所有好运。这是为了纪念女性参与的另一场战争。当时,罗马流放了它最成功的大将之一科利奥兰纳斯,因为他的不可一世。为了寻求报复,科利奥兰纳斯就率领罗马的敌人大军向自己的家乡发起了复仇之战。就在科利奥兰纳斯兵临罗马城下,正准备屠戮手足同胞之际,一切似乎都无法挽回了,直到一个由罗马女性(包括他的母亲和妻子)组成的代表团出来挡住科利奥兰纳斯的去路,并劝说他回头。最后,多亏了这些女性,这座城市得救了,她们又一次阻止了一场代价高昂的战争。

尽管罗马女性长期生活在压迫性的法律之下,但她们从未像希腊女性那样屈从于东方式的隐居状态。去过罗马的希腊游客对希腊和罗马女性生存状态的差异表示讶异,他们还留下了一些记

---

[*] Aristophanes(约前448—前380),古希腊早期喜剧代表作家,有"喜剧之父"之称。

[†] Julius Caesar(前102或前100—前44),一般被称为恺撒大帝,罗马共和国末期杰出的军事统帅、政治家、独裁官,死于刺杀事件。

录。其中一位游客就是科尔奈利乌斯·奈波斯[*]，他曾在公元前1世纪到访过罗马，并做出了以下这些观察：

> 很多在罗马被认为是正确的东西，在希腊都被视为令人难以置信的。比如，没有一个罗马人会觉得带妻子参加晚宴是件令人尴尬的事情。在罗马人的家里，妻子也占据着首位，她们是家庭社交生活的中心。而在希腊，情况则截然不同，除了家庭聚会，妻子从不出席任何晚宴，并且她们一直都要待在家中被称作"妇人区"的偏僻一隅，家中的男人也从不涉足这一区域半步，除非他是这个女人非常亲密的人。[6]

不仅如此，罗马女性还以更令人震惊的方式展示着她们的自由。罗马女性将她们干预公共事件的传统精神付诸实践，走上街头进行直接的抗议。她们发起了由女性组织的、有史以来第一次有记录的公开抗议运动。公元前205年，在罗马与迦太基将军汉尼拔进行的一次战争期间，罗马通过了《奥庇乌斯法》（Lex Oppia）。该法令限制了女性能拥有的黄金数量，并限制女性公开展示其华装丽服。十年以后，随着迦太基被罗马一举击溃，罗马社会上流阶层的女性质问罗马当局，为什么《奥庇乌斯法》还在成文法中。因为要求废除该法的呼声很高，所以元老院决定就这个议题进行一次公开辩论。就在辩论当天，一大批罗马女性蜂拥进入古罗马城市广场[†]，那里是元老院——古老的政府席位——

---

[*] Cornelius Nepos（约前100—约前25），又译科尔涅利乌斯·尼波斯，古罗马传记作家。著有《外族名将传》。
[†] 一个包括元老院、神庙、商铺、市场以及开阔场地的建筑群，古罗马的政治、宗教和经济中心，也是罗马城人民的公共生活中心。

当时及如今的所在地。这些女性为争取她们的诉求而奔走游说。

反对撤销该法案的主要是老加图[*]，他是那个时代最令人畏惧的雄辩家。老加图虽是个"新贵暴发户"，但他认同罗马的开国元勋和旧贵族们的一些观点。在此次辩论中，老加图详细阐述了勤劳、节俭和朴素生活的美德传统，他还声称正是这些美德使罗马变得如此伟大。像许多本分称职的清教徒一样，老加图对他自己的简朴生活方式大肆渲染和宣传。根据历史学家李维的观点，正如他在《罗马史》（*The Early History of Rome*）中所记载的，老加图以厌女的口吻这样宣称：

> 要是每个已婚男人都能关注到这一点，即丈夫确保妻子敬仰自己并尊重自己作为丈夫的正当地位，那么，我们如今在女性群体中遭遇到的麻烦有一半都不会碰到。而现在正与此相反，女性已经变得如此强大，以至于我们男性在自己的家中都已经丧失了独立性。如今，即便在公共场合，我们也要被践踏和踩在脚下了。我们还没能够对作为个体的她们进行重新培训，现在她们自己倒已经联合起来了，还给我们造成了如眼下这般的极度恐慌……就在几分钟前，为了来到这里，我穿行在一群自信又激进的女性之间，这真叫我难为情。我对她们作为个体的地位和谦逊表示尊重——但我对作为暴民的她们并没有这种尊重——作为一名执政官，我不能建议说要对她们采取任何武力措施。而作为一个公民个体，我本应该对她们说："你们这般不顾形象，以这种前所未见的方

---

[*] Cato the Elder（前234—前149），拉丁语全名为马尔库斯·波尔基乌斯·加图（Marcus Porcius Cato），罗马共和国时期的拉丁语政治家，也是罗马历史上第一位重要的拉丁散文作家。

式冲到公共场所来，还堵在大街上，对那些不是你们丈夫的男人大吼大叫，这又成何体统呢？难道你们不能好好待在家里问一些问题吗？再说，你们不能就这些问题问问你们自己的丈夫吗？"［……］

女人是暴力危险、不受控制的动物，因此，如果你给了她自由的缰绳，却期望着她不要无法无天，那是没有一点用处的。本不该如此，你们必须把缰绳牢牢地掌握在自己手中……试着想想，要是你们让她们一个接一个地获得或强索到各种权利，并让她们最终实现了女人与男人的完全平等，你们以为，到那时你们会受得了她们吗？简直是荒唐透顶。要知道，一旦她们实现了平等，就将成为你们的主人……[7]

老加图的演讲以失败而告终。元老院最终投票推翻了《奥庇乌斯法》。但是从那以后，同样的基本论点常被人们用来驳斥给予女性各项权利，从投票权到获得节育权等。老加图以其令人吃惊的简明之言这样陈述道：要是在一个领域给予了女性自由，那么，不道德的邪恶闸门将会在其他任何领域中朝着女性轰然大开。

在《奥庇乌斯法》被撤销的十年之内，一个非凡的丑闻震撼了整个罗马，李维在后来帝国更为"衰落"的一个时期曾写过这件事，他还试图用它来证明老加图的观点是对的。这个丑闻直接导致了社会对非正统宗教习俗的猛烈镇压，也为中世纪的猎巫运动埋下了伏笔。

罗马的国教是一项极其男性化的宗教事务。它要求按照规定的膜拜仪式和牺牲祭品来平息众位主神的怒火。罗马人眼中的

051

异教也是按照阶级来划分的，人们一般不太赞成那类允许贵族和平民在社交上混在一处的做法。不过，也有几个异教的神灵可以在古罗马照拂女性。例如，罗马人信奉幸运女神福尔图娜*，她旨在为女性在性生活中带来好运。还有一个异教祭坛是专为罗马平民的贞洁设的，历史学家李维也感叹，它常常为人们所忽视。最著名的有关女性的异教崇拜是信奉维斯塔贞女（Vestal Virgins）。维斯塔是神话中照顾灶火的女神。她守护着罗马城神圣的永恒火焰，它燃烧在为她所设的神殿的最深处，这个神殿是罗马城市广场上最美丽的神殿之一。从几大贵族世家中挑选出来的六位维斯塔贞女负责照料火焰。根据一种古老而根深蒂固的迷信观念，要是火焰熄灭了，那么罗马也就会衰亡。任何让这种情况发生的维斯塔贞女都会遭到惩罚；任何维斯塔贞女，要是在照料火焰的任期内（为期30年）失去贞洁，那她将会被活埋。弗洛伊德后来指出，之所以是女性受嘱托来守护永恒的火焰，是因为从她们的生理解剖结构来看，女性不太可能会像男性那样在上面撒尿，从而将火焰给浇灭！[8] 不管事实是不是如此，直到公元前186年，传统的罗马异教所吸引的女性都不是太多。但渐渐地，一些东方的神秘宗教和诸如酒神巴克斯崇拜等异教盛行，它们逐渐吸引了很多虔诚的信徒，特别是女性信众。在当时的政治体制之下，这些异教至少为生活在令人窒息的道德观下的罗马女性提供了一个情感宣泄的路径。

据李维记载，公元前186年，一个曾经当过奴隶的女孩向当局自首，说她参与了对酒神巴克斯的异教崇拜活动。对酒神巴

---

* Fortuna，罗马神话中的幸运女神，相当于希腊神话中的堤喀，其标志为车轮，代表变化无常。

克斯的崇拜是从希腊传至罗马的。出于对情人的担忧——她情人的母亲强迫他加入邪教——这个自由民描绘了罗马主妇们晚上聚集在一起,沉迷于饮酒作乐和狂欢性爱的骇人听闻的场面。"违拗自然"的性行为已经成为常态,而且,她声称这是入教仪式的一部分。任何抗拒这一性要求的人都会被杀掉,其尸体也都会被秘密地掩埋。在她的供述中,出身名门的女性会在身上披着兽皮,装扮成酒神巴克斯的虔诚信徒,她们喝醉酒后,还会被邪魔附体。她们的头发在身后乱舞,她们彻夜奔走寻欢,尖叫呼喊着一些胡言乱语。这一异教的追随者来自社会的各个阶层,当然也包括奴隶。对罗马人来说,他们总是会提防奴隶发生叛乱,这样的公众集会似乎对罗马的社会阶层以及性别角色产生了颠覆性的威胁,同时,这也是对现行秩序的一种挑战。

这位前奴隶所叙说的可怕故事,与人们对那些被认为是女巫的中世纪女性的性放纵和性滥交的指控惊人地相似。酒神的女性崇拜者就像后来被指控行巫术的女性一样,被指控会谋杀任何违抗她们的人,甚至包括她们自己的孩子。据说,有些女性还会施展黑魔法。此时,我们似乎已经看到了中世纪女巫的肖像画正在逐渐成形:年轻貌美的女性,或者是头发上缠满了蛇的丑老太婆,她们放纵自己醉酒狂欢;在夜深人静的时候,她们会用青蛙的血、骨头和她们杀害的孩子的尸体制作出一些地狱般可怖的混合物。这种对邪恶女性的厌女式的肖像描绘,大约诞生于欧洲史上第一个女巫被活活烧死的12个世纪之前。彼时,罗马当局逮捕并处决了一些男性,并将逮捕到的女性异教徒移交给了她们的"父家人"(pater familias)。这些女性的父家人对她们执行了死刑。在这次事件中,有多达7000人被逮捕并遭到了处决。

另一位罗马历史学家萨鲁斯特*特别关注上层女性与密谋和共谋事件的联系。公元前63年,一帮鲁莽的贵族因为债务危机陷入绝望之中,于是,他们密谋推翻国家政权并夺取政治权力。领导这些贵族反叛的是一个叫作卢西乌斯·喀提林的男子,在萨鲁斯特对这次密谋事件的描述中,他将喀提林形容为"智力超群、体力强健"但凶残邪恶且堕落。[9]萨鲁斯特本身也是一个失败的革命者,他指出,此次阴谋有一个方面特别令他担忧:

> 大约在这一时期,据说喀提林已经获得了众多追随者,其中就包括一些女性。这些女性在早年间通过卖淫过着奢侈糜烂的生活,而后,随着年纪渐增,她们的收入也大大地减少了,而她们又无法改变自身奢靡的生活作风,便长期处于负债累累的状况。喀提林便认为,这些女性可以为他所用,可以让她们在城市中煽动奴隶们去反叛,也可以让她们自己组织一些煽动性的暴乱行动;而她们的丈夫也能派上用场,可以诱导他们加入到他的密谋大业中来,要是行不通,就把他们都除掉。[10]

在上流社会阶层的这些女性中,只有一位革命者留下了名字,她就是森普罗尼亚。森普罗尼亚出生于最著名的罗马贵族世家之一,她是:

> 一个犯了许多罪行的女人,这表明,她和男人一样勇

---

* Sallust(约前86—前34),拉丁语全名为盖乌斯·撒路斯提乌斯·克里斯普斯(Gaius Sallustius Crispus),常简称为撒路斯提乌斯或萨鲁斯特,古罗马历史学家。

猛无畏、胆大妄为。命运女神非常眷顾她，不仅给了她好的家庭出身和娇美的面容，还给了她好丈夫和好孩子。她在希腊文学和拉丁文学方面都接受过良好的教育，在弹奏里拉琴和跳舞等方面，她也比所有受人尊敬的贵族女人的技艺要高超得多……没有什么比端庄文雅和贞洁更让她鄙视的东西了……她的欲望激情是如此炽热，所以她向男人求爱的次数要远多于他们对她的求爱次数。她已经多次违背庄严的承诺，但她又拒绝为其背信弃义的行为负责，最后，她还成了谋杀案的共犯……然而，森普罗尼亚的各项能力也不容小觑。她会写诗，乐于开玩笑，肆意随性地与人交谈，或端庄温柔，或调皮任性；实际上，我们可以说，她是一个机智聪慧、有着非凡魅力的女人。[11]

森普罗尼亚曾一度是尤利乌斯·恺撒的情妇，她的一个孩子叫德基姆斯·布鲁图*，大量的流言都表明布鲁图其实是恺撒的私生子。（作为一个共谋者，布鲁图要远比他的母亲更为成功，他是公元前44年谋杀恺撒的刺客之一。）

喀提林的阴谋被人告发，其同谋一律遭到处决。然而，森普罗尼亚却毫发无损。萨鲁斯特指控她是同谋犯，但后来的历史学家质疑过这种观点。不过，毫无疑问的一点是，在描绘森普罗尼亚时，历史学家同时混合了不赞成之态和强烈的迷恋之情。森普罗尼亚能跳舞、会写诗、艳遇不断，还与革命者密谋、煽动奴隶造反。几乎可以肯定的一点是，要是当时罗马有大麻的话，那森

---

* Decimus Brutus（约前85—前42），也译作布鲁图斯，罗马共和国时期的将军，曾参与刺杀独裁者尤利乌斯·恺撒。其早年曾受恺撒任命供职于高卢，后来统帅军队。刺杀恺撒后，他接受了元老院的任命，率军进攻安东尼，后兵败被杀。

普罗尼亚肯定也会是一个瘾君子。她是波希米亚式知识女性的原型,她身上所展现出来的许多东西都遭到了几个世纪以来的道德家们的斥骂与强烈谴责。在萨鲁斯特眼中,森普罗尼亚真正犯的错误就在于,她是一名超越了其时代的"现代"女性。萨鲁斯特的历史记录注定会成为一种警告,它提醒人们,当女性像男性一样公开地追求享乐时,会产生什么样的后果。女性对奢侈生活的嗜好导致她们性行为不端,这反过来又让她们变成了绝望的革命者,甚至不惜与奴隶为伍。对罗马的统治者们来说,没有什么东西能比叛逆的女性和不安分的奴隶之间的联盟更让人焦虑和担忧的了。

在这次阴谋失败之后没几年,罗马又陷入了另一场内战的恐怖当中。这场内战最终推翻了罗马的共和政体,取而代之的是恺撒家族的独裁统治。随着少数几个强大的家族开始争夺日益壮大的帝国的统治地位,公共领域的政治行动也变得更加危险,女性被迫回到她们更熟悉的家庭领域。获得权力就能获得统治权,或是获得一个良好的前景;这意味着各大家族要为改善后代——尤其是男性后代——的前途而展开斗争。离权力的中心地带愈近,权力斗争也就会愈加致命,这就为罗马帝国喜爱道德说教的厌女者们提供了一大拨女性恶棍的群像。这些女性都无视了传统贵族主妇身上被人们所期待的那套谦虚、克制和顺从的标准。

这些女性给罗马共和国风雨飘摇的晚期投下了长长的暗影,其中最引人注目的是克利奥帕特拉,因为她与当时人们心目中的女性德行的典范相去甚远。事实上,克利奥帕特拉甚至都不是罗马人,她是埃及法老,也是亚历山大大帝的一位马其顿将军的直系后裔。罗马人拿克利奥帕特拉当作反面典型,将她的事迹作为戏剧性的证据来说明,一旦人们允许女性插手干涉国家事务和公共政策，那么她们就会产生十分邪恶的影响。罗马人帮助克利奥帕特拉成为古代世界中最为人所熟知的两名女性之一——另一个是特洛伊的海伦——所以，直到今天，克利奥帕特拉的名字仍然为我们普通人所知晓。克利奥帕特拉给罗马和希腊的历史学家、诗人和编年史家都留下了深刻的印象，这种印象又被继续传给了莎士比亚、萧伯纳等一众作家，最后还被搬到了美国好莱坞的银幕上。在好莱坞大片中，克利奥帕特拉这一角色由伊丽莎白·泰勒扮演，虽然这让克利奥帕特拉成为电影主角，但这个角色的塑造是电影制作史上最大的败笔之一。

克利奥帕特拉是马其顿将军托勒密的直系后裔，在亚历山大大帝于公元前323年驾崩后，这位将军继承了马其顿庞大帝国的部分领土。克利奥帕特拉是希腊化时代的产物，这一时期始于亚历山大大帝驾崩之时，一直持续到公元前30年，最后以克利奥帕特拉自杀和埃及并入罗马帝国而告终。在这一时代的三个世纪中，希腊女性已经摆脱了古典时代许多令人窒息的对女性的限制，她们的社会地位也得到了提高，这包括女性有了更加自由的婚姻契约以及更多的受教育机会。她们还在政治事务中发挥了更为重要的作用。克利奥帕特拉是希腊化时代的最后一位女王，也是最著名的一位，因为她直接参与了为控制亚历山大大帝的余党势力而进行的王朝争夺战。

克利奥帕特拉与尤利乌斯·恺撒的婚外情，以及在恺撒被刺杀后，她与恺撒的大将马克·安东尼的艳遇传闻，都已经成为悲剧、传奇故事和好莱坞庸俗大片的主题材料。与其说恺撒和安东尼两人是被克利奥帕特拉的美貌所吸引，倒不如说他们是被她的机智和聪慧所俘获。根据克利奥帕特拉的传记作者普鲁塔克的记叙，克利奥帕特拉会说十种语言，她与恺撒交谈甚欢，相传他们可以一直侃侃而谈，聊到夜半三更。克利奥帕特拉也会对安东尼的打情骂俏给予善意体贴的回应。此外，在托勒密家族的众多后裔中，克利奥帕特拉也是唯一会说他们的母语古埃及语[*]的人。她活跃的才智还扩展到其他许多领域——她甚至还撰写了一篇关于美发和化妆美容的文章。[12] 但对那些与克利奥帕特拉同时代的罗马人来说，她无疑是一个狡猾、迷人且野心勃勃的诱惑者，所以他们必须不惜一切代价地阻止她得逞。在屋大维[†]和安东尼争夺终极王权的斗争中，安东尼的敌人便把安东尼描绘成了一个愚蠢的军人。人们指责克利奥帕特拉是在利用安东尼以便谋取自己对罗马帝国的控制，这已经成了屋大维一派政治宣传的重要组成部分。与当时人们对森普罗尼亚的描述一样，克利奥帕特拉的敌人也将她的智性独立与她放荡不羁的性欲联系在了一起。古老的厌女运动的典型行径便是证明和强调那些聪明到可以独立思考的女性都是没有道德的；或者说，即使她们有道德，她们迟早也会丧失这些美德。因此，贺拉斯和他那个时代的其他罗马诗人都将指控和谩骂的矛头直指克利奥帕特拉的淫乱滥交行为。克利奥帕特拉在希腊语中还有个绰号，叫作"Meriochane"，字面的意思就是"她染指了1000个男人"。在一个甚至让《黛比办了达拉斯》[‡]这类作品都黯然失色的情色幻想中，克利奥帕特拉的诋毁者声称，克利奥帕特拉可以在一天之内给100位罗马贵族口交。

然而事实是，安东尼显然对成就斐然和聪慧的女性感到满

---

[*] 古埃及语属亚非语系，跟闪米特语族（如希伯来语和阿拉伯语等）有很密切的关系，是古埃及帝国的通用语言。
[†] Octavian，即古罗马帝国第一代皇帝奥古斯都（Caesar Augustus，前63—后14，在位时间前27—后14），恺撒大帝的甥孙（恺撒外甥女的儿子），也是其养子和继承人。奥古斯都是屋大维的头衔，意为"神圣、至尊"。
[‡] *Debbie Does Dallas*，1978年上映的美国色情电影。

意。安东尼的妻子富尔维娅是森普罗尼亚的女儿,她就曾被一位现代历史学家形容为很像一个"亚马孙女战士"。[13] 安东尼的政敌便以此为证据,试图来证明他已经被这种女性给弄得"去男性化"了,因而,他也就不适合统治罗马帝国了。公元前31年,安东尼被打败。在这之后,克利奥帕特拉试图勾引屋大维,但屋大维不为所动,一直远远躲着她。为了避免成为俘虏披枷带锁,被一路拖拽着带回罗马,以庆贺屋大维的恩典荣光与夺权胜利,克利奥帕特拉最后选择了自杀。

然而,自杀的克利奥帕特拉仍然活在人们的心中,而那些旨在侮辱她的卑鄙言行,现在已经昭然若揭,反而只会贬损做出此类恶劣行径的人。最终,在历史上留存下来、获得了胜利的,还是克利奥帕特拉的智慧与魅力,正如莎士比亚在他关于女性的最为著名的诗行中所称颂的那样:

> 岁月绝不会使她凋萎,风俗亦不能够
> 让她的无限风情过时。其他女性使得
> 她们喂养的胃口腻烦,她却使人饥渴
> 而后她又会给予最大的满足。那些最卑鄙之人
> 在她的身上只会看到他们自己,而神圣的司铎
> 在她放荡淫乱恣意行乐之时,仍会深深保佑她。[14]

让历史学家瓦莱里乌斯·马克西姆斯感到非常气愤的一点是,随着罗马共和国成为历史,几位罗马女性作为演讲者和倡导者,公开发出了她们自己的声音。"我们不能再对这些女人保持沉默了,不管是这些女人的天性,还是她们披着的谦逊外衣,都已经无法再让她们在罗马城市广场和法庭上保持沉默了。"[15] 他这

样写道。马克西姆斯的这番记录，体现了他对这些女性持反对意见的决心，不过，也多亏了他的记录，我们才知道这些女性的存在。她们之中最有名的是霍滕西亚，她是罗马最伟大的演说家之一昆图斯·霍滕西乌斯的女儿。在一个仅作为脚注被载入史书的事件中，霍滕西亚用其雄辩的口才直接干预了政治事务。在罗马，截至公元前42年，存在着一个强大的三头同盟（triumvirate）态势——马克·安东尼、屋大维（即后来的奥古斯都皇帝）和马库斯·雷必达*。三头同盟的独裁统治者统治着罗马，并对政敌进行无情的大清洗，大约有2300人被逮捕并遭到处决。由于利欲熏心且急需银两，三头同盟对1400名上流社会的女性强行征收了高额的税费。于是，这些女性举行了一次游行抗议，还试图与三个统治者的家中女眷交谈，希望她们的诉求能得到统治者家眷们的倾听和支持。虽然这些女性最终只获得了部分成功，但她们设法强行进入了罗马城市广场，并站到了演讲者的讲坛上进行演说。

根据瓦莱里乌斯·马克西姆斯的说法，"没有一个男人胆敢阻止她们前进"。霍滕西亚挺身而出，"在三执政（triumvirs）面前慷慨陈词，为她们这些女性的情况进行辩护，既自信坚定又势在必得"。随后发生了一件很了不起的事情，这件事无论是在厌女症的历史上，还是在女性的历史上，都很引人瞩目（在很大程度上，女性的历史是一场与厌女症的斗争）。选举权的问题第一次被提出，虽然只是暗示性地提出来。霍滕西亚慷慨有力的演讲重点围绕战争期间女性的苦难，她如此质问道："战争期间，荣誉、

---

* Marcus Lepidus（约前90—约前13），古罗马统帅。早年追随恺撒，成为其最亲信的将领之一。恺撒死后，雷必达与安东尼、屋大维结成政治同盟，史称"后三头政治（同盟）"。

命令、治国之道等方面,我们女性一点儿都没有份,而你们男性,为了这些功勋而相互倾轧争斗,造成了如此可怕的后果,那为什么还需要我们女性来纳税呢?"[16]

尽管霍滕西亚没有直接要求将投票权扩大到女性,但她的观点已非常接近数世纪后美国革命者所提出的要求了:既然女性没有代表权,就不应该征她们的税。[17]

公元前42年的这次女性抗议活动,是女性在罗马展开公开行动的一次高潮,也是她们在这个时代进行的最后一次抗议活动。它也是截至19世纪我们所知道的西方文明史上女性针对政治变革的最后一次公开的抗议活动。接下来的一次还要等到20世纪女权主义运动兴起时,投票权将成为那次争取女性权利运动的核心。

社会动荡最终摧毁了罗马共和国,罗马以世袭的家王朝统治取代了共和制,在这种社会动荡中,也出现了保守派势力对女性的强烈反对。道德家们对女性拥有的诸多自由感到不满,他们一再重复的一句话就是"我们需要有更少的欲望和更多的家庭成员"。公元前27年,屋大维登基加冕,成为奥古斯都皇帝,在这之后,历史学家李维便开始撰写有关罗马历史(当然,他是从胜利者的角度来书写历史的)的著作。李维在写作中清楚地表达了新政权的道德主张:

> 我希望所有人都能多多关注早先时期社会中的道德生活……并看到随后而来的社会中纪律和道德标准的每况愈下,以及当下我们道德的全面崩溃和坍塌。因为,我们现在已经到了不能够再容忍我们社会中的堕落的地步了——现在,我们只有通过种种措施,才能改善眼下的道德失范状况。[18]

就像在20世纪60年代和70年代一样，当时社会的问题是女性生育的孩子更少了，性生活却更频繁了。弘扬"家庭价值观"运动的再次出现，便是为了扭转这一社会趋势。然而，罗马帝国的政府比20世纪80年代美国的道德多数派要拥有更多的强制性力量。

旧式严格的婚姻形式将妻子置于丈夫的绝对控制之下，几个世纪以后，这种婚姻形式被更多非正式的习俗安排所取代。显然，这些丈夫不再像罗马开国元勋那样严苛，多年以来，他们反而变得过于宽容了。有些人在发现妻子通奸后也不愿意和她离婚。一些丈夫甚至被人指控，说他们会从妻子的通奸中得到一些好处。这种类型的自由主义，在道德家们看来，正是他们周围社会惨遭腐蚀的根本原因。于是，奥古斯都起草了一系列法律，它们被称为《朱利亚法案》（Lex Julia），旨在鼓励男女结婚并恢复传统的罗马家庭秩序。奥古斯都对到了适婚年龄却没有结婚的人施加惩罚，并奖赏那些结了婚并生儿育女的男人。奥古斯都恢复了古老的法律：要是当场发现女儿或妻子通奸，法律允许父亲杀死他们的女儿，允许丈夫杀死他们的妻子；丈夫又有义务要与通奸的妻子离婚了，如若不然，他将面临严厉的惩罚。奥古斯都将通奸案件的司法权从家族手中夺走，并将其移交给了公共法庭。只要求离婚是远远不够的。奥古斯都想看到犯错的妻子被拖到法庭上并一一接受惩罚。那些受委屈的丈夫要在离婚后60天内起诉他的前妻。如果事实证明这个丈夫太心软，不想起诉他的妻子，那么，任何25岁以上的公民也可以帮他起诉——这无疑是对那些自以为是又爱管闲事的人最大的恩惠，这些人本来就很喜欢看一个女人被公开羞辱的场面。尽管新法律也允许女性因丈夫通奸而与他离婚，但法律并没有说这是她应尽的义务；而且，法律也禁止妻子对丈夫提起刑事诉讼。也就是说，通奸罪只有在女性犯罪时才会公开审判。[19]

新法律还规定，除妓女以外，男性若与任何其他女性发生婚外性关系，都将以犯罪论处。套用到上层阶级女性身上，这就意味着，除非她们结婚了，否则她们不得有任何形式的性伴侣。为了表示抗议，一些女性将她们的名字写在了罗马当局保存的妓女登记簿上，当时，全市一共有35家受罗马当局监督的官方妓院。后来，当奥古斯都的继任者提比略上台执政后，这种出于绝望的回避和抗议措施才最终被消除。因为，提比略禁止任何来自受人敬重的家族（中产阶级或元老院的家庭）中的女性注册成为妓女。

奥古斯都皇帝站在罗马城市广场古老的讲坛上宣读了这项法案，他还用大理石和青铜船首重新装饰了讲坛。这是他长期执政期间通过的唯一一部以他的名字来命名的法案（朱利亚——用此名是为了纪念他的家族朱利亚家族，这个家族中的尤利乌斯·恺撒收养了他），这表明了他对这些法律的重视程度。这也是他作为统治者最自豪的时刻之一。据称，奥古斯都重建了罗马。此后不久，在公元前2年，元老院宣布他为国父，于是，奥古斯都成为有史以来第一位获此殊荣的罗马人。但是，他的《朱利亚法案》非常不受欢迎。鉴于当时罗马男女享有相当大的道德自由，对这些法律的强烈反对是不可避免的。对这位骄傲的皇帝来说，这种反对会以一种他能够想象到的最屈辱的形式向他袭来。

就在元老院宣布奥古斯都为国父的几周内，也许只是几天之内，尤利娅，这位"国父"37岁的女儿，对奥古斯都颁布的法律做出了令人难以想象的嘲弄，并直接动摇了奥古斯都试图给罗马社会的新道德秩序打下的根基。如果当时有通俗小报的话，那么它的头版头条无疑会这样叫嚣:"纵欲狂欢的尤利娅震惊世人:罗马城市广场讲坛上的性爱游戏"。

据斯多葛派哲学家和罗马帝国的顾问塞涅卡[*]的观点:"尤利娅接待了成群结队的情人。她在夜间的城市里游荡狂欢,将罗马城市广场定为她的狂欢之所,就在那座她父亲曾颁布通奸法案的讲坛上纵欲享乐。"她被人指控从一夜情中寻求性满足。[20] 她甚至被人指控出卖肉身当妓女。(同样的指控后来也针对克劳狄乌斯皇帝的妻子梅萨利娜。)

关于尤利娅——奥古斯都唯一的孩子——的风流逸事一直流传至今,她被描绘成一位机智聪慧而又有着坚强意志的年轻女性。有一次,她父亲对她衣着不端庄做了一番不太好的评价。第二天,当她穿着得体地出现时,父亲称赞了她,而她则回应父亲道:"今天,我是为愉悦我父亲的眼睛而着装的,而昨天,我是为愉悦男人的眼睛而着装的。"[21]

然而,在当时的社会,与生育子嗣的能力相比,女儿的才能或抱负一点儿都不重要。从尤利娅 14 岁第一次结婚到她 28 岁期间,她有过三任丈夫,他们都是她父亲为她择定的,因为奥古斯都迫切渴望能有个男性继承人。尤利娅有时肯定会觉得自己像罗马帝国的婴儿孵化器。但她还是尽职尽责地诞下了三男二女,这些孩子都是她和她的第二任丈夫阿格里帕所生。阿格里帕是她父亲的大将和得力助手,不过,在他们结婚时,阿格里帕的年龄是尤利娅的两倍多。但可惜的是,她的儿子们都没能幸存下来,因此,最后也就没能实现她父亲想得到一位直系血统的男性继承人的梦想。最终,她的一个女儿——大阿格里皮娜——顺利诞下了

---

[*] Lucius Annaeus Seneca(约前 4—后 65),古罗马哲学家、戏剧家。

一位男性王位继承人,他就是卡利古拉。

尤利娅的行为远不只是狂放的恣意行乐那么简单。罗马城市广场讲坛上的狂欢故意选择了特定的时间以及地点,为的是获得最大的曝光效应。就在奥古斯都被宣布为国父的那一年,他女儿便向家族展示了他作为一名父亲的彻底失败。作为女儿,尤利娅深知应该怎样做才能最深切地伤害到父亲。她的淫乱滥交是作为一个女儿的报复,她以她唯一能选择的方式来进行反抗——寻求她自己的个人满足,就像塞涅卡惊恐地记录的那样。她在戏弄性政治,她不得不这样做,因为她的身体已经成为一种政治交易商品。具有悖论的是,通过出卖身体,她也是在重新认领她的身体,宣示身体为自己所有。但尤利娅的行为不仅是一种个人抗议,也是一种政治反抗。奥古斯都颁布的法律非常不受欢迎(如李维所指出的那样),在尤利娅所在的知识分子圈子中,它就更不受欢迎了,于是,知识分子圈中演变出一场反文化的叛乱。类似的事情也发生在美国和其他西方民主国家,20世纪60年代的性革命就是为了反对过去几十年以家庭为导向的保守道德规范。

被激怒的奥古斯都并没有试图避免让家丑外扬。他把女儿和她的朋友们全都带到了罗马法庭上,指控她犯了滥交、通奸和卖淫罪。法庭上的众人完整听到了这一骇人听闻的故事。尤利娅最终受到了惩罚。奥古斯都将她永远地逐出了罗马城。16年以后,尤利娅在流亡中去世,再也没有见过她的父亲和罗马城。

此时的历史舞台已经准备好上演厌女历史上的另一出大戏了。很久以前,当女性提出她们有权穿上华丽的服饰时,老加图就警告过他的罗马同胞们:"女人是暴力危险、不受控制的动物",对于她们,任何对自由的让步都将会导致她们完全背离一切道德标准,并最终导致社会道德标准的彻底崩溃。人们的这种恐惧,在克劳狄乌斯皇帝（前10—后54）的妻子梅萨利娜身上得到了具象化的体现。

梅萨利娜是奥古斯都的姐姐屋大维娅——屋大维娅在马克·安东尼的妻子富尔维娅去世后嫁给了安东尼——的曾外孙女。公元37年，她嫁给了克劳狄乌斯，当时她可能还是个十几岁的少女（她的出生年份至今不详），而克劳狄乌斯都快47岁了。四年以后，卡利古拉皇帝遇刺身亡，于是，克劳狄乌斯继任成为罗马皇帝。他的执政将会持续13年。也许，克劳狄乌斯是罗马皇帝中最不像统治者的一位皇帝，他常常被描绘成一个古怪、笨拙的老学究，并且，他还沉迷于探寻各类晦涩难懂的历史。与此形成鲜明对比的是，他的年轻妻子被人们认定患有性心理障碍："过度的异性恋欲望（即滥交），或者所谓的'梅萨利娜情结'*……"[22]

根据20世纪最著名的性学专家之一哈夫洛克·霭理士[†]的说法："对梅萨利娜这种人来说，性并不是真正的享乐。它只是试图从更大的不幸中找到解脱的一种方式。你也可以说，这是逃遁到了性欲中。"[23]

在现代时期，有各种理论都被用来阐释"梅萨利娜类型"，从性冷淡，到挫败的母性本能，再到潜藏的女同性恋；近来，关于将这一类型视作色情狂的整个概念受到了人们的质疑。[24]但是，历史上的梅萨利娜绝不仅仅是一个心理学范畴。除此之外，她还是偏见如何作为一种简化论而发挥效用的另一个典型例证。

梅萨利娜的历史地位源于她是第二位成为罗马皇后的女性。

---

* Messalina complex，曾用于表示女性性欲过度。

† Henry Havelock Ellis（1859—1939），也作埃利斯、蔼理士或霭理斯，英国性心理学家、思想家、作家。

在她之前，唯一可效仿的典范是莉薇娅。莉薇娅是奥古斯都朴素节俭的妻子，她的私生活和任何有德行的贵妇一样无可指摘。梅萨利娜似乎只在一件事上模仿了莉薇娅：决心铲除任何对她和她丈夫怀有敌意者，或者是那些怀有野心、想取代她儿子布列塔尼库斯成为克劳狄乌斯皇位继承人的人。就这方面而言，梅萨利娜可谓心狠手辣、行动果敢高效，在朱利亚-克劳狄家族的潜在对手还未采取行动之前，她就将其铲除了。但奇怪的是，历史流传下来为我们所熟知的梅萨利娜，却不是那位毒辣无情的政客，而是一个色情狂。这在很大程度上要归因于诗人尤维纳利斯*在《第六讽刺诗》(*Sixth Satire*)中对梅萨利娜的刻画。诗人指责梅萨利娜一等克劳狄乌斯睡着，就在黑发上戴上金色的假发套，偷偷穿过黑黢黢的暗街后巷，最终进入妓院：

> 看看那些众神的同侪，听听克劳狄乌斯的遭遇。
> 一旦他那高贵的妻子确定她丈夫正在酣睡，
> 比起皇宫中的高床，这位皇家娼妓选择的是
> 一些低贱的矮床垫，她戴上她夜间的防风帽，
> 独自偷偷穿过街道，或者，只带上一人随行，
> 她把黑发藏匿在那金色的假发里，进入妓院。
> 她的小房间早已为她预留好，里面空荡荡——旧床单还
> 温热，散发出恶臭，
> 她是以利西斯嘉的名义登记的。在那儿，她脱掉衣服，
> 露出她金色的奶头，还有布列塔尼库斯出生的那个部位，

---

* Decimus Junius Juvenalis（约60—约140），古罗马诗人。其流传下来的16首讽刺诗揭露罗马帝国暴政，抨击贵族道德败坏，同情贫民困苦生活，但有宿命论色彩。

用比邀请更加撩人的姿势来招揽顾客。

客户询问价格,她拿到了钱两,并度过了一个怡人的夜晚,接着,当老板让女孩们都回家去时,她才恋恋不舍地离开。她是她们中最后走的,依然欲火旺盛,带着女人式的勃起,被她的男客人们累坏了,但她还未餍足,她脸颊都变了色,穿过街灯散发出的臭味,肮脏不堪,叫人恶心得无以复加,浑身满是妓院的气味,她回了家,终于躺倒在她的高枕上。[25]

尤维纳利斯对女性性欲旺盛的刻画,就像潘多拉和夏娃的神话一样,为众人所知。它将女人贬损成了一个贪得无厌的阴道,永远欲求不满。他还使用梅萨利娜的例子来概括所有的女性:

不管她们来自哪个阶层,她们的胃口都是一样的;
无论高低贵贱,她们的情欲都是十分雷同的……[26]

但是,他的刻画也是一种神话吗?尤维纳利斯的写作年代是在克劳狄乌斯统治后约60年,而他所生活的新王朝仍然十分反对朱利亚-克劳狄家族统治。这时,有德行的罗马贵妇形象又卷土重来了,她们将罗马皇帝图拉真(在位时间98—117)和哈德良(在位时间117—138)等人的妻子作为女性贞操的典范。此外,要知道,尤维纳利斯是一位讽刺作家,特别擅长嘲笑人类和社会中的愚蠢和罪恶。讽刺手法包括将恶习推向极致,以此来达到喜剧效果和道德成效。无论是公元2世纪的罗马,还是21世纪的美国,所有时代的道德家都很相似,他们最享受的莫过于玩弄观众最深的恐惧和偏见,以此来让他们更加惊恐。尤维纳利斯本人在多大程度上是厌女者,这在学界是存有争议的,但他无疑是在拨弄读者的厌女症幻想。就像他之前和之后的许多厌女者一样,尤维纳利斯以其雄辩的口才做到了这一点。尤维纳利斯的《第六讽刺诗》也揭示了一点,乍一看很像是厌女症的悖论:厌女症比其他任何偏见都激发出了更多的伟大著作。人们肯定无法想象,反犹主义或其他任何类型的偏见会像厌女症这样能激发人们创作出好的诗作来。这个悖论其实直指了厌女症的核心症结及其最深层的矛盾所在。尤维纳利斯在对他所强烈谴责的女人的刻画中,也掺杂着迷恋和渴望。正是他的这种渴望和迷恋,以及愤慨,才使他能够雄辩滔滔。

梅萨利娜在克劳狄乌斯身边待了七年,在此期间,克劳狄乌斯似乎对她的性冒险经历一无所知。后来导致梅萨利娜从权力的高峰跌落的事件让历史学家们感到困惑不已。公元 48 年,皇帝离开罗马外出时,在一次酒神狂欢节期间,梅萨利娜嫁给了她当时最喜欢的情人,一位名叫盖乌斯·西利乌斯的英俊贵族。有人认为,这场婚姻是一场阴谋的一部分,为的是让贵族取代克劳狄乌斯做皇帝,但这一理论,明显与梅萨利娜曾决意要捍卫她儿子作为未来统治者的利益背道而驰。她为何要把布列塔尼库斯托付给一个已有了自己的儿子的继父来照料呢?确保克劳狄乌斯好好活着,才能最好地保护她和她儿子的利益。历史学家科尔涅利乌斯·塔西佗[*]给出了一个更为合理也更为简单的解释:"梅萨利娜的通奸进展得如此顺利,以至于她因无聊而坠入到一些不熟悉的恶习当中……被称作(西利乌斯的)妻子的想法之所以会吸引她,是因为它纯粹是件骇人听闻之事——这是感官主义者的终极

---

[*] Cornelius Tacitus(约 55—约 120),古罗马历史学家。著有《历史》《编年史》《日耳曼尼亚志》等。

满足。"27

梅萨利娜的这次结婚在道德上可以与尤利娅在罗马城市广场讲坛上——尤利娅的父亲奥古斯都宣布反通奸法案的地方——的性狂欢相比肩,两者都是将性戏剧化的挑衅行为。但梅萨利娜的婚姻缺乏尤利娅的那种政治动机。此事很快就东窗事发了,此外,记录了她那些令人发指的不端性行为的清单,也被手下交到了克劳狄乌斯本人手上,因为他们越来越担心梅萨利娜会掌握越来越多的实权。梅萨利娜被皇帝下令自裁。但是,这位年轻女性没有勇气自尽,最终还是一名罗马禁卫军军官把她给刺死了。

要想看看对公元1世纪的罗马王朝战争的同时代记录,我们还得诉诸塔西佗这位擅长阴暗讽刺的天才。当朱利亚-克劳狄家族对遍布广阔帝国的行政机构一步步加紧血腥控制时,塔西佗一直在思索着这些年的历史。他为我们提供了早年的恺撒家族及家族中女性们的一些非凡肖像。在梅萨利娜之后,没有什么比尼禄的母亲小阿格里皮娜成为皇后这件事更能唤起人们的记忆了。小阿格里皮娜比她之前或之后的任何罗马女性都要更加接近权力的中心。

保守派人士和厌女者都利用小阿格里皮娜走向权力高峰的非凡例子来证明老加图的观点是对的。200多年前,老加图就曾警告过世人女性解放存在的危险,他还表达了对女性夺取政治权力的恐惧:"一旦她们实现了平等,就将成为你们的主人……"

小阿格里皮娜是日耳曼尼库斯和大阿格里皮娜的女儿。日耳曼尼库斯是提比略皇帝最喜欢的侄子,他有九个孩子;大阿格里皮娜是奥古斯都那注定不幸的独生女儿尤利娅的孩子。日耳曼尼库斯的这九个孩子中,有三男三女活到了成年。在这其中,只有小阿格里皮娜的妹妹德鲁西拉是自然老死,其他人都惨遭杀害,在塑造了早期帝国的王朝战争中成了受害者。而小阿格里皮娜将在她的有生之年依次成为三位皇帝的姐姐、妻子和母亲。恶意揣测的八卦还会说她是这三位皇帝的情人。

作为尤利乌斯·恺撒的姐姐的第五世后代，小阿格里皮娜继承了朱利亚家族傲慢专横的传统，这在她雄心勃勃的性格中得到了充分彰显，和她母亲大阿格里皮娜的性格如出一辙。在随丈夫到日尔曼尼亚作战时，大阿格里皮娜通过有效地夺取指挥权，阻止了一支惊慌失措的军队投降，并且在日耳曼尼库斯和他的大军从危险的内陆远征返回罗马以前，大阿格里皮娜还指挥了一场重要的莱茵河渡河任务。日耳曼尼库斯是罗马时代的肯尼迪，他因过早（和较可疑）的死亡而失去了绝对权力，后人常常会假设，"如果"这一伟大的将领没有死去，历史会是何种走向呢？小阿格里皮娜的母亲得到了罗马内部一个被塔西佗称为"阿格里皮娜党"的强大派系的支持，该派系旨在推进大阿格里皮娜和她的孩子们掌控最高权力。大阿格里皮娜曾经指挥过军队，现在，她又指挥着一个政党；这一切都使她背负着"男人婆"的耻辱骂名。但还远不止这些——她"男性化"的勃勃野心引发了人们的恐惧。提比略皇帝这样问她："我的好姑娘，如果你不统治天下的话，你就会认为自己受到了不公对待吗？"这最终导致了提比略皇帝将她流放在外。大阿格里皮娜为了抗议而绝食，于公元33年去世。她的女儿小阿格里皮娜当时快18岁了，将来会引起同样的谩骂，并激发出同样的恐惧。

公元49年，小阿格里皮娜和她的叔叔、第三任丈夫克劳狄乌斯结婚，此前，国家刚刚通过了一项允许侄女和叔叔结婚的特别法律。"从这一刻起，这个国家就发生了变化，"塔西佗写道，"人们完全服从于一位女性——但不是像梅萨利娜那样的女人，后者只会操弄权力，扰乱国务朝政，以满足其个人胃口。现在，我们拥有了一种充满活力、几乎是男性化的专制主义。"[28]

不到一年，这位新婚妻子就与克劳狄乌斯一起出现在官方铸造的钱币上，其头衔为奥古斯塔*，这是历史上在世皇帝的妻子第一次享有此等殊荣。"无论怎样赞颂小阿格里皮娜的重要性都不为过，"一位历史学家写道，"也许最为重要的是，它传达了何为皇后的概念，当然，这不是严格按照法律而言，即皇后拥有正式的权力来做出一些具有法律约束力的决策，而是指皇后可以与皇帝同等地享受皇权所带来的威严。"[29]

公元51年，在罗马的不列颠行省，经过长期战事以后，凯尔特叛将卡拉塔库斯被锁链捆缚着押到了罗马。小阿格里皮娜与皇帝一道接见了凯旋的军团及带回来的战俘，其中一些战俘得到了赦免并被释放。塔西佗指出：

> 从锁链中被释放之后，他们向小阿格里皮娜致敬，献上了他们对皇帝同样的敬意和感激。小阿格里皮娜引人注目地坐在附近另一个高高的台座之上，按照罗马的标准，一个女人竟处于与皇帝平起平坐的位置上，这在历史上是一件前所未有的新奇之事。她是在宣扬她在帝国中与皇帝的伙伴关系，这是她的祖先努力赢得的。[30]

小阿格里皮娜的特权日益累积，这包括她每天早上同样要接受那些向克劳狄乌斯朝拜的大臣和客人的跪拜行礼。在这一时

---

* Augusta，同屋大维皇帝的奥古斯丁称号，奥古斯塔为奥古斯丁的阴性形式，表"神圣、至尊"之意。

期，小阿格里皮娜的雕刻头像显示她戴着王冠，这是一种闻所未闻的殊荣。在巩固自己的权力的同时，小阿格里皮娜也在积极巩固她儿子的利益。克劳狄乌斯正式收养了尼禄并视如己出，他甚至还将尼禄作为王位的法定候选人，排在了他的亲生儿子布列塔尼库斯——比尼禄小几岁——的前面。然而，小阿格里皮娜逐渐登上权力的顶峰，这开始激起人们强烈的批评和敌对仇视。最后，克劳狄乌斯本人也开始注意到了。但最终，小阿格里皮娜先发制人。公元54年，克劳狄乌斯突然驾崩，几乎可以肯定的是，他是毒发身亡的，而尼禄登基当上了皇帝。此时，距离尼禄的17岁生日还差两个月。当宫廷侍卫长向这位新皇帝询问新的通行口令时，他立即回答"无上至尊之母"（Optima mater）——世上最伟大的母亲。对接下来这个笼罩着弑母暗影的统治王朝来说，这是一个冷酷而反讽的开端。

起初，小阿格里皮娜的政治地位似乎比以往任何时候都要稳固。在她儿子尼禄统治帝国的早期，罗马就发行了皇室钱币，钱币上刻画的母子面对面，向世人传达着一种共同统治的印象，这在罗马律法中是史无前例的。对罗马习俗来说，还有更令人震惊的事将要发生。一幅刻画着母子二人的浮雕显示，小阿格里皮娜正将一个代表着军事胜利的月桂花环戴在她儿子的头上。当然，罗马人都会疑心，尼禄肯定是多亏了他母亲才当上皇帝的，但看到他们竟如此大胆地毫不避讳这一点，人们感到十分震惊。同样具有革命性的事件还有，尼禄皇帝允许小阿格里皮娜垂帘听政。小阿格里皮娜可以在专门为此竖立起来的一个遮挡物后面仔细听取元老院的议事情况。至此，小阿格里皮娜已经掌握了世人"难以想象的权力"。[31]对小阿格里皮娜的公开反对将会招致危险，但在私下里，人们已对她的"女性傲慢"怨声载道了。

小阿格里皮娜成功地让她的角色公开被颂扬，这表明她个性强悍，无法接受为女性预留的"皇权背后的权力"的政治命运。她也没有掩饰自己对尼禄私生活混乱的愤怒之态。毫无疑问，小阿格里皮娜希望尼禄能更像他的外祖父日耳曼尼库斯，而不是像他的父亲、小阿格里皮娜的第一任丈夫多米提乌斯，后者以粗鲁和野蛮而臭名昭著。但尼禄终究让她失望了，而且小阿格里皮娜直言不讳地向尼禄表达了自己的失望。接着，尼禄开始害怕自己的母亲。他在小阿格里皮娜眼前（用毒药）谋杀了布列塔尼库斯，以阻止她让曾经的愚蠢威胁成为现实——让克劳狄乌斯的亲生儿子登基为王。在恐惧的驱使之下，尼禄炮制了一系列精心策划的阴谋，想要铲除掉小阿格里皮娜。就像一幕悲喜剧一样，尼禄特意下令建造了一只有问题的船，并用它将小阿格里皮娜抛到了那不勒斯湾。小阿格里皮娜受了点伤，但还是在沉船后游上了岸。由于害怕人们会团结起来支持小阿格里皮娜，尼禄便派遣了一名他最可靠的刺客去对付他母亲。塔西佗记叙了这个凶手及其助手是如何行凶的，这场谋杀也成了历史上最具有戏剧性的一幕。在小阿格里皮娜的卧室里，在闪烁的微弱灯光下，他们将小阿格里皮娜团团围住。当刺客举起手中的剑时，小阿格里皮娜直接撩起衣服，露出了她的腹部，她指着自己生出尼禄的地方，愤怒地大吼道："来，就往这儿刺！"[32]

在一定意义上，小阿格里皮娜的悲剧是不可避免的。罗马女性可以成为医生、商人、执业律师，甚至可以在竞技场上打斗，但是，她们不能公然地扮演政治家的角色。现在回头来看，这似乎与1999年塔利班在阿富汗强制施行的习俗一样愚蠢而具有破坏力：他们禁止女性参与家庭以外的所有活动。在这两种情况下，厌女症都白白浪费了潜在的人才资源。现如今，谁还会怀疑小阿格里皮娜和她的母亲大阿格里皮娜不能成为称职的统治者呢？但是，女性能够成为统治者这件事，在当时的罗马社会中是无从想象的，就像在今天的许多地方一样。结果，人们一再强调皇室得有男性继承人，这让古罗马陷入了一系列毁灭性的危机中，最终耗尽了它所有的人力和物力资源。

在小阿格里皮娜死后帝国所经历的四个世纪中，还会出现其他掌握权势的女性。但是，她们之中没有人敢像小阿格里皮娜那样，直接挑战政治上束缚她们的枷锁，或是公然反抗刻画她们时所使用的厌女逻辑。

随着帝国由盛转衰，这种对感官刺激的追求越来越成为罗马人的幻想及其最厌女的表现的关键所在。此种感官刺激的主要来源，便是定期举行的角斗士比赛中的屠杀场景。最开始的时候，角斗士比赛其实是为了纪念死者而在葬礼上进行的对其英勇和技巧的私人展示，而到了帝国时期，这些展示已经变成了大规模、代价高昂的血腥屠杀和惨无人道的公众表演。举办这类比赛最著名的场地是罗马的斗兽场，它可容纳多达九万名观众。公元80年，这种比赛刚刚拉开序幕，在为期100天的狩猎和角斗中，5000只野生动物被屠杀。女性偶尔也会参加这类角斗士比赛——一幅浮雕就刻画了这样的两名角斗士，她们分别以亚马孙尼娅和阿基里娅*的名义进行角斗；她们都没有戴头盔，因为观众想看清她们的脸。在尤维纳利斯的《第六讽刺诗》里，他对训练女性进行打斗的场面有着一大段描写，表达了人们对此常有的一种既愤怒又迷恋的复杂心态：

---

* 亚马孙尼娅（Amazonia）暗示着亚马孙女战士，而阿基里娅（Achillia）则暗示希腊神话中的英雄阿喀琉斯（Achilleus）。

075

一个女人要怎样才能端庄得体呢？

像她这样把头罩在头盔里，掩盖她与生俱来的性别吗？

…………

这些女人，即使身上穿着薄如蝉翼的衣服也会流汗；

即使是最轻柔的丝绸对她们娇嫩的身体来说也太热了

她在打斗时，你都能听到她的咕哝声和呻吟声，招架防御，猛推前攻……[33]

这首诗本想表达作者对女性角斗的反对态度，但反而流露出了对有僭越行为的女人的欲望。但更多时候，竞技场上的女性都是受害者，而不是女英雄。也正因为这一点，即使古罗马的斗兽场不是以厌女症的丰碑而为人熟知，它也无疑在这段充满厌女仇恨的历史中发挥过重要的作用——不管这有多么偶然。

在一些更加有趣的角斗士比赛的中场休息时段，那些被定罪的罪犯会在竞技场上被直接投喂给凶猛的野生动物。针对那些被判有谋杀罪的女性，也会有特意预留给她们的恐怖惩罚。公元2世纪以后出现了以下这个虚构的故事，但它似乎是建立在真实事件上的。有一个因杀了丈夫和孩子而被判有谋杀罪的女性，被人手脚大开地捆绑在罗马斗兽场中央的一张豪华大床上，等待着她的惩罚将是被一头公驴强奸。饥饿的狮子们在两侧等着公驴惩罚完这名女性之后一举吃掉她的肉身。这一骇人听闻的场景还是应罗马观众的需求上演的。[34]有些女性会在竞技场上被活活地强奸致死，这一般发生在重现神话场景的表演期间，通常是在表演宙斯多次化身为动物、对凡人女性进行性侵犯之时。

关于动物与女性交配的性幻想，在人类历史上一直都很常见。然而，人类存在一系列的社会、心理和道德抑制机制，它们通常会将我们那些或不寻常或日常性的幻想，与我们在现实中实现它们的能力区分开来。但是，在罗马，即使是极端暴力的幻想，它与现实之间的界限也经常被打破，于是，人们享受着他们能想象得到的最为残虐的景象就变得司空见惯了。这对男性心理的直接影响是有据可查的，至少，它们以逸事的形式留存了下来：据说，在血腥的角斗比赛结束以后，娼妓们在斗兽场的拱门下大干了一场皮肉勾当。

当罗马的暴民正浸淫于纵欲享乐时，晚期的罗马帝国却在一次又一次的危机之中摇摇欲坠。在这种动乱之中，一场新的宗教运动正在积聚着能量。我们会看到，首先，基督教将会极大地改变整个帝国的面貌，接着，它将会永久地改变这个世界以及寓居于这个世界上的人们的生活。古罗马的斗兽场废墟现在已经成为世界上最受人欢迎的旅游景点之一。罗马斗兽场的一隅矗立着一个黑色的十字架，每年都有数百万游客慕名前来。这座十字架是为纪念死在那儿的基督教殉道士建立的。这些殉道士中，很多甚至大多数都是女性。更具讽刺意味的是，她们所虔诚信仰的宗教将会在厌女症的历史上发挥着迄今为止都无可比拟的重大影响。

第三章

神圣干预：厌女症和基督教的兴起

基督教从一个不起眼的教派发展成为世界上最主要的宗教，这是人类历史上前所未有的一大现象。同样前所未见的，还有基督教中厌女观点的威力和复杂多样性，它主要有以下三个来源。

首先，基督教中的厌女传统源自犹太教。早期的基督徒继承了犹太教中人类堕落的神话、罪恶的观念以及强烈的羞耻感。其次，基督教中的厌女也吸收了希腊思想。早期的基督徒沿袭了柏拉图的二元论哲学以及亚里士多德的观点，认为"科学"证明女性生来就低劣下等。在这一强大融合的基础上，基督教自身又贡献了第三个也是最关键和独特的教义，即上帝在人类历史中的介入——上帝以耶稣基督的肉身再临人间，以解救人类脱离死亡、罪恶与苦痛，而这些都是由女人带来的邪恶影响，它们让人类彻底丧失了上帝的恩典荣光。

基督徒继承了犹太人看待历史的态度，他们视历史为上帝神圣计划的有序展开。不过这次的故事版本是，被选中的教会（基督教）取代了曾经的上帝选民（犹太教中的以色列子民）。在此之前或之后都没有其他任何宗教敢如此大胆地声称，上帝是一个真实存在的历史人物，就像恺撒大帝或玛丽莲·梦露一样真实，并且宣扬只有那些认识上帝的人才能得到最终的救赎。这便赋予了基督教教义以神圣启示的巨大威力。在一个具有侵略性、征伐性和强大到无所不能的体制机构的支持下，基督教将被证明是一种致命的结合，特别是对异端和女性而言。然而，最具有讽刺意味的是，在基督教兴起的最初三个世纪中，女性恰恰是基督教的福音传布能大获成功的关键，这得归功于在彼时，基督教给予了女性一种在古典时代的世界中闻所未闻的自由与解放。

当犹太教的厌女症被吸收到基督教的教义中时，它已经存在了很长的时间。但是，若不是因为公元1世纪中叶有关一位名叫耶稣的默默无闻的先知的一系列事件，它在很大程度上与世界其他地方仍然不会有什么关联。基督教看起来不过是一直争执不休的犹太教队伍中的又一次分裂而已，在当时几乎没有引起人们的关注。如果当时的社会也像今日这样有头条新闻的话，那么，它们大概率会被提比略皇帝的宠臣塞扬努斯的惨烈垮台，以及由此导致的罗马精英统治阶层内部的动荡骚乱所占据。而像在犹太地区发生的事情，即使是简单地一笔带过，似乎都不值得花费工夫。然而，由于基督教在随后几个世纪中取得了非凡的成就，许多原本属于一个政治上微不足道的族群的谚语习俗和行事规范，几乎达到了世人皆知的普及程度。《创世记》中所讲述的创世神话，现在已是遍布260个国家的20亿基督徒的核心信仰了，也就是说，如今世界三分之一的人口都继承了这个将人类的疾病与苦难统统都归咎于女性的神话。

与希腊社会的厌女症有所不同，犹太教的厌女症被保留了下来，并像犹太教一样被信奉和传承，体现在谚语、寓言和社会实践的各个层面上。犹太人没有诉诸哲学，而是对神圣的《圣经》

文本进行了大量广泛的注释和评论。但是,创世神话和人类堕落神话的相似之处显而易见。在犹太教的传统中,像在希腊神话中那样,上帝创造了第一个男人——亚当。作为一个自主自治的存在,他在伊甸园中过着无忧无虑、心满意足的生活。他唯一的亲密交谈就是与神性交流。而夏娃,正如希腊神话中的潘多拉,是后来才添加的存在。她是上帝取亚当的肋骨创造的,因为上帝认为亚当需要"一个贤内助"。此外,和她的希腊姐妹潘多拉一样,夏娃也不听话、不服从,她无视上帝"不要吃智慧树上的果子"的教导。"那蛇引诱我,我就吃了。"夏娃这样漫不经心地承认道。(《圣经·旧约·创世记》,第3章第13节)

事实证明,《旧约》中的上帝像宙斯一样报复心切。他跟夏娃说:"我必多多加增你怀胎的苦楚,你生产儿女必多受苦楚。你必恋慕你丈夫,你丈夫必管辖你。"(《圣经·旧约·创世记》,第3章第16节)

他给亚当的惩罚也很明确。"我又要叫你和女人彼此为仇。"上帝这样告诉亚当,结果这便成了一个自证预言。(《圣经·旧约·创世记》,第3章第15节)

犹太教的道德教诲与古典时代的道德教诲有着很大不同,经由基督教的发展,犹太教中的道德准则深刻地影响了厌女症的发展。它被罪恶感所支配,这是邻邦的希腊人和罗马人根本没有听说过的一个概念。在希腊神话中,虽然宙斯和他的下属众神都对肉体凡胎的世人怀有恼怒和怨恨,但是,除了因为普罗米修斯的自负野心而对人类施加了惩罚(详见本书第一章)以外,宙斯和其他众神很少因为这样或那样的违逆之事就威胁着要惩罚整个世界。但是,与希腊神话中的诸神有所不同,犹太-基督教传统中的这位耶和华上帝很容易就会被冒犯到,他目之所及,罪恶在在皆是。此外，在贯穿《旧约》的大部分内容中，上帝都高高端坐在天堂之巅的宝座上，而他的手指则隐喻性地放在那只需轻轻一碰便能瞬时毁掉世间一切的核按钮上。

> 耶和华说，我要将所造的人和走兽，并昆虫，以及空中的飞鸟，都从地上除灭，因为我造他们后悔了。（《圣经·旧约·创世记》，第6章第7节）

至少有那么一次，上帝果不食言。这次，他用大洪水淹没了整个世界，除了诺亚和他的一家——上帝打算叫诺亚一家重新在世界上繁衍生息——之外，这场洪水淹死了世间所有的人类。

伴随着罪恶感而来的是对人体的羞耻感，这在希腊人和罗马人的世界中都是闻所未闻的。夏娃行为僭越、犯下罪之后的第一个后果就是，她有了羞耻感："他们二人的眼睛就明亮了，才知道自己是赤身露体，便拿无花果树的叶子，为自己编作裙子。"（《圣经·旧约·创世记》，第3章第7节）从犹太教传统一路传至基督教教义，羞耻感便牢牢地依附在人类的性欲上并对其严加管控。令人惊讶的是，直到如今，它也没有放弃对性欲的掌控。于是，羞耻感便将厌女症带到了一个全新的、具有毁灭性的维度。

与羞耻感有关的是犹太教的传统信仰，也即，性只是为了生育而存在，而绝不能是为了娱乐。后来的基督徒继承了此种信仰。毫无疑问，在罗马人当中，道德改良者很是钦佩犹太人家庭生活的道德严明，不断反省为何让罗马帝国男男女女循规蹈矩的努力总是徒劳无功。在犹太人那里，通奸无疑会受到严厉的惩罚。无论男女，凡是通奸，都会被判处石刑——被众人以乱石砸死。正如我们在《圣经·旧约·申命记》（第22章第20—21节）中所了解到的，若未婚女性失去了贞洁，那么等待她的将是死刑：

> 但这事若是真的，女子没有贞洁的凭据，就要将女子带到她父家的门口，本城的人要用石头将她打死，因为她在父家行了淫乱，在以色列中做了丑事。这样，就把那恶从你们中间除掉。

同性恋是被严令禁止的，正如任何挥霍男性精液之事，包括鸡奸、手淫和口交等，都是不被允许的。除了生育后代之外，一滴精液也不能浪费。

除了《雅歌》中那些恢宏壮丽的诗歌以外，《旧约》对人类性行为所抱持的态度是严厉而阴森灰暗的，而且，它几乎总是对女性怀有敌意。《旧约》中的上帝孤独地高居在一切之上，这位森然傲立的沉思之神的情绪，通常仅限于嫉妒和愤怒。他所创造的众生之美，通常不能让他感到自豪，他从来不会对他的造物之美存有什么欲望。这一点则与希腊奥林匹斯山上的众神非常不同，这位《旧约》中的上帝对女性既没有爱慕之情，也毫无性欲可言。这位上帝是一位深谙复仇心理的大师，他永远迫不及待地想要去责备和惩罚自己选中的子民，常常只是因为他们违反了他制定的613条律法中的某一条——这些律法统领支配着人类日常生活的各个方面。又或者，这位上帝随时准备好要击溃他们的大敌魔鬼撒旦，并致力于为人类最终的末日审判铺平道路——届时，正义的犹太人才会得到拯救，而其余人类都将被直接扔进地狱里万劫不复的烈焰之中。

不过，犹太人与他们的异教徒邻居倒是有一个共同的前提假设——一个国家的道德健康在很大程度上取决于这个国家中女性的美德。犹太教中的上帝对女性的斥责爆发得最为激烈的几次，都是在她们沉迷于华丽服饰之际。因为，耽于华装艳服一般会被视为反叛上帝的行为。

> 耶和华又说，因为锡安的女子狂傲，行走挺项，卖弄眼目，俏步徐行，脚下叮当。
> 所以主必使锡安的女子头长秃疮，耶和华又使她们赤露下体。
> 到那日，主必除掉她们华美的脚钏，发网，月牙圈。
> 耳环，手镯，蒙脸的帕子。
> 华冠，足链，华带，香盒，符囊。
> 戒指，鼻环。
> 吉服，外套，云肩，荷包。
> 手镜，细麻衣，裹头巾，蒙身的帕子。
> 必有臭烂代替馨香，绳子代替腰带，光秃代替美发，麻衣系腰代替华服，烙伤代替美容。（《圣经·旧约·以赛亚书》，第3章第16—24节）

《旧约》中的上帝在众神之中如果不算独一无二的话，那也是非同凡响的，因为他既能关照到宏伟全观之大局，又能关切到细琐极微之芥物。前一秒，上帝可能还在精心创造着宇宙，下一秒，他就又让女人掉头发了。

在《圣经·旧约·以西结书》中，比起威胁让女性有头发掉光的那一天，上帝更进一步地做出了其他更可怕的威胁。那些被指控犯了崇拜偶像罪*的女性，以及与亚述人和埃及人犯下通奸和淫乱罪——指允许他们触碰和抚摸她们的胸脯——的女性，将会被惩罚"喝下一杯充满恐怖与悲伤绝望的毒酒"。

> 我必以忌恨攻击你，他们必以愤怒办你。他们必割去你的鼻子和你的耳朵……这些人必用石头打死她们，用刀剑杀害她们，又杀戮她们的儿女，用火焚烧她们的房屋。这样，我必使淫行从境内止息，好叫一切妇人都受警戒，不效法你们的淫行。（《圣经·旧约·以西结书》，第23章第25节，及第47—49节）

《传道书》†中简明扼要地总结了《旧约》中的厌女症，这样写道："蠹虫来自衣服，邪恶来自妇女。"[1]

希腊和罗马社会中的厌女者都曾不断地斥责女性在道德上有所亏欠。但是，上帝的神性反对却是第一次为厌女症的历史补充了一个全新而有力的批判维度。这让厌女症在寰宇之内有了更加广泛和普遍的地位。人们可能会想，《旧约》中的上帝可不是一个值得效仿的好榜样，他并不能创造一种颂扬宽恕和仁爱的宗教。然而，最奇怪的是，基督教的藤蔓首先生长在这一基石之上，这也是历史上曾经存在过的诸多悖论之一。

---

* 崇拜偶像或异端，即犯了犹太教"十诫"中的首条（"除我以外，你不可有别的神"），因而惩罚往往比其他诫令更为严厉，正如天主教"七宗罪"之首是"傲慢"，而不是"色欲""暴怒""贪婪"一样，因为前者（如撒旦的傲慢）直接挑战了上帝的权威。

† 原文为Ecclesiastes，实际上应为《便西拉智训》（Ecclesiasticus），天主教译作《德训篇》，是天主教《旧约》的一部分。后面这句话来自《便西拉智训》第42章第13节。

我们在《圣经·新约》中遇到的上帝耶和华——或曰圣父——已经和颜悦色多了,远非《旧约》中那个雷霆般暴怒的天空之神了。事实上,诸如马吉安[*]这样的早期基督徒发现,这两个版本中的上帝截然不同,而且,这种不同的程度大到令人难以置信,因此,早期基督徒便主张完全抛弃《旧约》。[2]在四部福音书中,有一些关于耶稣生平的寓言和谚语,它们最引人注目的特点便是,其中既不包含厌女症,也没有报复之心。女性是耶稣的第一批信仰追随者。马太这样告诉我们:"有好些妇女在那里,远远地观看,她们是从加利利跟随耶稣来服事他的。"(《圣经·新约·马太福音》,第27章第55节)这些女性确实有充分的理由这样做。因为马太还告诉我们,曾有一个"患上了血漏症"的女人摸了摸耶稣的衣裳穗子。犹太人的法律对此有着严格的禁忌,他们认为经期的女性是"不洁"之物,法律禁止行经的女性与男性接触,也不准她们进入神庙圣殿等。与此相反,耶稣并没有责备那个得了血漏症的女人,反而还这样对她说:"女儿,放心,你的信救了你,使你痊愈。"(《圣经·新约·马太福音》,第9章第20—22节)

在圣约翰所写的福音书中,据载,耶稣的门徒都感到"惊讶,因为他居然正在和一个妇人说话"(《圣经·新约·约翰福音》,第4章第27节)。在对待女性的态度这一点上,耶稣堪称独一无二。无论是古典时代的伟大导师、先贤哲人,还是在耶稣之前的犹太先知,诸如施洗约翰等,他们都没有如耶稣这般身旁围绕着众多的女性追随者。[3]有一次,耶稣受邀去西门家里吃饭,主人

---

[*] Marcion(约110—约160),又译马克安、马西昂等,早期基督教的神学家,《圣经·新约》的第一位编辑。他所创立的马吉安派是第一个被教廷判为异端的派别。

指责女人奢侈，用昂贵的香膏来为耶稣接风洗尘、施涂油礼，他也为之辩护："而耶稣则说，由她吧，为什么要为难她呢？她在我身上做的是一件美事。"（《圣经·新约·马可福音》，第14章第6节）

这个故事在《马太福音》和《路加福音》中被一再提及。路加给出了最详尽的细节，包括这名女子是个罪人这一事实。当西门向耶稣指出这一点时，耶稣只是在一旁挥挥手："所以我告诉你，她许多的罪都被赦免了，因为她的爱多。"（《新约·路加福音》，第7章第47节）可见，耶稣并不是根据一些严格的行为准则来评判女性的，而是依据他对女性独特经验的承认和理解来做出一些合理的评判。要知道，在当时的社会中，女性会因为"爱太多"而面临着被判处石刑的风险，耶稣的这种做法，无疑是一种极具解放力量的替代方案，这也就解释了为什么耶稣的追随信众中女性众多，基督教在后来也继承了这一方面。《路加福音》第1章第24—80节）中还描述了女性的受孕经历，以及胎儿在子宫中缓缓移动的神迹——这是古代文献中第一次正面关注女性的怀胎经历。耶稣的道德观有着激进的本质，这在下面的例子中得到了明显的体现。一个"正在行淫当中"的女人被人们抓了个正着，于是，她被拖到了耶稣跟前。法利赛人假装问耶稣应该如何处置女人，其实他们都非常清楚，对这种行为的惩罚便是石刑——用石头将女人砸死。一开始，耶稣佯装自己没有听见他们问的问题，而后，他轻蔑地弯下腰，蹲在地上用手指在沙上写字：

> 他们还是不住地问他，耶稣就直起腰来，对他们说，你们中间谁是没有罪的，谁就可以先拿石头打她。那些控告她的人听见这话，都不敢接受这个挑战，反而转过身来，一个

一个都走远了。只剩耶稣一人仍旧在沙上写字。然后，他抬起头来，发现那妇人兀自站在那里。耶稣便对她说，我也不定你的罪。去吧，从此不要再犯罪了。(《圣经·新约·约翰福音》，第8章第4—11节)

耶稣对待女性的同情之态与《旧约》中所盛行的对待女性的态度，有着天渊之别。《旧约》中的态度，(用伯特兰·罗素的话来说)常常是"凭借一份好心，却办了残忍之恶事"[4]。

马可指出，在耶稣被钉上十字架之际，在场的有"众多的女性"(《圣经·新约·马可福音》，第15章第40节)。耶稣的男性门徒则纷纷四散，逃离行刑现场，但女性仍然留下来为他祈福做祷告。更重要的一点是，在耶稣复活之后，他首先也是出现在一个叫抹大拉的马利亚的女人面前(《圣经·新约·马可福音》，第16章第9节)。当她向门徒报告耶稣复活这件事时，耶稣的门徒都不相信她。耶稣复活是基督教中的核心教义，因为它允诺了人类的救赎。当这一教义在一位女性面前显现，而且她还是第一个接受了这一信仰教义的人时，总体而言，这为女性在这一新宗教中发挥举足轻重的作用提供了一份强有力的明证。

耶稣对待女性的总体态度深具颠覆性的革命意义。它对早期基督教的广泛传播起着至关重要的作用。三个世纪之后，在基督教会蓬勃发展之际，圣奥古斯丁告诫世人说："噢，你们这些人哪，你们害怕去承受洗礼的重担，还不如你们的妇人呢，你们如此轻易就被她们给比下去了。她们洁身自好，且忠于基督信仰，正是因为她们的广泛存在，我们的教会才得以兴盛和壮大。"[5]

从基督教传教伊始，女性就纷纷涌向这种新的宗教信仰。公元1世纪中叶，圣保罗在写给罗马人的书信中提到过36名信众，其中有 16 名是女性。尤为值得一提的是，我们所知道的这第一批 16 位女性信众中，就有彭波尼娅·格莱奇娜。她是奥路斯·普劳提乌斯的妻子，她丈夫在公元 43 年曾任罗马入侵不列颠的指挥官，时值罗马皇帝克劳狄乌斯执政期间（41—54）。历史学家塔西佗在记述格莱奇娜时，称她是被人指控推崇"外国迷信"的"尊贵夫人"。彼时，在提及基督教时，通常会使用"外国迷信"这类说法。[6]

格莱奇娜的例子以及其他例子都表明，哪怕在基督教发展的最早期阶段，这一新信仰的追随者中也不乏最高阶层的贵族女性。在公元 1 世纪行将结束之际，基督教的传教甚至渗透进了罗马帝国的皇室家族中。[7] 众多不满的中产阶级和上层阶级女性，常常会为那些新信仰和新宗教的传教士提供传布福音的一方沃土。中上层阶级女性会信奉新宗教这种情况，在后来美国的传教经验中也有所体现，从 20 世纪中叶往后也一直如此。对女性具有强烈吸引力的其他东方宗教还包括信奉良善女神*和伊西斯[†]这样的大母神的宗教，当时，这些外国宗教的传布已经覆盖了整个罗马帝国。但是，基督教的道德准则给女性带来了其他宗教难以比拟的巨大优势。

基督徒认为，每个信徒的灵魂深处都承载着来自上帝的神性火花，所以基督教禁止杀婴也禁止堕胎。[8] 由于之前大部分遭到杀害的婴儿都是女孩，这就意味着，女性基督徒的比例开始逐渐增多。另一方面，这种新信仰禁止人们施行堕胎手术，也使得女性信众人数进一步增加，因为堕胎手术极其危险，曾致使许多

---

* Bona Dea，古罗马女性神祇之一，司生育等。
† Isis，埃及神话中的主神之一，司生命、魔法、婚姻和生育，赫里奥波里斯九柱神之一，被视为完美女性的典范。

女性在流产时丧生,即使是那些挨过了这一手术得以幸存下来的女性,常常也会因此患上不育症。[9]在古典时代的社会中,无论是希腊社会还是罗马社会,要求女性堕胎的合法权利都掌握在作为一家之主的男人手中。亚里士多德曾提倡要将堕胎视为一种节育的方法。还有证据表明,比之同时代的女性异教徒,女性基督徒结婚相对较晚,因此,她们在生完第一胎后能存活下来的概率也就更大。同样,寡妇也不会被迫再婚,这是《朱利亚法案》施行后的惯常做法(详见本书第二章)。基督徒会被期望在结婚后能够相伴终身,所以不忠行为不论出现在男人还是女人那里,一旦被发现,都会被认为是同等的罪过。在这一方面,基督教对女性和男性一视同仁地采用了同一把道德标尺。因为基督徒非常重视童贞,所以女性基督徒也不太可能会被逼婚。在古典时代的社会中,男性历来都被告诫要学会抵制女性的狡诈诡计。现在,有史以来第一次,女性被告知说,她们也可以拒绝男性。不管女性打不打算结婚,现在她们都被赋予了选择权。由于在当时,迈入婚姻是一种危险的状态,所以不少女性拥抱了另一种选择:一直保持独身状态。这与西方20世纪60年代性革命期间发生的事情形成了有趣的对比,它们既有相似之处,也有不同之处。在20世纪60年代,归功于避孕药的发明和使用,女性有史以来第一次可以掌控她自己的生育权。尽管从很多方面而言,早期的基督教革命都是反性欲的,但是,它至少在一个重要方面是与20世纪60年代相似的:给了女性选择是否生育的权利。

女性选择独身的现象无疑是吸引她们接受新信仰的一个原因,于是,这也一道增加了基督徒中女性的比重。在当时一些偶发的迫害基督徒事件中,丧生者的名单就证实了这一点。据载,在公元177年的里昂和高卢,有24名男性和23名女性殉道而亡;

三年后，在意大利的希拉，有7名男性和5名女性被迫害致死。根据罗德尼·斯塔克的观点："据一些留存的古代资料，现代历史学家一致认同，最初，信奉基督教的女性要远远多过男性。"[10]其结果便是，由于在周围更广范围内的异教徒文化中女性稀少，男性异教徒通常会娶女性基督徒；于是，这些男性异教徒中有相当多的人随后也经历了信仰的二次转变，信奉了基督教。在对现代宗教运动发展的研究中，斯塔克总是能发现与此相同的信奉模式。只要看到这些信奉者的人数之多，我们便可以看出这种信奉模式给基督教的快速发展带来的有利影响。据可靠估计，截至公元40年前后——耶稣受难后的第7年，在一个约有6000万人口的帝国中，大约有1000名基督徒。在调查研究了现有的最可靠的史料证据后，斯塔克估计，新信仰吸收信众的人数最可能的增长率是每十年增长40%。到了公元2世纪初，基督徒的人数超过了20万，而到公元300年，基督徒的人数已达到6 299 832人。仅仅在十多年之后，信众人数的数量之庞大空前绝后，这也是导致君士坦丁大帝承认基督教的地位，并停止迫害信奉基督教的人士的一大因素。到了公元350年，基督徒已占据整个罗马帝国人口的50%以上。

古滕塔格和西科德收集到的证据表明，在任何社会中，女性在男女两性人口中的高比例与女性的较高地位有关。斯塔克认为，在早期基督教的历史发展中，相比周边异教徒世界中的女性，女性基督徒享有更高的社会地位。[11]圣保罗曾提到女性担任过教会中的执事，这也被人引用来支持这一论点。根据圣保罗的看法，执事在早期教会中的作用很重要，包括协助教会开展各种宗教礼拜仪式，以及管理教会的慈善活动等职责。很明显，圣保罗认为，由女性来担任执事一职是完全正当且合宜的。[12]

后来也有其他史料提到,早期教会中有很多女性执事。关于早期教会高度尊重女性这件事,当然,最令人信服的一个证据,还是圣保罗在写给加拉太教区的书信中的一番陈述:

你们受洗归入基督的,都是披戴基督了。

并不分犹太人、希利尼人,自主的、为奴的,或男或女,因为你们在基督耶稣里都成为一了。(《圣经·新约·加拉太书》,第3章第27—28节)

姑且不论这些话还有什么其他的内涵,重要的是,自400年前柏拉图在《理想国》中赋予女性以女护卫者这一最高荣誉之后(详见本书第一章),这是世人所做出的有关男女两性关系最为激进的平等声明了。但是,事实上,圣保罗所做的只是进一步阐明耶稣对待女性的态度而已。圣保罗致力于传播这种新信仰,让基督徒为天国的来临做好准备,届时,男人和女人一样,都将在基督里联合成一,所有世俗意义上的区分也都将消失不见。

但是,女性在精神上的平等又在多大程度上转化成了社会现实中的平等呢?说男人和女人在上帝眼里是平等的,这确实相对容易,但是,早期基督教真的鼓励男女两性视对方为平等的个体吗?有趣的是,对这个问题持两种完全相反回答的人经常会同时引用圣保罗的话来为各自的观点进行辩护。像柏拉图一样,圣保罗在一些人眼中是个厌女者,而在另一些人看来,他又会被赞颂为一名女权主义者。不可否认的是,基督教通过针对通奸的道德教义、禁止堕胎和杀婴,以及减缓女性结婚的压力等,根除了一些对女性带有歧视性偏见的行为,确实能够直接提高女性的社会地位。但是,这并不是现代自由民主意义上的真正平等。

圣保罗和柏拉图之间还有着更多的相似之处。首先,他们都认为,男性和女性之间的平等只能通过消除性别差异来实现。柏拉图的女护卫者必须先成为"荣誉男人",这样一来,她们的性态其实就被抹除了。根据圣保罗的说法,在天国中,性别差异也会自动消弭。这两位思想家都认为,实现两性之间的平等,必然要以牺牲人性中的一个重要方面为代价。然而,与此同时,某些父权制传统又必须沿袭下去。在《圣经·新约·哥林多前书》第11章第3节至第16节当中,圣保罗这位使徒就男性、女性与教会三者之间的关系,制定了一系列的规章。圣保罗反复申述了"女人的头领是男人"这一来自《圣经》中男性统治的传统,并重申了创世神话中男人至高无上的地位:"因为男人不是由女人而出,女人乃是由男人而出。并且男人不是为女人造的,女人乃是为男人造的。"正是在这部分内容中,圣保罗规定,待在教会时,女性必须遮盖住她们的头发。尽管如此,他也继续重申他以往的观点,即承认男女两性是相互依存的:"然而照主的安排,女也不是无男,男也不是无女。因为女人原是由男人而出,男人也是由女人而出;但万有都是出乎神。"

人们也许可以像犹太女权主义者帕梅拉·艾森鲍姆所分析的那样,把圣保罗的话当作一个简单的认识,也即,男人依赖于女人,就像女人依赖于男人一样。[13]如果人们接受了这种解释,那圣保罗这里就铲除了古老的厌女症幻想——男人自主自治的神话,这一神话曾特别受到希腊人和《圣经·旧约》的青睐。毫无疑问,圣保罗的这种观点必然是观念上的进步。然而,虽然圣保罗严重削弱了厌女症的一大托词的威力,但他又为厌女症提供了一种最强有力的骇人武器——如何看待人的身体,而这将会永远改变整个西方文明对身体的看法。

初看之下，圣保罗显然是一个不太起眼，而且也不怎么具有吸引力的小个子男人。他有一个"大大的宽脑袋"、一双罗圈腿、快要拧在一起的浓密眉毛，还长着一个硕大的鼻子。几乎没有人能想到，就是这样其貌不扬的一个人，将会在人类心灵中激发出一股从未有过的巨大动荡。[14]但圣保罗的书信只是代表了人类情感革命的开始，这场革命将掀起一系列翻天覆地的变化。在《圣经·新约·罗马书》（第7章第18—25节）中，圣保罗这样写自己的身体：

> 我也知道在我里头，就是我的肉体之中，没有良善。因为立志为善由得我，只是行出来由不得我……因为按着我里面的意思，我是喜欢神的律。
> 但我觉得肢体中另有个律和我心中的律交战，把我掳去，叫我附从那肢体中犯罪的律。
> 我真是苦啊！谁能解救我脱离这取死的身体呢？
> 感谢神，靠着我们的主耶稣基督就能脱离了。这样看来，我以内心顺服神的律，我肉体却顺服罪的律了。

这段话无异于对人的身体的宣战书。当一个男人向自己的身体欲望宣战时，第一个伤亡的将是女人。然而，这场战争至今仍在进行。

古典时代的许多思想家，如柏拉图等，都是二元论者。他们渴望获得更多的知识，以增进对这个世界的了解，但他们所用的方法却都是通过理解他们所认为的世界的基本原则的完美理念来理解这一世界。其结果便是，他们拒绝日常生活中的现实，包括身体的现实，以及身体有自身需求和欲望的现实。他们认为，这种现实带有可悲的缺陷，因而它其实是一种阻碍。但二元论者并没有像圣保罗那样拒斥身体，视身体为与生俱来的邪恶。圣保罗对着自己叛逆的身体，发出了近乎绝望的痛苦惨叫，此举在之前的世界中简直是闻所未闻。柏拉图可能还只是认为，身体是一个不幸的不便之所，因而，哲学家在通往真理的道路上才不得不绕开它。但对圣保罗来说，这具肉身代表的是对神性的拒斥，对至高真理的反叛，为了这一真理，圣子被钉死在十字架上。因而，几乎不可避免地，女人将成为这场肉身反叛的主要煽动者，她们也不得不为它背负起沉重的十字架。

在写给哥林多地区的书信中，圣保罗主要是在劝告那些争论是否应该保持独身的基督徒，他曾这样告诫他们（《圣经·新约·哥林多前书》，第7章第1—9节）：

> 男不近女倒好。
>
> 但要免淫乱的事，男子当各有自己的妻子，女子也当各有自己的丈夫……我对着没有嫁娶的和寡妇说，若他们常像我就好。
>
> 倘若自己禁止不住，就可以嫁娶。与其欲火攻心，倒不如嫁娶为妙。

因此，婚姻就成为"对抗欲望的防御机制"[15]。尽管圣保罗并没有宣扬要所有的基督徒都保持独身，因为他意识到，这会与他努力扩大新信仰感召力的雄心不相容；但他认为，人类性行为是必要之邪恶，这种悲观的看法为教会中日渐增强的厌女倾向提供了一个辩护理由。圣洁虔诚的美德开始越来越多地被等同于童贞。于是，叛逆的身体必须被镇压和制服，就像对待敌人的堡垒一样，身体惨遭禁食、匮乏和其他惩罚的围攻，其中最重要的惩罚就是禁欲。希腊人和罗马人都曾被教导，人必须掌控自己的性欲激情。但是，按照亚历山大的克雷芒（约150—约215）这位基督教导师所言，"我们的理想状态是，最好完全不要去体验欲望"[16]。到了公元2世纪末，早期教会中最具有权势和影响力的人物之一昆图斯·塞普蒂米乌斯·弗洛伦斯·德尔图里安乌斯——他更广为人知的名字是德尔图良——这样写道："想一想当男人弃绝女人时，他自己的那种感受。他思考的将是属灵的想法。如果这时他向主祷告，那么他就像是住在天堂的隔壁一样；如果此时，他转而去研习《圣经》经文，那他便是全心全意地匍匐在它们面前……"[17]

至少从理论上来讲，如果女人着装得体、谦逊朴素，那么男人更容易避免产生与她发生性关系的想法。根据德尔图良的看法，"救赎——不单单是指女性的救赎，还指男性的救赎——主要就体现在谦逊的打扮和展示中"[18]。在参加基督教的礼拜仪式时，女性已经被要求尽量戴着面纱。正是德尔图良禁止女性在教会中担任神职，因为他认为，女性有分散虔诚信众注意力的魔力。在男性基督徒与自己身体进行的交战中，衣着华丽的女人便是他"叛逆的那话儿*"最强大的盟友。因此，德尔图良写了整整一大篇论述文《论女性的着装》（"On Female Dress"），想要来抵消这种强大威力的影响。在这篇文章中，他断言，女性最初是从那些被逐出天堂的堕落天使那里学会了装饰自己的身体和化妆打扮的艺术，她们与那些堕落天使联起手来了。那些堕落天使"特别

---

* 原文 member，在此作隐晦语解。在《圣经》中或阐释《圣经》的语境下，member 多作 penis（阳物）的同义语，这里便是指性欲，可参见前面章节圣保罗写给哥林多地区的书信内容。

传授给女人打扮装饰的工具性手段,比如,闪耀的珠宝和五彩缤纷的项链如何为女性增添光彩,金手镯如何点缀手腕,兰花制成的紫药水怎样用来给羊毛衫染色,以及黑色的锑粉本身又是如何用来突出眼睑和睫毛并为其增色的"。与德尔图良类似,圣保罗则将身体这一概念塑造成"永生上帝之殿堂"[19]。因而,女性爱好化妆与装饰打扮,便玷污了这座上帝的殿堂,从而迫使上帝不得不离开他的圣殿:

> 那些用药物来擦拭皮肤,用胭脂来涂抹脸颊,用锑粉来使眼睛显著增色的人,都犯了罪孽,她们得罪了神。对她们这些人来说,想必上帝塑造她们的技术令其不快。我认为,在她们个人的身上,她们就犯了罪,她们谴责了这位创造了万事万物的神匠!当她们改造、装饰身体时,她们就是在谴责了,这是对神的创造的亵渎;她们拿这些当作额外的装饰物,当然,这些都出自恶魔设计者之手。那个恶魔设计者就是魔鬼撒旦。他会向人们指出改变身体的方法,但是他骨子里的邪恶已经大大改变了人的精神。[20]

无独有偶,希腊和罗马的厌女者也常常谴责女性美化和装扮自己。然而,对老加图或尤维纳利斯这样的人来说,女人爱好装饰打扮只是人类虚荣心的一种象征。虽然对那些努力追求自制和自律美德的、具有高尚思想的男人而言,女性的这种打扮无疑是一种强大的干扰因素,但它也是一个很好的机会,可以拿来证明女人是多么愚蠢,竟然会渴望拥有像美丽这种转瞬即逝的没用的东西。但是,在德尔图良这里,我们却置身于一个非常不同的世界。在这个世界,自然与超自然之间的界限已经模糊了,上帝和撒旦正在人体这一战场上交战并争夺最终统治权，性欲被黑暗势力所在的一边所利用，来作为他们最具有杀伤力的武器。于是，上帝站在了努力压制人类性欲的这边，对此事进行了神圣的干预，这就意味着，首先要压制的是女性的性欲。为了避免女性成为魔鬼的盟友，德尔图良这样写道，女人应该"穿着简陋的服装……并且面部妆容也要朴素从简，四处走动时应该表现得像夏娃在哀悼和忏悔时一样。这样一来，通过每一件意在忏悔的服装，她便可以更充分地来弥补她从夏娃那里继承而来的东西——我指的是原罪的耻辱，以及人们对她的憎恶，因为她是导致人类陷入万劫不复之境的罪魁祸首"。

针对要不要准许一个没有戴面纱的女孩进入教堂这个问题，德尔图良用了一个道德家的例子来进行回应。他说，道学先生们打着谴责手淫者的幌子，其实是在享受这种手淫的幻想。"同理，在教堂里，这个女孩会被完全陌生的人那四处游荡的淫邪目光轻抚，也会被指向她的、挑逗的手指猥亵，而她作为我们大家的宠儿，会在热情的拥抱和殷勤的亲吻中变得更加兴奋。"[21]

德尔图良还宣称，女性与魔鬼撒旦之间存在着关联。他的这段话，自从被西蒙娜·德·波伏瓦在《第二性》(The Second Sex)中引用以来，更是变得臭名昭著：

> 上帝对你这个性别的判决在这个时代长久存在：你的罪疚也必然延续。你是通往魔鬼的门户，你是那棵禁树的解封者，你是神圣律法的第一个摒弃者。对于那个魔鬼不敢攻击的人，你是那个引诱了他的女人。你就这样轻而易举地毁掉了人——这一上帝的形象。正因为你的背弃——死亡——甚至连圣子也不得不去赴死。而你还想着要全身装扮自己，还

想着要在你肉身的遮羞布上来修饰自己？[22]

德尔图良以《旧约》中的上帝之姿怒斥女性，上帝曾威慑会让她们掉光头发，但德尔图良的口气和言辞更具恐吓性。女性不仅要为人类的堕落负责，她们——而非犹太人或罗马当局——还要为人类救世主耶稣的受难和死亡而备受世人指摘。魔鬼正是通过她们的肉身才来到了这个世界。亚历山大的克雷芒认为，耶稣的使命即明确"消除女性之所为"，这里指的就是性欲、出生和死亡。然而，他显然没有注意到耶稣本人对待女性的态度。他的这番话与《传道书》（第3章第19节）中的箴言相呼应："女人之后是婚姻，婚姻之后是生育，生育之后是死亡。"*

基督教为世界引入了一种新概念——救赎。由于基督教信仰迫切需要界定自身，基督徒逐渐相信，救赎只能通过拒斥性来实现。这种信仰观念在公元3世纪时加剧至闻所未闻的地步。随之而来的是一种前所未见的激进式厌女症狂热。

事态如此发展的社会背景是耶稣死后200年左右发生的一场危机。当时，西方文明几近灭绝。这场危机影响了人们对自身与世界的看法和感受，此番影响甚至比伯罗奔尼撒战争对公元前5世纪雅典人的影响更令人惶恐不安（详见本书第一章）。一系列无休止的战争从内部削弱了罗马帝国的力量：公元235年至284年间，先后就有20位皇帝执政[23]，失控的通货膨胀也在加速着帝国的经济崩溃。蛮夷大军冲破边界，直捣帝国内部彼时还很安宁的行省。700年来，罗马帝国首次筑起了坚固的围墙。[24] 罗马

---

* 疑引用有误,这句话来自诺斯替主义（Gnosticism）教义书《拿戈玛第经集》（The Nag Hammadi Library,［II.5］109:23–5），而非《传道书》。

帝国的皇帝竟要向波斯王俯首称臣。[25] 在当时，天花和麻疹这两类主要流行病——现被证实为史上首次暴发——肆虐于主要城市及农村腹地，造成了四分之一到三分之一的人口丧生，这使得罗马本已严重的人口危机雪上加霜。[26] 世界似乎从未像彼时那样波诡云谲和瞬息万变。然而，正是在这几十载的灾难与绝望中，基督教赢来了它最为迅猛的发展势头。等到灾祸结束，基督教已经有了超过 600 万名的信众，这使它成为一股不容小觑的力量。[27]

自圣保罗以来，基督教内部一直对性抱有一股强烈的矛盾心态。但早期基督徒都体验过笃信耶稣复临的喜悦，他们深信，到那时，所有的问题都将迎刃而解。然而，随着时间推移，此种宗教情绪发生了变化。例如，早期教会第一位真正的哲学家奥利金（约185—约254）不准备等待天国降临，而是以自宫的方式解决了灵与肉的冲突。[28] 到了公元 3 至 4 世纪时，世人避免肉身诱惑的愿望变得愈发激进，以至于人们彻底地拒斥肉身。据爱德华·吉本[*]在《罗马帝国衰亡史》(*Decline and Fall of the Roman Empire*) 中的观察，基督徒"蔑视他们的现世存在"，因为他们认为，转瞬的现世只是一种必须忍受的阶段而已。有些人甚至还宣扬"抵制子宫"。例如，一位信奉基督教的年轻妻子会拒绝丈夫床笫之欢的请求，她这样说道："我的身边没有你的位置，因为我主耶稣比你好，我已与他联结。"[29] 还有一位年轻女子通过不洗澡来向父母宣告她对结婚与生育的反抗。后来，圣哲罗姆[†]甚

---

[*] Edward Gibbon（1737—1794），英国历史学家。著有《罗马帝国衰亡史》。
[†] St Jerome（约 342—420），也译作杰罗姆或热罗尼莫等，古罗马基督教圣经学家，拉丁教父。他完成了《圣经》的拉丁文译本——武加大译本，因而成为古代世界中最著名的翻译家之一。

至歌咏"满身污秽"的保拉[*]，视其为女性基督徒之典范。[30] 据布朗[†]所言，"打破床笫之咒，也即消解了世界的魔咒"[31]。此种及类似情绪所导致的后果便是，它使早期基督教带着对性的仇视、对已婚状态的贬斥和对贞洁的痴迷，成为有史以来最为彻底的反家庭运动。

在罗马帝国的东半边，激进式禁欲主义盛行，这使得反家庭的情绪高涨。在作为厌女症源头的东地中海地区，诞生了最为极端和令人不安的厌女行径，这也丝毫不奇怪。施洗约翰在沙漠中生活，以蝗虫和野蜜为生，树立了《圣经》中的先例。耶稣本人也在旷野中度过了40个昼夜。三四世纪时，被统称为"沙漠教父"（the desert fathers）的数千位僧侣跑去叙利亚和埃及的沙漠里寻求尘世的慰藉。他们住在洞穴或简陋的小屋中，甚至睡在石柱顶上，或独自前往，或三五成群。毕竟，逃离社会远比逃离肉身容易得多——肉身总是伴随着一堆欲望和需求，尤其是与女人有关的欲望和需求。

"淬炼你的感官吧，因为，没有淬炼就没有殉道。"[32] 老僧侣这样向新入教者告诫道。于是，床笫之咒转化成了自我憎恶的梦魇，厌女行径逐渐加剧至变态的程度，由此制造出了一些仿佛好莱坞B级恐怖片中的场景。例如，一个苦修者饱受欲望的折磨，于是他挖出一具腐坏的女尸，将他的披风浸泡在腐烂的尸身中，嗅了嗅，然后埋首其间。他希望——毫无疑问此举有其正当性——这将使他终身远离女性。[33]

与此同时，在西方，基督教正历经着其他一些深刻的转变，

---

[*] Paula（347—404），古罗马基督教圣徒，出身于贵族家庭，是圣哲罗姆的追随者。

[†] Peter Brown（1935— ），爱尔兰历史学家。著有《希波的奥古斯丁》《古代晚期的世界》《身体与社会》等。

这也将影响厌女症的历史。作为一种宗教和文化力量，基督教此时已变得十分强大，所以当局不得不认可它。公元313年，君士坦丁大帝（执政时间306—337）颁布了《米兰敕令》（Edict of Milan），宣布宗教宽容。基督教采用天主教的形式——普世教会，受罗马主教管辖——由此开始继承既有宗教的衣钵，并由教士阶层来管理。在决心限制女性行为方面，他们比以往任何时候都更甚。在这之前几年，艾尔维拉会议（Church Council of Elvira）颁布了一系列教规，在性和社交方面对女性施以严格的管控。例如，神职人员可以结婚，但不得与妻子发生性关系。禁止基督徒与犹太人之间发生性关系。在颁布的81条教规中，有34条更为严苛的限制都是针对婚姻和女性行为的，尤其涉及女性在教会中的职责。这就好像会议上的神职人员禁止他们自己有性生活，转而又将愤怒发泄到女性身上。[34]

《米兰敕令》施行七年后，作为第一位基督徒皇帝的君士坦丁进而颁布了新一轮愈发专制的道德规范。其中就包括这样一项法律禁令：任何处女及其追求者，要是犯了私奔罪，一律判处死刑。任何女奴隶，若参与这一勾当（她们总是被这样怀疑），对她的惩罚也是死刑，她的嘴里将会被灌入熔化的铅。即使某位年轻女子表示自己同意私奔，这也会被裁定为无关紧要，"因为女性的轻浮无常和不足轻重使得她们的同意声明不具备有效性"[35]。在此，我们仿佛听到了梭伦和老加图那类旧式厌女症的回响，但它们却以更为可怕的野蛮方式被执行。

越来越多的不宽容现象以其他方式表现了出来。在虔诚的天主教皇帝狄奥多西一世执政期间（379—395），基督教暴徒各处肆虐。他们敲掉罗马城市广场上维斯塔贞女雕塑的头颅（当初这场肆意破坏的痕迹，在今天的罗马仍可以看到），袭击异教徒的神殿庙宇，烧毁了一座犹太教的教堂。[36]这场反对身体的革命直接导致奥林匹克运动会于公元393年彻底告终，因为之前的运动员都是赤身裸体地参加比赛的。在西方，作为艺术的一个主题，身体也从人们的视野中消失了大约近1000年。随着教会逐步加强对性行为的管控，另一起暗示着未来的事件出现在公元390年。当时，同性恋妓院（这在罗马已经盛行了好几个世纪）遭到了罗马当局的突袭检查。那些在妓院被逮到的男性卖淫者，会被当众活活烧死。他们受此惩罚是因为在性行为中扮演了女人的角色，而这是一项违反了新正统教义的犯罪。新正统教义正式规定了两性之间的差异，它还认为这种差异是由上帝命定的，因而既不可撤销，也恒定不变。早期的基督教会对男性和女性的概念定义更为灵活，也更为宽容一些。但到了此时，男女两性之间的流动性，或者说灵活性，不管是在概念思想上还是在实际行为中，都即将走向终结。天主教的正统教义开始严格限定所有的固定领域——社会、道德、宗教、学术以及性领域。在这些领域中，男人和女人注定要像天上的星辰一样，被永恒固定在不同的天宫位置上。

然而，若要赋予基督教中深刻的二元性——灵与肉、人与神、男与女、精神世界和感官世界——以哲学维度的阐释的话，此时，尚有一些智性工作亟待完成。

早期基督教与现代美国新教一样，都不谙哲学。它的福音传布绕过了理性思维，诉诸信仰之上的神启。德尔图良轻蔑地看待"希腊人"（他一般用这个词来称呼哲学家），认为他们的哲学思想对基督徒毫无益处。然而，也有个重要的例外，那便是圣约翰的第四福音书*，它带有明显的柏拉图思想痕迹："太初有道，道

---

* 即《约翰福音》，一般认为这是四大福音书中传布最为广泛的。

与神同在,道就是神。"(《圣经·新约·约翰福音》,第1章第1节)在德尔图良看来,圣言中的道(the Word)就等同于柏拉图的完美理念,存在于一种超越感官领域的永恒完美状态——绝对现实中。基督徒将此种绝对现实等同于唯一真神:"道成了肉身,住在我们中间,充充满满地有恩典,有真理。我们也见过他的荣光,正是父独生子的荣光。"(《圣经·新约·约翰福音》,第1章第14节)

约翰便以此种方式宣示,永恒的神圣临在的完美,以耶稣的肉身走上了历史舞台。柏拉图的完美理念现在已经变成了肉身之人,理想与现实已融为一体,这便昭示了二元论的终结。因此,当早期基督教开始系统地吸收柏拉图主义(进而发展成为天主教)时,它其实是对基督教二元论体系——基督教关于这个世界的思想正有赖于此——进行的一种哲学上的辩护,这也正是基督教内部的一种深刻反讽。

天主教如此欣然地接受了柏拉图主义,主要有两个原因。柏拉图思想的吸引力主要是基于智性和社会基础这两个方面。柏拉图的理念论与强调彼岸并蔑视此世的宗教观十分契合。正如《理想国》中所述,柏拉图的社会理论也直接迎合了教会的需要。此时教会正发展出日益精密复杂的等级秩序结构,其中,有一群居于统治阶级的神职人员,他们就像柏拉图书中的护卫者们一样,已经理解了绝对真理,并在那儿为信众讲解要义,此外,他们还要保护绝对真理免受诸多异端邪教的侵扰。根据伯特兰·罗素的观点,奥利金是第一位综合了柏拉图思想和犹太教《圣经·旧约》文本之人。但是,真正从智性上建立并支撑起基督教世界观的哲学大厦——包括其厌女观念在内——的人,还是圣奥古斯丁(354—430),他是自柏拉图以来最伟大的思想家。

圣奥古斯丁,原名为奥勒留·奥古斯提奴斯,出生在如今阿尔及利亚的东部地区,父母皆出身寒微。他的家庭是基督教兴起时代人们常看到的那种典型的家庭模式:母亲莫妮卡是名基督徒,而父亲帕特里克则是异教徒,在死前才信奉了基督教。圣奥古斯丁智力过人,人情练达,同时也性欲旺盛,他从17岁开始就与一名来自迦太基的姘妇一起生活。母亲莫妮卡非常沮丧,她虔诚地希望儿子能成为一名天主教徒,并致力于更为高尚的事业——有趣的是,与此相似,后来爱尔兰的母亲们也会热切地祈祷她们的儿子能成为天主教的神父。奥古斯丁最初学习文法和文学,而后成为一名教授文法和文学的老师,他先是移居迦太基,之后又移居到罗马和米兰。他曾对摩尼教*很感兴趣,并对其研究多年,但最后,奥古斯丁因为摩尼教的宇宙观不成体系便拒斥了它。[37]公元386年,在圣安布罗斯†布道的影响下,奥古斯丁终于在米兰信奉了天主教。但是,在找到上帝之前,他已经先找到了柏拉图这位思想导师。

奥古斯丁是历史上一位承前启后的人物。他矗立在古典时代的世界(已经存续了大约1000年)和基督教文明的世界之间的巨大鸿沟面前,有意搭建起二者之间沟通的桥梁。奥古斯丁也是古代世界中第一位向我们揭示了其内心动荡之人,正如他在其非凡之作《忏悔录》(*Confessions*)中所记述的那般。这就像我们在看电视时,正好调到一档脱口秀节目,客人正在节目中向主持人袒露着他内心最深切的羞愧,他的无上大爱,他的深重罪愆,

---

* Manichaeism,又称末尼教或明教,是公元3世纪由波斯人摩尼在拜火教的理论基础上所创立的宗教。摩尼教主张善恶二元论,认为宇宙间充满善与恶、光明与黑暗的斗争。它有严密的教团组织和宗教制度。

† St Ambrose(约339—397),早期基督教拉丁教父,曾任米兰总主教,是天主教会公认的四大教会圣师之一。

以及他的至高理想抱负。只不过，奥古斯丁做客的这档访谈节目早在1700年前就已播出了，但它至今仍具有奥普拉·温弗瑞[*]采访节目那般的时效性。在寻求上帝的路途中，奥古斯丁内心混乱而挣扎，其挣扎的症结在于，肉体欲望和意志之间进行的搏斗。这种深刻的二元对立，在后来将会被奥古斯丁整合进天主教的核心教义中，而他所使用的方法正是柏拉图的哲学方法。奥古斯丁的痛苦呐喊与此前圣保罗的哭喊悲号也相仿佛，但若论其力量和复杂性，他的呐喊则是使徒保罗无法比拟的：

> 我来到迦太基，围绕我周身的一切都是个大熔炉，里面充满了非法不当之爱欲，嘶嘶作响。因此，我也用淫欲之污秽污染了友爱之清泉。我欲望的地狱搅浑了那清澈的溪流。然而，虽然我过度的虚荣里透露出下作邪恶、伤风败俗，但我也曾以风流倜傥的花花公子模样而在城中闻名啊。[38]

奥古斯丁的肉体欲望使他不幸成为自己的囚徒："被肉体的病态冲动和致命的甜蜜爱药所驱使和捆缚，我拖曳着我的枷锁而前行，却又很害怕哪天真的挣脱了它。"最后，奥古斯丁"被困在欲望快感的胶水中，动弹不得"。这就是他对人类身体的物质性所发出的厌恶之声，他还将我们人类比作一群泥地里的猪猡。"我们裹在这副血肉之躯中，沉湎于打滚。"他如此宣称道。

在奥古斯丁后来的作品《上帝之城》（*The City of God*）中，他强迫症式地再次回到这个主题上来。在书中提到人类的堕落

---

[*] Oprah Winfrey（1954— ），美国脱口秀主持人、电视制片人、演员、作家、慈善家，美国最具影响力的非裔名人之一。

时，奥古斯丁如此写道：

> 于是，从这一刻起，人之肉身开始以其性欲对抗起人的精神来了。正是在这种叛乱中，我们降生为人，背负这一切罪恶。也正如人因为原罪而注定要死掉一样，人就得这般悲惨地承受着身体的性器官及其堕落之天性。我们要么与肉体进行激烈的搏斗，要么就会被肉体全面击溃。[39]

自那时起，欲望的地狱就一直与我们同在。对奥古斯丁来说，这场搏斗只有在更高的领域上才能得到最终的解决。奥古斯丁阅读了被翻译成拉丁文的柏拉图主义者的各种著作，他发现，在柏拉图主义者的所有书中，都能发现上帝和他的道在不断地溜进来。诸如理念、纯粹形式、恒定不变等，他都可以将它们等同于"上帝"。在一定程度上，柏拉图的那种更高智性现实的愿景，也很契合奥古斯丁自己为打破肉体欲望的"枷锁"孤注一掷的迫切努力。但是，柏拉图的智性"天堂"对奥古斯丁来说，还是太过遥远和抽象；最为关键的是，它并没有应许人类的救赎和永生——这大概解释了为什么今天仍会有这么多的基督徒，而柏拉图主义者却如此之少吧。于是，奥古斯丁也在公元386年正式信奉了基督教。

奥古斯丁与厌女症的关联，可以用其在《忏悔录》第二卷中写的一段话来概括：

> 对于我的邪恶，除了邪恶本身，我找不到其他任何借口。它本是下流污秽的，我却爱上了它。我爱上了这种自我毁灭，我爱上了我的堕落，不是导致我堕落的客体对象，而是堕落

本身。我堕落的灵魂，从你那方苍穹中一跃而下，意欲毁灭它自身。我要追求的，不是通过卑鄙的手段来谋取什么东西，而是羞耻本身。

"堕落"的观念是从犹太教的神话中继承而来的,在《圣经·旧约·创世记》中，人类被上帝逐出了伊甸园。对于人类的堕落，奥古斯丁又增加了一个更为可怕的维度：柏拉图式的堕落。这是从纯粹形式中堕落，对基督徒来说，是从与上帝结合的永恒完美坠入充满着生命、欲望、痛苦和死亡的反复无常的世界。这一人类堕落是通过受孕发生的。从出生的那刻起，我们就处于罪恶的状态——原罪之中。正如奥古斯丁引用《圣经·旧约·诗篇》中的话所说，尚在母亲子宫内时，我们就已"在邪恶和罪恶中受孕了"。从恩典荣光处坠落便是通过女人，这体现在两个方面：一方面，是夏娃的不服从导致人类被上帝逐出了天堂；另一方面，从柏拉图的意义上而言,女人代表着肉身自我繁殖的任性。因此，我们才被带离了神／上帝，步入世俗生活，在这个尘世之中，（由于我们的身体）我们一直处于反叛上帝的状态。是我们自身有意堕落，而我们的叛逆，正是通过性欲得到了最为直接的体现。因为有原罪，"人，即便可能在肉体上是有灵性的，头脑中也充满着肉欲淫荡"[40]。

和其他基督徒一样，奥古斯丁相信，想要打破反叛循环的唯一方法就是抑制人的身体。正是因为他自己也做不到这一点，所以，他耽误了很久才最终信奉基督教：

> 虚荣的事物和头脑空洞之人所耽溺的琐事啊，都是我的老爱人了，它们拖住了我。它们拉扯着我肉身的外衣，窃窃

私语道:"你是想甩掉我们吗?"它们又道,"从这一刻起,我们将永远不会再和你在一起了,永远永远。"它们还说,"从这一刻起,这个你不许做,那个也要对你禁止,而且,得永远这样。"[41]

尽管圣奥古斯丁的教义充满了厌女的阐释,而且,它已经被原罪教义奉为圭臬,但圣奥古斯丁本人对待女性的态度还要更复杂一些。他并不认为女性天生邪恶。在《上帝之城》中,他强调道,"女人的性不是罪行,而是天性"。但是,他又曾以遒劲的笔力记下他与自己的欲望做斗争时的可怕痛楚,这清楚地表明,男性与自身欲望的斗争,才是厌女症的根源。然而,对圣奥古斯丁来说,最终,人类的意志才是邪恶的渊薮。自我,而非性欲,才是最初让我们人类公然违抗上帝的真正原因。作为惩罚,上帝给了我们性欲,这是人类的意志无法掌控的东西。就像我们当初违抗上帝一样,我们的欲望也在违拗着我们。于是,性就变成了一个战场,它既是快感又是惩罚。不得不说,这种对性的阐释在之前的西方文化中闻所未闻。女人注定要受苦,因为我们习惯于卑鄙地责怪我们所渴望的东西,认为正是渴望之物造成了我们对其的渴望。

在即将到来的基督教统治世界的数个世纪之中,女性又将面临怎样恐怖的命运呢?也许,我们可以从最后一位异教徒女哲学家——亚历山大的希帕蒂亚*——的悲惨命运中窥见一二。远古时代能留下名字的女哲学家可谓寥寥无几。[42]希帕蒂亚是其中最

---

* Hypatia of Alexandria(约370—415),又译海帕西娅等,古罗马数学家、天文学家、哲学家,新柏拉图主义学者。

为著名的，我们今天之所以知晓她的事迹，还得归功于基督教的宗教迫害狂热和残忍无度。

公元4世纪末，希帕蒂亚出生于亚历山大城，是数学家席恩[*]之女。有评论家称，希帕蒂亚的能力和智慧"远远在她那个时代的所有哲学家之上"[43]。她写过关于阿波罗尼奥斯[†]和丢番图[‡]几何学的评论，也会演奏各种乐器，还在雅典和亚历山大城教授柏拉图和亚里士多德的哲学。在亚历山大城，希帕蒂亚开设了一家学园，她还发表过一部有关天文学的著作。希帕蒂亚过着有些类似苦修者的生活，虽然人们形容她"美丽大方、身量匀称"，但她一直过着独身生活并保持着贞洁。从某个可靠的资料来源中，我们还了解到这样一个故事：当希帕蒂亚的一位男学生疯狂地爱上她，并向她表露爱意时，为了治愈这名男学生的意乱情迷，希帕蒂亚将自己沾满了经血的内裤递给了他。[44]这是一种劝阻异性追求者的颇为新颖的方式，它还证实了，这个时代的典型特征就是拒斥和厌恶身体，所以，受到这种影响的绝不只是基督徒而已。但是，希帕蒂亚的美德（其实，它们倒很像是基督徒的美德）并没能减少当地基督徒对她所抱持的敌意与仇视。

亚历山大城是一座伟大的古代城市，也是远近闻名的学术中心，但它也以宗派暴力冲突——常常伴随着对政治和意识形态上的反对派的私刑——而出名。（古代世界中，针对犹太人最早的暴动事件之一就在公元38年发生于此地。）公元412年，西里

---

[*] Theon（335—405），又译泰昂或席昂，古罗马著名学者、数学家、哲学家。

[†] Apollonius（约前262—约前190），又译阿波罗尼乌斯等，古希腊数学家、天文学家。著有《圆锥曲线论》。

[‡] Diophantus（生于约200—214，卒于约284—298），古罗马重要学者和数学家，代数学的创始人之一，被誉为"代数之父"。

尔——一位基督教狂热分子——成为亚历山大城的主教。西里尔曾经做过好几年的沙漠僧侣，他以此来惩罚自己，但现实往往事与愿违，肉体的磨难只是进一步加深了他的宗教狂热，并进一步激化了他的宗教不宽容——你可以把他想象成那种原教旨主义的毛拉*。当然，即使在沙漠苦修的岁月中，西里尔那熊熊燃烧的野心之火也并没有被削弱。作为主教上任以后，他十分藐视当时的帝国行省长官奥雷斯特斯的统治，后者代表罗马帝国管辖埃及。在这段古典时代的黄昏岁月中，教会的权势日益增大，正侵蚀着官方政权的世俗权威，这是中世纪专制统治的一个前兆。西里尔搜寻并打压诸多异端，他也仇恨犹太人。在公元415年的复活节前后，西里尔召集了一批基督教暴徒袭击了当地的犹太人社群，洗劫了他们的家园，霸占了他们的犹太教堂，他还以净化犹太人为由将犹太教堂改造成了基督教堂。于是，西里尔就将自古就居住在亚历山大城的古老犹太社群驱赶出了这座城市。行省长官奥雷斯特斯对西里尔的此举表示反对，结果，一群基督教暴徒也袭击了奥雷斯特斯。

基督徒开始私下质疑说，是希帕蒂亚迷惑了帝国行省长官奥雷斯特斯，所以她得为造成帝国行省长官和主教之间的误解和分歧而负责。从某位基督教作家的笔下，我们可以看到其中隐隐透出的对即将发生之悲剧的不祥预兆，这位基督教作家谴责希帕蒂亚"一直致力于玄学、星盘和乐器的研究，而且用其撒旦式的诡计迷惑了许多人"[45]。因为，在那时的社会看来，一个女人有学问又有成就，不仅稀有罕见，而且还表明她其实是一个与魔鬼结了

---

* mullah，一些国家中穆斯林对伊斯兰教学者的尊称。在大多数伊斯兰社会中，当地的伊斯兰教士与清真寺的领导者都会被称为毛拉。

盟的女巫。西里尔也很乐于见到希帕蒂亚被当作替罪羔羊，以此来缓和自己与当局政府权力交手时所遇到的麻烦。西里尔的追随者彼得（根据尼基乌主教约翰的说法，彼得"完全相信有关耶稣基督的方方面面的教义"）在一场激烈的布道之后，带领着一帮激奋的暴徒袭击了希帕蒂亚所在的学园。

暴徒"发现她端坐在一把高高的椅座上；他们先喝令她下来，在这之后，暴徒一路拖曳着她前行，直到把她拖到一个名叫恺撒里昂的大教堂前才停下来"[46]。在这所大教堂门前，希帕蒂亚被这群暴徒扒光了衣裳。接着，这群基督教暴徒一边摁住她，一边用锋利的牡蛎壳将她活活剥了皮。[47] 最后，用历史学家爱德华·吉本义愤填膺的话来说，"她那还在颤抖的躯干和四肢，又被暴徒投入烈火中，给烧成了灰"[48]。

此外，所有想要起诉和制裁杀死希帕蒂亚的凶手的努力，最后都付诸东流，因为贿赂可以一手遮天。而西里尔此后在天主教会中的个人事业却蒸蒸日上。他甚至还被封为圣徒。这的确很讽刺。很显然，在圣徒的履历上，重要的是他做出的非凡业绩，而非谋杀。

很快，基督徒就会从历史上的殉道者一跃变成宗教法庭的裁判官。在接下来的几个世纪中，很多时候，教堂里的焚香炉所散发的气味中，常常混有众多女性被烧焦和焚毁的身体的气味。

第四章

从天后到魔女

古代世界的终结和现代世界的诞生之间,横亘了 1000 年左右的时光。这段时间见证了两个看似矛盾的发展进程:对女性的神圣化*和对女性的妖魔化。欧洲的中世纪始于将女性的地位提升至天堂之际,结束于将成千上万的女性打入地狱之时。然而,在后一种情形下,这一过程不只是神秘的或隐喻性的,因为那些熊熊燃烧的火焰真实不虚。它标志着一段非凡的时期,这时,人类的想象随着法国哥特式大教堂的巨型尖顶而一路升腾,似乎直抵并刮擦到了天堂的地板。同样,也是在这一段时期,人类的精神因大规模的歇斯底里症和集体性迫害与屠杀而屡受震撼。此外,那些猎巫案的频繁爆发,也使人类的精神坠入到一些它从未抵达过的、最像人间地狱的境地。

公元 431 年,天主教会的大公会议宣称,马利亚,这位来自巴勒斯坦地区的犹太农民女孩,是"圣母"。从历史上来讲,

---

* beatification,指天主教会发布的关于某人已升入天堂的教令,一般指圣母马利亚宣福、升入天堂,简译"神圣化"。

这个女孩，除了她的名字广为人知之外，几乎没有人知道她是谁、生平经历了什么。但是，这位女孩却又不只是一位神的母亲那般简单——要知道，在希腊罗马的古代世界中，众神就像当今时代的名流一样繁多。重要的是，马利亚是整个宇宙的创造者、唯一之神上帝的母亲。所有其他的神，要么遭到了圣奥古斯丁的放逐，要么被他转化成了恶魔，奥古斯丁只留下了基督教的上帝，这位上帝在他那孤独的威严中阴森地笼罩和统领着宇宙。马利亚是他的母亲，或者说，她是天主之母（Theotokos）。由于这一独特的主张，马利亚不仅将在宗教史上发挥出前所未有的重要作用，在厌女症的历史中也将是一位重要且具有决定性意义的人物。

参与会议的主教们发布的这条声明，实际上发生在一场激烈的辩论之后。在那场辩论中，大量的人群（既有支持，也有反对将马利亚提升至"天主之母"这一地位的）在以弗所的街道上示威游行。以弗所是天主教会的议事聚集地——这座古城位于现今土耳其的东海岸。以弗所作为童贞女神狄安娜[*]的朝圣中心闻名于世，而以弗所的狄安娜神庙曾是古代世界的七大奇迹之一，但在公元 3 世纪的动荡中被哥特人的军队彻底摧毁。在那时的争论中，亚历山大的圣西里尔是最积极参与的人之一，在鼓动暴徒方面，他可谓行家——就在 16 年前，他的一场激烈布道怂恿了一群基督教暴徒将异教徒的女哲学家希帕蒂亚活活剥了皮。然而，这一次，圣西里尔则非常支持将马利亚这一类型的女性提升到大众无从想象的至高地位。他还将君士坦丁堡的主教聂斯托利开除教籍，逐出了教会，因为聂斯托利曾指出，因为上帝是自有永有

---

[*] Diana，罗马神话中的月亮女神、狩猎女神，对应希腊神话中的阿尔忒弥斯。

的，所以，不管是马利亚还是其他任何女性，也无论她们是多么富有德行和神圣无玷，都不可能成为上帝的母亲。聂斯托利担心，宣布马利亚为"天主之母"会将她提升至女神的地位，这有些许异教色彩；也许，就在聂斯托利去圣母马利亚教堂参加那次会议的路上，他抬头看了看狄安娜神庙的遗迹，担心天主教会其实是想用一位童贞女神取代另一位童贞女神，他认为这很危险。大约50年前，一群学识渊博的基督教教士举行过另一场会议，宣布马利亚为永恒的童贞女。无论如何，西里尔的胜利深受群众的欢迎，他们在古老的街道上秉烛游行，以此赞颂圣母马利亚。事实证明，人们对马利亚的持久忠诚，成了天主教最显著和最持久的特征之一。1950年，也即在以弗所会议过了1431年之后，大量虔诚的基督教信徒——据说有100万人——在罗马的圣彼得广场上集会，以迎接教宗庇护十二世宣布圣母马利亚升天的教义，人群中伴随着赞美诗的吟诵、泪水和喜悦的祷告。与此同时，那个来自巴勒斯坦地区的犹太农家女孩马利亚，也将在罗马的28座教堂和其他地方的数千座教堂中拥有姓名，为人们所称颂，她也是这个世界上一些最伟大的建筑和艺术作品（包括诗歌和歌曲）的灵感来源。

有关马利亚地位的争论，最初是围绕她儿子耶稣地位的激烈争论的副产品。主教们试图解决关于耶稣的本质的问题——耶稣应该被定义为人、神还是二者兼具呢？正教会最终拒绝了有关这一争论的两种极端看法，即认为耶稣是人或是神，进而选择了一种错综复杂的调和——同质说（consubstantiation）。也就是说，耶稣是圣子，他与圣父"同质"，分享着上帝的神性，与此同时，耶稣又"与肉身同体"，这又使他具备了完全的人性。就像世界上任何母亲都与其子共荣辱一样，马利亚也因其子耶稣地位的提升而同享恩典与荣光。各种福音书早已将马利亚刻画为童贞女。到了公元 5 世纪，教会宣布，马利亚在她儿子耶稣出生之前、之时和之后都永远是童贞女。一旦耶稣与上帝的"同质"得以确立，那么，马利亚被宣布为圣母便是再自然不过的事情了。

自那以后，马利亚在神话阶梯上的攀升步伐便势不可当，至少直到 16 世纪的宗教改革之前，都是如此。在宗教改革之前，对马利亚的崇拜有着各式各样的复杂体现，这种崇拜甚至取代了道成肉身和复活的教义，继而成为绝大多数天主教徒的核心信仰。从教父们创建基督教会到圣母马利亚的崇拜狂热之间的 1000 年时光，也见证了一种宗教范式的转变，人们从对基督再临和立即得到救赎的希望中逐渐远离，而这些都曾是基督教早期追随者们信仰的驱动力。尽管千禧年主义*的震颤撼动了整个中世纪，特别是在中世纪接近尾声的时候，但绝大多数的虔诚信徒并没有期待能在今生得到救赎，他们只是希望马利亚能够抚慰他们，让他们能安然度过从今生到来世的那段艰辛而痛苦的旅程。

人们认为，若圣母在死后遭遇和凡人同样的命运，那将是很不合适的。从公元 6 世纪开始，教会将每年的 8 月 15 日定为圣母升天节，人们相信，马利亚是以完整肉身的形式出现在天堂的。她和耶稣一样，拥有几乎独一无二的特权，战胜了人类的命运，并以肉身的形式出现在天堂。[1]一旦马利亚和她的儿子一起被天使环绕，她很快就被加冕为"天后"。后来，她的受孕也引起过热议。对教会的一些神学家来说，他们无法想象永恒的童贞女、圣母和天后也会受到原罪的玷污，也会与我们凡人一起从神圣的

---

* Millenarianism，亦称"锡利亚主义"，基督教神学末世论学说之一，认为基督将亲自为王治理世界 1000 年，千年期满，即是世界末日，将进行最后的审判。

恩典之中堕落，而这种堕落是我们的性欲导致的直接后果。神学家的这种对圣母的纯洁被人类原罪所玷污的焦虑，也困扰着14世纪的邓斯·司各脱[*]。但是，对马利亚受孕一事在教义上做出坚定的决策，则还要再等上500年。1854年，教宗庇护九世宣布了马利亚无玷受孕（Immaculate Conception）的教义，这使她成为（除耶稣之外）唯一没有遭到原罪玷污之人。这也意味着，马利亚是唯一一个（还是除耶稣之外）被上帝创造出来的完人，她没有任何内在的罪恶倾向。也就是说，她过着完全没有诱惑的生活，因此，她的生活甚至比亚当和夏娃堕落之前在伊甸园中所享受的无瑕状态还要完美。

对一位来自巴勒斯坦地区的犹太农家女孩来说，这确实是一个非凡的进步，特别是我们要考虑到，《圣经》中其实很少会提及马利亚。在我们能了解到的有关耶稣的最早资料中，使徒保罗并没有提到马利亚的名字，只是指出，耶稣"为女子所生"（《圣经·新约·加拉太书》，第4章第4节）。马可也只提到过一次马利亚的名字，而且他还是以一种相当轻蔑的口吻提及的，那是在耶稣和"他的兄弟及他的母亲"进行的一次对话中。当时，耶稣的兄弟和母亲要求耶稣关照他们，因为他们是一家人，但这一要求被耶稣置之不理。

"谁是我的母亲？谁是我的弟兄？"耶稣回答道（《圣经·新约·马可福音》，第3章第33节）。事实上，耶稣回答了他自己提出的这个问题，他宣称，所有追随他的人才是他真正的家人。

《约翰福音》中只有两处提到了耶稣的母亲。相比之下，她

---

[*] Duns Scotus（约1265—1308），中世纪苏格兰经院哲学家、唯名论者。巴黎大学神学博士。著有《巴黎论著》《问题论丛》等。

较多地出现在了《马太福音》和《路加福音》中，这两部福音提供了有关耶稣基督诞生和婴儿时期的一些记叙，而在基督教中，宗教内涵丰富的圣诞节传统正是建立在这些叙述之上的。即使在马太和路加所写的福音书中，马利亚也远不是舞台上的中心人物。然而，几个世纪以来，马利亚的生平细节付之阙如，这并没能阻止基督教——尤其是天主教会——将它最重要的教义的巨大分量置于马利亚的肩上。事实上，《圣经》传统中对马利亚记叙的极度匮乏，导致了关于马利亚的神话和传说的大量泛滥，而这恰恰有助于让她成为最受人尊敬的女性。

基督教的核心信仰是道成肉身，它建立在马利亚怀孕时仍是童贞女的观念上。当然，童贞女受孕并生子其实是某种神圣干预的结果，这种神圣干预在古代世界中并不罕见，这是用来突显所提及之人具有非凡特性的一种方式——比如，亚历山大大帝就是其中一个例子，而柏拉图则是另外一个例子。但是，由于他们强烈拒斥身体，认为肉身是通往这个世界的恶魔之门，所以，基督徒必须保护圣母免受任何不良影响的侵袭，也即，导致神迹的经历在任何方面都不能是身体性的，也就是欢愉享乐的，因此不能涉及性。人类的救主是不可能作为一场肮脏情欲的结果而来到这个世界上的。正如17世纪的神学家弗朗西斯科·苏亚雷斯所言：

> 荣福童贞马利亚怀了一个儿子，她既没有失去童贞，也没有经历任何的性欲快感……这些都不适合圣灵……它不会产生这样的效果，或是激发任何不合时宜的激情……相反，圣灵萌蔽马利亚，就是为了熄灭原罪之火。[2]

至此，马利亚成了最受人尊敬的女性，而她之所以受到尊敬，就是因为她没有其他女性都有的一些对她们的本性而言很重要的东西，例如性体验。一位女性被这般高举颂扬，却是以蔑视她的性欲为代价。马利亚作为圣母，被免除了做母亲的痛苦和快乐。早期教会中博学有识的神学家们还曾争论过，马利亚是如何在处女膜不被破坏的情况下生出耶稣的；还有另外一种观点则认为，马利亚的处女膜其实在生耶稣时破裂了，但是，它在产后又奇迹般地修复完整了，但这种观点遭到了神学家们的拒斥。于是，就这样，历史开启了一个漫长的进程，它将使马利亚变得越来越抽象，越来越远离普通女性的经历，而那些普通女性瞻仰崇奉她，以求在男性主导的基督教的诸神中寻求一丝丝告慰。在马利亚的儿子耶稣身上，道成了肉身，但是，生下耶稣的女人的肉身，却变成了一个模糊而抽象的概念。从某种意义上说，马利亚的抽象化正好是道成肉身的反面。这种抽象化通过拔高颂扬马利亚而将她变成了一种无性的、和颜悦色的女神般的存在，这远非拥有人类本性的女性。身体和精神这种古老的二元论，在人们对道成肉身的信仰中受到了威胁，但它又在人们对圣母马利亚的崇拜中再次得以彰显。"道成肉身"标志着二元论的终结，但对圣母马利亚的崇拜则意味着，对物质旧有的蔑视仍在持续。

即使在今天，人们在走进献给圣母马利亚的大教堂，踏入那大理石砌成的阴凉、昏暗的内部时，仍会感受到圣母变成天后的那种压倒一切的超凡脱俗。据传闻，圣母大殿（Santa Maria Maggiore）是由教宗利伯略在公元352年至366年间所建。教堂内，这位天后身披由黄金和珍珠织成的华服，坐在一张豪华的有软垫的宝座上，她的双手微微抬起，脸上几乎没有任何表情，正在接受耶稣给她戴上冠冕。台伯河对岸的特拉斯提弗列有一座建立得更早的圣母大殿（Basilica of Santa Maria in Trastevere），在这座教堂中，天后被塑成圣像，高达 6 英尺*多。马利亚坐在尊贵的宝座上，她的儿子耶稣在她身旁，伸出一只手臂，搂在她的肩头，保护着她。她的头上戴着一顶巨大的王冠，连周围都散发着微弱的光晕。她鹅蛋型的脸庞上带有一种泰然而抽离，同时又超凡脱俗的表情，她从一个远高于凡夫俗子所在的高度俯视着人间的芸芸众生。

这些圣像向人们传递的信息，即使不是相互矛盾的，也是十分复杂的。当然，它们旨在传达一些无关女性的信息。在那个罗马宣称自己要高于其他主教团的时代，这些圣像传达出了一种非常明确的信号，也即，罗马作为天主教会圣地中心的地位是天赋神授、不可撼动的。但是，如果我们仔细查看他们告诉我们的有关女性地位方面的内容，我们就会发现，即使一位女性被颂扬拔高到了从未有人可以与之比拟的位置，她统领着每一位教宗，得到天国之王的加冕，她在自身地位提升的过程中也并不是主动的一方。马利亚之所以会被提升到这一至高无上的地位，正是因为她的被动（"我是主的使女，情愿照你的话成就在我身上。"《圣经·新约·路加福音》，第 1 章第 38 节）和无性。

作为榜样，马利亚为女性设定了一套需要遵循却又自相矛盾（甚至完全不可能实现）的标准——她自己代表了被动、顺从、母性和童贞的典范。事实上，马利亚的形象不断地提醒着人们，女性的不足之处正在于她们自身的人类本性。因而，马利亚的无性其实是对女性有性欲的一种谴责，她的顺从鼓励女性去相信社会关系的规范是神授的，而她的童贞女母亲的身份，则更是人类凡俗女性无法企及的神迹。也就是说，马利亚的存在是一种对女

---

* 英美制长度单位，1 英尺约为 0.305 米。

性的别样谴责，耶稣之于男性却并非如此。耶稣的受苦和死亡谴责了全人类，并不是专门针对男性。而与此有所不同的是，教会提升马利亚地位的举措，实际上是在诋毁和贬损其他女性。直到今天，在天主教的一些相关意象中，她的脚仍然牢牢地踩踏在一条蛇的头上，这是对天主教徒中的女孩和女性的一种号召，呼吁她们去压抑和拒斥自身的欲望，不要让它在她们的男性伴侣身上得到满足。

于是，其他女性有望效仿马利亚的唯一方法，就是摒弃她们自身的性欲。

在基督教兴起的早年间，数千女性便如此过着禁欲苦行的生活，她们通常把私人住宅或乡间别墅转化为她们的隐修地。到了公元800年，也即宣布马利亚为圣母之后大约又过了400年，这项隐修运动已经经历了一场宗教的制度化变革，此时的修女院、修士院和小隐修院已是遍布欧洲的一大共同宗教特征。女性的能量和奉献对基督教的兴起做出了如此巨大的贡献，但她们并没有得到相应的回报，也没有在教会的权力结构中被赋予任何职位。相反，她们现在却被引导着去往伟大的修道院，这是历史上首次为大量女性提供了婚姻和生育之外的选择——尽管它通常是一种更严苛的苦行生活，并且要以终身禁欲和其他限制为代价。但成千上万的女性，还是愿意付出此种代价。到了11世纪，修道院已经成为女性学习阅读和写作的主要教育机构，她们也可以在那里习得一些知识技能和研习古籍经典。仅在1250年的德国，就有大约500座修女院，容纳了25 000至30 000名女性。[3] 她们将时间花在祈祷、冥想和缝制羊毛及亚麻织物上。正是诺曼底的修女们一针一线地缝制出了美丽的巴约挂毯，以此纪念1066年诺曼人在英国黑斯廷斯战役中大败盎格鲁-撒克逊的国王哈罗德。她们还为神父和主教们绣制衣物（许多修女如今仍在执行着这项任务）。在此期间，女性也能够作为修道院院长来监督这些机构，还有一些女性晋升至权势之位。在一些联合机构中，例如，在由圣法拉[*]在法国北部布里地区建立的那类联合机构中，女修道院院长也可能统领着男性。她和其他女性甚至能听取人们的忏悔。在西班牙的拉斯韦尔加斯修道院（Abbey of Las Huelgas）中，修女们任命了她们自己的告解神父。[4]

然而，到了13世纪初，给予女性的这种自由和独立正在慢慢丧失。许多修道院失去了它们的土地，权力控制也变得越来越集中化。教宗英诺森三世（任期1198—1216）在朗格多克地区发起了反对清洁派[†]的十字军东征，禁止女性在教会中担任任何职位。众多联合机构也被废除，这项举措得到了一个有厌女倾向的男修道院院长的大力支持，他这样写道：

> 我们和整个教规社群都认识到，女人的邪恶要比世界上所有其他的邪恶都更甚，没有什么愤怒能比得上女人的愤怒了，而且，蛇毒和龙毒都要比与女人的亲昵带来的毒素更容易治愈，危险性也更小。鉴于此，为了守护我们的灵魂——这一点的重要性绝不亚于保护我们的身体康健和财产安全——我们最后一致决定，绝不再接受任何修女姐妹来增加我们灭亡的可能性，我们会像避开有毒的动物那样避开她们。[5]

---

[*] St Fara（约595—约655），于公元620年左右建立了法尔穆捷修道院（Abbey of Faremoutiers）并担任院长。该修道院是法国首个双修道院，同时容纳修道士和修女，由同一个院长管理。

[†] Cathars，又译纯洁派或卡特里派，中世纪12到14世纪流行于地中海沿岸各国的基督教教派，被其他基督徒视为异端邪说。它受到摩尼教思想的影响，信奉二元论。

虽然女性从未被任命为神父，但直到13世纪，神职人员的职位才正式地对女性彻底关闭。圣托马斯·阿奎那（约1225—1274）认为，女性不能凌驾于男性之上，并且，"卓越的男性本质"是成为神父的必备条件，因为"亚当是被夏娃所诱骗的，而不是反过来"。因此，神父必须是男性，"这样他才不会因为女性的轻率而导致第二次堕落"。[6]以后，只有神父可以听取人们的忏悔，又因为只有男性才能成为神父，所以，女性会被迫向那些往往自身淫荡、性欲未得到满足的男性忏悔她们的性越轨行为，而这些男性常常又会滥用他们的职权。

到下个世纪初，存在女修道院院长的那个美好世界便已成为历史。但中世纪早期的社会的确为有能力、有精力、有地位的女性提供过其他出路。阿基坦的埃莉诺（1122—1204）是法国国王路易七世和后来成为英国国王的亨利二世（金雀花王朝）的妻子，她是"西方基督教世界最富有的女富豪"和"宫廷文化中……的杰出天才"[7]。法国西南部的女性曾享受过罗马法的一些好处——罗马法在罗马的阿基坦高卢行省所在地区一直存续了很长一段时间——其中就包括财产继承权。埃莉诺继承的遗产包括法国南部的大部分地区，从卢瓦尔河谷向南一直延伸到地中海一带，向西一直延伸到大西洋沿岸的波尔多地区。在埃莉诺统治期间，也正是在法国南部，宫廷爱情文化达至顶峰，被众多行吟诗人*在作品中颂扬。从1150年到1250年，大约有200位为人所熟知的行吟诗人兴盛一时，其中就包括20位女性。这些女性都

---

* troubadours，11至14世纪欧洲社会的一种诗人。起于法国南部普罗旺斯。行吟诗人的作品主要涉及骑士精神和宫廷爱情，也不乏对社会、政治、宗教问题的揭露和讽刺。

是出身名门的诗人，她们会为她们的贵族赞助人写一些睿智和优雅的诗文；最重要的是，她们赞颂了上层阶级男女关系中彬彬有礼的新的行为准则。

在教会对待女性的态度中占主导地位的是神职人员的厌女症，这种厌女症充满了对女性的无情蔑视与过分诋毁，视女性为"肮脏之物"，而宫廷爱情传统便是对这种厌女症的一种反击。它通过颂扬男女之间的浪漫爱情来痛斥厌女症。在宫廷爱情传统中，女性被视为男性的救星。就西方文明而言，这完全是一种新颖的概念。古典时代的诗人有歌颂情人的传统，但还没有哪种传统将女性提升至世人普遍爱恋对象的地位。在这之前开创了先例的是将马利亚奉为圣母与天后。但宫廷爱情诗人颂扬的是不正当的爱情，他们嘲笑婚姻，蔑视社会上盛行的基督教道德。他们的行为几近异端。勒诺·德·博热是名行吟诗人，他在其代表诗作《陌生美人》(*Le Bel Inconnu*)中甚至驳斥了《圣经》，声称男人是为了服务女人而被创造出来的，所有的美好都来自女人。

谈到埃莉诺的宫廷里的追随者时，历史学家弗里德里希·希尔如此写道：

> 普瓦捷*的行吟诗人教导世人，爱情的本质不是对不可遏制的激情的放纵，而是一个男人的女人，即他的"情人"，对其激情的塑造与影响。[8]

根据希尔的观点，对两性浪漫爱情的革命并不是在法国南部取得的全部成就。他相信，存在一些证据表明，女性可能也有过

---

* Poitiers，法国西部城市，维埃纳省的一个市镇，也是该省的首府。

投票权，并且也曾参加过地方政府的选举。[9]

将男女之间的爱情提升为一种圣事，为但丁·阿利吉耶里（1265—1321）作品的出现做了铺垫。但丁与贝雅特丽齐·波蒂纳里的相遇改变了他的人生。在贝雅特丽齐身上，但丁看到了善与美的典范。这次会面激发了但丁创作出他的第一部作品《新生》（*La Vita Nuova*）。贝雅特丽齐最后嫁给了佛罗伦萨的一位商人，她在24岁时就去世了。在那之后，但丁创作了他的代表作《神曲》（*The Divine Comedy*），在其中，他讲述了诗人游历地狱、炼狱和天堂三界的旅程。在《神曲》中，正是贝雅特丽齐护送着他从炼狱达至天堂。最后，贝雅特丽齐来到他的身旁，身披绿斗篷，头上戴着橄榄花环，但丁想起了自己对她的爱："我感受到了旧爱的强大威力。"

但这并不是行吟诗人所写的通奸之爱。但丁对贝雅特丽齐的爱是纯洁无瑕的，他的救赎也取决于此。然而，但丁在《神曲》中所表达的愿景的非凡之处就在于，它并不带有对人性的蔑视或无视，也不意味着精神彻底战胜物质：在贝雅特丽齐身上，物质和精神两者兼具。虽然被提升至一种尊贵的地位，但她仍然是一个非常人性化的人物。用玛丽娜·沃纳的话来说就是，但丁"是一个深刻而高贵的思想家，他不会陷入二元论的窠臼之中，也不会利用贝雅特丽齐的完美来诋毁整个人类或所有其他女性……"[10]。

但丁的这种愿景既将女性视为人，又承认女性是具有改变他人力量的美的象征，但它还是无法对抗贯穿基督教传统始终的厌女潮流。在但丁完成他的著作时，这些厌女潮流开始变得愈发强劲了。它们终将发展成一条汹涌咆哮的湍急大河。

一向不赞成宫廷爱情传统的教会发现，行吟诗人的地盘不仅是一些有关女性、具有煽动性和令人不安的思想的温床，而且还是一种主要的异端邪说——清洁派的摇篮。很大一部分人完全放弃了天主教，转而去支持一场拒绝将现世视为邪恶的宗教运动，他们还宣扬，教宗和他的主教们已经背弃了耶稣的教导。[11] 在对清洁派教徒的迫害中，人们将异端与女性联系在了一起，这在一定程度上影响和催化了几个世纪之后的猎巫运动。

清洁派运动起源于东方，在基督教之前，东方也是许多类似的二元论信仰的摇篮。就像早期的异端邪说一样，事实上，也像早期的基督教本身一样，清洁派震惊了正统教派，因为女性在其中扮演了很重要的角色。清洁派允许女性传教，也允许精英女性成为该运动的精神领袖——一般被称作完人（Perfects）。朗格多克的富有阶层女性是清洁派传教士最重要的支持者和赞助人，正如她们也是行吟诗人的赞助人一样。

1208年，教宗英诺森三世宣布对清洁派发起圣战进行讨伐。这一圣战进展得颇为野蛮激烈。在30年圣战期间，成千上万的人被屠戮、焚烧和绞死，其中，清洁派中的女性更是要被单独遴选出来以接受特别的羞辱和虐待，杰拉尔达夫人的例子就残酷地证实了这一点，她是最为著名的清洁派女性。杰拉尔达夫人在战争中被俘，之后又被敌人投到井里，被乱石砸死。"即使按照今天的标准，这一惩罚行为也很令人震惊。"[12] 一位异教徒的历史学家如此评论道。

对清洁派教徒发起的圣战，有效地废除了曾经滋养过宫廷爱情传统的文化。行吟诗人仍在继续创作爱情诗歌——但它受到了惩戒，并且彻底地被基督教化了。对异端的清洗演变成了对在男女关系中表达某些思想的清洗。诗人现在吟唱道，爱情的纯洁正是人们通过对其目的的否定来定义的，这一目的便是占有心上人。根据沃纳的观点,占有心上人的概念对早期的行吟诗人来说,完全是"无稽之谈"[13]。现在,上帝之母和天后作为意识形态斗争的组成部分而出现,并获得了"圣母"(Notre Dame)——我们尊贵的夫人——的称号。诗人们用对一位女士——马利亚——的爱,来替代对宫廷中的女士的爱。来自法国北部的诗人戈蒂埃·达拉斯,在写作中对埃莉诺的宫廷精神表示不满,他宣称:"让我们与圣母马利亚结婚吧;没有人会与她缔结一段糟糕的婚姻。"此外,达拉斯也蔑视真实女性的爱情。[14]

正如它的对立面——妖魔化一样,神圣化也会将女性非人化。两者其实都否认了女性身上的普通人性。然而,人性才是有史以来刻画女性肖像时最伟大的一个母题,而这种对女性的人性刻画首次出现在1387年左右,它也因而像一缕阳光般,穿透了中世纪颓废衰落前那渐渐聚拢起来的晦暗阴霾。这种刻画给予了女性发声的权利,自1700多年前阿里斯托芬的喜剧以来,这也许是第一次给予女性以声音。具有人性的女性,不是作为高高在上的女神或是女妖般的诱惑者而存在,而是像其他任何人一样,作为一个同时兼具善与恶的人而存在。正如杰弗里·乔叟(约1343—1400)在《坎特伯雷故事集》(*The Canterbury Tales*)中所描绘的那样,巴斯妇艾莉森绝非但丁笔下的贝雅特丽齐,没有哪个男人会因为对艾莉森的爱而找到救赎。她不是圣母马利亚那般美德的具象体现,也根本没想过要成为圣母马利亚那样的女人。艾莉森的恶习就像她的美德一样,都来源于日常生活中的一些紧急突发事件,她会依据它们来做出临时的事关善恶的决定。对艾莉森来说,男人完全就是一种事关管理的问题,而且,她相信女性可以通过运用聪明才智来解决有关男人的问题。更为重要的是,她抗议厌女症的历史及其所产生的不公正现象。在这么做的同时,她便谴责了从"古代罗马"到《圣经》中的每一个厌女者,这其中就包括梅特鲁斯,那个因为妻子喝了点酒就将其殴打致死的"卑鄙恶劣的蠢蛋",以及那个因为妻子不戴头纱出门就休了她的盖乌斯·苏尔皮基乌斯·伽卢斯(详见本书第二章)。此外,她还特别严厉地谴责了教会中一贯的诽谤女性的传统。在"巴斯妇的引子"中,她这样说道:

> 大可以相信我的话,没有什么关于女性的诽谤
> 是那些神职人员描绘不出来的,
> 除非他们写的有关一位圣女,
> 除此以外,他们从来没有友善地对待过其他女人。
> 是谁说狮子凶残野蛮的?你们知道吗?
> 上帝啊,要是女人同样写起故事来,
> 就像神职人员在布道坛上宣讲时所用的那些故事,
> 那么,关于人类邪恶的记载将会无限量增多,
> 多到亚当的所有子孙后代都无法弥补和纠正。[15]

艾莉森的(第五任)丈夫激怒了她,他不断地阅读着他收集到的一些厌女的布道书。经过一番激烈的争吵之后,艾莉森最终说服了她丈夫,让他把这类布道书统统扔进了火堆里,并且也顺利让她丈夫服从于她的支配。

接下来的《巴斯妇的故事》是在尝试回答一个问题:"女人想要的到底是什么?"在许多个世纪之后,该问题也因为西格蒙德·弗洛伊德而闻名于世。那位本来想要找寻答案的倒霉骑士还是失败了,直到最后,一位老妇人才给了他答案:

> 一个女人想要的，无非是同样的自主权，
> 可以指使她的丈夫就像指使她的情人一般，
> 而且还能掌控她的丈夫；他绝不能高于她。[16]

但对艾莉森来说，这个问题压根儿就不存在。自主权意味着能自由地做她自己，这原本就存在于她作为女人的天性之中。

就在巴斯妇对教会的厌女症表达了愤懑的几十年之后，这种厌女症呈现出了它最为致命的，事实上也是噩梦般的可怖形式。这一点在教宗英诺森三世身上也可以被预见，他对人类性行为有着厌女症式的蔑视，他消灭了清洁派和宫廷爱情的传统文化。他还宣称："人是在混杂着激情的狂热和肉欲的恶臭中由肉体的发痒和碰撞而形成的，更糟糕的是，人还沾染着原罪的污渍。"[17] 这位教宗认为，整个世界都被邪恶所侵袭了。1215 年，第四次拉特兰公会议（Lateran Council）做出了决定，所有的成年天主教徒都必须进行忏悔。这样一来，教会才可以更有效地监管信徒们的灵魂。教宗裁定，女性在宗教生活中所起的作用必须被严加削弱。她们被永久禁止倾听忏悔和布道，甚至在礼拜仪式期间诵唱诗歌的行为也受到了限制。在日常生活中，女性也要被严格限制在圣托马斯·阿奎那所谓的"男人的贤内助"这种角色里。阿奎那主张，男人应该使用"女人这个必要的客体对象，因为我们需要她们来延续整个人类物种，还要让她们照料我们的日常起居饮食"。专制主义教会使用的终极威慑手段就是残暴地使用武力。直到 20 世纪出现极权主义国家之前，还没有哪个机构可以像专制主义教会那般行使此等权力。然而，使用残暴武力的表象下，隐藏的却是极度的不安全感。清洁派并不是教会当时面临的唯一威胁。教会曾规定，犹太人必须穿戴一种特别的服装——佩戴一

枚黄色的徽章、头戴一顶尖角帽，以此来向世人标明，犹太人是杀害基督的凶手。在这段时期里，普遍盛行的宗教式狂热屡次爆发，暴徒们在一次次邪恶的种族迫害中袭击了犹太人社群。根据希尔的记载，"不管是动物还是人类，每一次的流产，每一次对孩子的致命事件，每一次的饥荒和传染病，都被认为是作恶者所为。在作恶者被消灭殆尽之后，犹太人就成了明显的罪魁祸首；在这之后，首当其冲的便是女人和女巫"。

猎捕女巫的狂热一直从14世纪末持续到17世纪末期，它导致了根本无法计数的万千女性的死亡。但它至今仍能让我们震撼不已，这主要是因为，猎巫运动是人类迫害史上唯一为我们所知的生而为女即是罪的例子。在猎巫运动期间，只要是女性，就会成为参与大量阴谋的主要嫌疑犯，而身为女人也是遭到囚禁、经历酷刑和惨遭处决的因由。这是厌女症历史上最为致命的恶性事件，但同时，在许多个世纪以后，它也仍然是最令人困惑不安和费解不已的一大事件。

纵观人类迄今为止的大部分历史，无论男女，人们都曾相信世界上存在女巫，并且认为女巫能够施展巫术和魔法，用于一些或善意或邪恶的目的。时不时地，女巫也会受到惩罚。[18]但是，早期的教会深信，道成肉身已经彻底击败了魔鬼撒旦，人们也不会认为撒旦能对女巫或其他任何人施加强大的影响。在基督教兴起的第一个千年或更长的一段时间里，相信有女巫存在一般会被人视为无知者的迷信，而且，教会强烈反对这种信仰女巫的行为。当女巫被处死时，她们通常也是死在极端憎恶或害怕女巫的农民的手中。教会的官方立场仍然是，相信世间存在巫术魔法，一些女性——也有一些男性——会使用巫术魔法，特别是使用它来导致男人阳痿和女人流产等等。但是，教会谴责信仰女巫的行为，并且会判处有此种信仰的人有罪，也即，有以下信仰观念的人都会被定罪：相信女巫在夜间可以在空中飞行，相信女巫可以将对某人的爱意转化为仇恨，并能够将她们自己或是其他人变为动物，以及，相信女巫会与恶魔发生性关系。[19]

到了13世纪后期，此种社会心态发生了一些变化。一种更为黑暗且更为悲观的态度出现了，取代了之前那种对待女巫还算合理的谨慎态度。神学家们又开始重新思量起魔鬼撒旦、他的恶魔附庸及其人类奴仆的地位了。为什么会有这样的变化呢？

因为此时的异端邪说已经动摇了曾经地基稳固的天主教大厦。紧随其后而来的是黑死病（1347—1350）的大流行——这是有史以来欧洲遭受的最惨痛的灾难之一。据估计，黑死病导致了约2000万人死亡。黑死病之后的世界，是一个充满了更多恐惧和不安的世界。"在黑暗的中世纪行将结束之际，一种沉闷而沮丧的阴郁情绪重重地压在了人们的灵魂之上。"[20]

中世纪晚期的这种悲观阴郁的情绪，夹杂着人们的怀疑和恐惧，一起以一种更为强劲的方式表达了出来，它将会对女性的命运产生直接的影响：人们对恶魔的兴趣激增，想要证明恶魔是真实存在的，因而，人们也相信魔鬼撒旦和他的恶魔附庸遍布在世界各处。正如历史学家沃尔特·斯蒂芬斯所总结的，"不能证明魔鬼的存在，也就无法证明上帝的存在"[21]。

要想证明恶魔真实存在，最有说服力的一则证据将是：他们有能力与凡人产生互动乃至发生性关系。没有哪种互动形式会比性行为更加强大和更具有肉身性的了。但是，要发生性关系，恶魔就需要有可以供其附体的肉身。为此，许多博学多识的教士僧侣，在徒有四壁的暗室中挑灯苦读，埋头钻研着古老晦涩的经文卷宗，即便在午夜梦回时分，他们也还在沉思着有关魔鬼肉身性的问题。在这一方面最为著名的权威要数圣奥古斯丁和圣托马斯·阿奎那,他们的话常被支持魔鬼存在的人所援引,以证明魔鬼可以化身为人。奥古斯丁曾认为,异教徒信奉的众神都是魔鬼,因为他们喜欢强奸女性并使之受孕,这说明他们可以与人类进行互动。圣托马斯·阿奎那则认为,魔鬼是一种至高的、超自然的无性别存在,他们可以跨越性别界限。他们可以化身为魅魔*——以女人的样子出现——然后从男人身上榨取精液。[22]接着,他们会再将自己幻化变形为魑魔†——男性恶魔——并致使女性受孕。也有持怀疑论者认为,魔鬼只是人们的一种幻觉。

对现代读者来说,关于魔鬼有没有身体,以及魔鬼能够用身体来做些什么或不能做些什么的这一整个辩论,似乎听上去都与人们对女性地位的担忧毫无关联。但是,事实上,成千上万女性的生命将取决于这次辩论的结果。抽象的论点常常也会产生具体而实际的影响,有时甚至会带来极为可怖的后果。

到了14世纪时,关于恶魔真实存在的论点已经赢得了教会最高层的大力支持和认可。教宗若望二十二世(任期1316—1334)就沉迷于研究巫术魔法和异端邪说,坚信恶魔存在。正是在他漫长的统治期间,女性在历史上第一次被人指控与魔鬼发生了性关系。1324年,来自爱尔兰基尔肯尼的爱丽丝·吉蒂勒夫人,便遭到了这种可疑的罪名指控。教宗已任命理查德·莱德雷德出任爱尔兰东南部奥索里地区的主教,此人也和教宗一样对魔鬼的存在深信不疑。[23]在引起主教莱德雷德的注意时,吉蒂勒夫

---

* succubi,也称梦淫女妖,欧洲传说中以女性形象出现并与熟睡的男人交合的恶魔,单数为 succubus,来源于晚期拉丁语 succuba(妓女)。

† incubi,也称梦淫男妖,欧洲传说中以男性形象出现并与熟睡的妇人交合的恶魔,单数形式为 incubus,来源于拉丁语 incubō(噩梦)。

人正与她的第四任丈夫生活在一起。莱德雷德主教热切地听取了吉蒂勒夫人的孩子们对她发起的指控,这些孩子都是吉蒂勒夫人与她三个死去的前夫所生,他们控告母亲使用巫术杀掉了他们各自的父亲。与此同时,吉蒂勒夫人还被人指控掌管着一个背弃了基督教的教派,以及,她还被指控使用了死于襁褓中未受洗的婴儿的衣服来调制邪恶的药水和毒液,用以伤害善良的天主教徒。最令人震惊不已的,可能是她的女仆彼得罗妮拉在严刑拷打下的招供。彼得罗妮拉告诉主教说,她自己充当着魔鬼和女主人之间的联络人。所以,我们还知道了当魔鬼第一次作为情人在历史上现身时,是以三个高大英俊的黑人男性的肉身形式出现的。彼得罗妮拉说,她亲眼看到(显然,她做证说她能经常看到)她的主人爱丽丝夫人和他们做爱,有时还是在光天化日之下做爱。"在发生这种卑鄙可耻的交合行为之后,(彼得罗妮拉)会亲自用自己床上的床单把这个叫人无比恶心的地方擦拭干净。"[24]

吉蒂勒夫人还被人指控为反基督教教派的领袖,这样一来,操纵巫术、与魔鬼交合以及异端邪说这三重大罪都集于吉蒂勒夫人一身了。这时的女巫已不再被视为在村落小屋中调制魔法药水的孤独女人,而是变成了巨大阴谋活动的参与者。

吉蒂勒夫人设法逃到了英国,因而得以避免遭受被指控后的惩罚。但是女仆彼得罗妮拉就没这么幸运了,她还是被活活烧死了。爱尔兰历史上因被指控行巫术而被活活烧死的人共有两位,她是其中之一,也是唯一的女人。[25]

在接下来的 15 世纪中,对行巫术和与魔鬼交合等行为的指控开始变得越来越频繁。这是 1428 年法国南部罗讷河谷爆发的第一次大规模猎巫运动的特点,大约有 100 到 200 名女巫被活活烧死。[26] 在这次猎巫运动发生之后不到 60 年,厌女症历史上的一部里程碑式的著作横空出世，它意在阐明为什么越来越多的女性会公然弃教并投身到魔鬼撒旦和他的附庸恶魔的麾下。说它具有里程碑式的意义，并不是指这本《女巫之锤》(*Malleus Maleficarum*，1487)就厌女症又发表了什么高明新论——它根本就没有什么原创论点，只不过是重复了《圣经》和古典时代作家们的著作中所有对女性的谩骂而已。但是，《女巫之锤》是史上第一次将所谓的女性天性中的弱点，与她们堕入魔鬼的怀抱并因此成为女巫的倾向明确地联系了起来。这本书的影响还因为一项新发明——印刷机的出现而被极大地增强了。这里的讽刺之处在于，一方面，印刷机的发明将会彻底改变人们获取信息的方式，另一方面，这项新发明竟然在传播迄今为止人类社会中最为致命恶毒的无知、恐惧和偏见上发挥过如此关键的作用。

《女巫之锤》是詹姆斯·司布伦格和亨利·克拉马这两位多明我派裁判官*合著的一本书（尽管人们认为主要是由克拉马撰写的）。司布伦格曾在德国担任过一段时间的宗教法庭裁判官。在司布伦格还没有忙着以烧死女人为业之前，真正让他声名鹊起的是他在1475年建立了玫瑰经善会（Confraternity of the Holy Rosary），这是一个虔诚信奉圣母马利亚的团体，直到今天，优秀的天主教学童仍会被送到这一团体中参加活动。基督教的厌女症的可怕两极，完美地体现在了司布伦格所做的两件事上。一方面，他虔诚敬奉圣母马利亚；另一方面，他残酷地折磨那些被指控与魔鬼交媾的无辜女性，并大批量地将她们活活烧死。我们再也找不出比这更极端、更强有力的厌女症的体现了。

---

* Inquisitor，指中世纪罗马天主教会的宗教法庭中由多明我会会士担任的裁判官，后文中的裁判官皆是指这本书的两位合著者。

关于这本书的另一位作者克拉马,其生平鲜为人知。只听说他之所以对恶魔研究有着特别的兴趣,主要归功于他之前的一次经历:1460年,他在罗马与一位神父偶然相遇,当时,这位神父被魔鬼附了身。[27]这使克拉马确信能找到恶魔存在的实际物证,这样一来,他便可以确定无疑地证明,恶魔是真实存在的。

在克拉马和司布伦格力证女性正与魔鬼撒旦交媾的这项运动中,还有一个势力强大的同谋者。此人就是教宗英诺森八世(任期1484—1492)。英诺森八世的名声远没有其名字所指涉的那般"纯洁无邪"(innocent)。英诺森八世原名为乔瓦尼·巴蒂斯塔·西博,当代的编年史家们常将他形容为一个"放荡淫逸"之徒,因为他有好多个私生子。在英诺森八世生命的最后几周里,他除了女人的乳汁以外,消化不了任何食物,这无疑是对这个男人命数的一种天大讽刺。事实上,正是这个叫英诺森的男人将数以千计无辜的女人投进了地狱般的烈焰火海之中。克拉马和司布伦格给这位教宗讲述了很多关于女人的故事,例如,女人与恶魔交媾,吃掉孩子,让男人阳痿,叫女人流产,还杀死牛畜。最终,他们说服了英诺森八世,使他相信巫术已经对文明和教会构成了严重威胁。

1484年,英诺森八世颁布了一份教宗诏书,为女巫与恶魔交媾这一主张提供了一种基于教义的强大威力。它如此宣称:

> 直到最近,我们才对这件事有所耳闻,它不能不叫我们感到痛心疾首。据说,在德国北部的某些地区,以及在美因茨、科隆、特里尔、萨尔茨堡和不来梅等省份、乡镇、领地、地区或教区,许许多多的人——男女皆有——罔顾他们自己灵魂的救赎,背离了天主教的信仰,将自己交付给了各路魔鬼、

魑魔以及魅魔。在这些恶魔的咒语、魔法、经文，以及其他邪恶符咒和巫术的帮助之下，他们犯下了滔天的罪恶，施加了骇人听闻的暴行。他们杀害了尚在母腹中安睡的胎儿，也屠戮了牛畜的无辜幼崽；他们毁坏了大地上生长出来的农作物，也糟蹋了葡萄藤上结出的葡萄……还远不止于此，这些女巫和恶棍还进一步折磨并施害于我们的男男女女……他们使男人阳痿，让他们无法正常勃起，导致我们的女人不能受孕，于是，丈夫不能与他们的妻子过亲密的性生活，妻子也不能在性事中接纳她们的丈夫……此外，在人类公敌魔鬼撒旦的怂恿和教唆下，他们丝毫不顾及自己的灵魂正在遭受着的致命危险，却仍然肆无忌惮地作恶，并犯下一系列最卑鄙的恶行和最肮脏的秽行……

鉴于此，我们……颁布此令，并授命上述提及的宗教法庭裁判官（克拉马和司布伦格）可以有权以各种方式对任何涉事人员进行公正合理的行为纠正，施以监禁或严加惩处等。任何人，不得有任何阻挠或妨碍……[28]

这等于是一份开战宣言，而《女巫之锤》成了对它的一种辩护。女性将沦为这份教宗诏书最主要的受害者。在接下来的几个世纪中，在猎巫运动中惨遭处决的人群里，80%都是女性。

对于为什么几乎所有的巫师都是女性，两位裁判官给出了一个简单的解释："所有的巫术都来自肉体的性欲，这在女人身上是永远无法餍足的。"他们在书中这样写道，还引用了谚语："古谚有言，世上有三样东西是永远都贪得无厌的，是的，其实还有第四样东西，它也从不说'足够了'，那就是子宫之口……因此，为了填满她们的性欲，女人甚至不惜与魔鬼厮混及交媾。"克拉马和司布伦格还指出了使得女性容易受到魔鬼诱惑的其他本性上的缺陷，这当然会包括虚荣心，还有诸如优柔寡断、喋喋不休和轻信盲从等。但在这两位裁判官的心目中，导致巫术的主要原因还是女性更为强烈的肉欲。这一强烈肉欲被认定为女性特有的缺陷，这也不是什么新鲜论点了。但既然如此，人们不禁会问，那为什么在1400年之前，几乎没有关于女性与魔鬼交媾的传闻记录呢？要知道，在那时教会就已经将与魔鬼交媾定为死罪。对此，《女巫之锤》一书没有给出任何的解释，只稍稍顺带提及了一句，它只说，在过去那些美好的时光中，"魑魅经常也会违背女性的意愿而大肆滋扰着她们"。但是，现代女巫不同，她们"心甘情愿地接纳这种最肮脏、最悲惨的奴役"。这一主张声称，女人和女巫都不再是她们过去的老样子了。这其实是另一种古老哀歌的怪诞版本。从老加图到最近的电视福音布道者，每一个厌女者都对现代女性的道德衰退发出过类似的哀叹悲歌。要不是这种哀叹造成的后果如此骇人听闻的话，它本应该是滑稽可笑的。

然而，《女巫之锤》里的内容可没有什么滑稽可笑的元素；它全然是以一种冷酷无情的狂热所激发的极度严肃的态度写就的，正是这种一本正经的叙述让希特勒的《我的奋斗》(*Mein Kampf*) 如此不堪卒读。没有什么事情能让《女巫之锤》的这两位作者露出哪怕一丝丝微笑，即使在书中讲述关于男人丢失的阳物的故事时，也是如此。

据历史学家沃尔特·斯蒂芬斯的评论："《女巫之锤》中还有其他一些例子表明，克拉马在使用一些笑话时，就好像把它们当成法庭上呈堂证供的庭审报告。这本书总是给人一种精神错乱般荒唐透顶的印象，而这种印象还会被克拉马的坚定信念所进一步增强和加深——他情愿一意孤行地相信几乎所有能证明巫术和魔鬼真实存在的事物,并将它们都看作证据。"[29]

当女巫与魑魔交媾时,其他人是否看得见魑魔呢?关于这一问题有着多种多样的猜测。宗教法庭的裁判官们也很想知道,对女人来说,与魔鬼交媾是否会比与她们丈夫交合更加愉快和享受。在《女巫之锤》中,有一些证据表明,与魔鬼发生性关系时的感受,和与男人发生性关系时不相上下,甚至更好。然而,随着时间推移,这种情况也发生了很大的变化。从16世纪开始,有一些女巫陆续在其忏悔中说,尽管魔鬼的"那话儿"要更大,但与恶魔发生的性关系还是变得不那么令人愉快和享受了,有时,它甚至是令人苦不堪言的。[30]

两位裁判官所做的那些关于与恶魔发生性关系的猜测,几乎都是针对女人和她们的魑魔而言的。而与此相对,关于男人与魅魔交合的猜测,则几乎没有。克拉马和司布伦格似乎并不想知道,男人在与魅魔交合时会不会有性享乐。他们争辩道,那是因为男人不太可能会对恶魔产生性欲。他们还庄严地宣称:"感谢至高无上、万能的主的保佑,一直以来,让我们男性免于犯下如此深重的罪孽。"

当涉及人类性欲,尤其是女性的性欲时,《女巫之锤》中的词汇就透露出了一种冷酷不仁的憎恶感。这种口吻使作者与他们的写作主题始终保持着距离,就好像这些指控女巫的人,与那些被他们指控犯下如此"恶魔般肮脏"罪行的人不属于同一个人类物种似的。更令人反感的是,这两位裁判官在针对这种"对无上威严的上帝所犯下的叛逆罪"采取补救措施时,表现出一种令人不寒而栗的冷漠。这也许堪比纳粹官员在计算集中营中每日死亡率时的冷漠与麻木。

被控告为女巫的人究竟是被谁指控而落入宗教法庭的,其实是未知的，这确实类似于 20 世纪极权主义国家所创立的恐怖机构。宗教法庭的职责就是找出并惩罚传布异端邪说之人。被指控的人并不知道谁是指控他／她的人。被指控的人想要有为自己代理的律师，实际上也是不可能的。要是有任何律师不理智到为被控者辩护，就会被警告说，他们也有可能被斥为异端，从而遭到惩罚。特里尔是受猎巫运动影响最严重的地区之一，特里尔的主教彼得·宾斯费尔德就曾这样警告："那些试图去保护女巫的人，反而是她们最为残忍的敌人，因为如果这样做的话，只会让她们遭受永恒烈焰的炙烤，而不是经历火刑柱上短暂的受苦。"[31]

被指控者在受审之前就会遭到监禁，而在等待最终判决的过程中——这通常会是相当长的一段时间——他们只能吃一点面包、喝一点水。刑讯逼供手段也会被用来使人招供认罪，并且，被指控者没有对判决进行上诉的机会。因为宗教法庭的裁判官就是检察官、法官和陪审团。从技术操作上来讲，教会实际上并没有执行死刑，因为教会的教规禁止夺走人的性命——它只是"放宽"了对被指控者的保护（如果他／她被定罪了的话）。被指控的受害者将会被直接移交给执行惩罚的世俗管理机构。当然，世俗管理机构肯定也会同意裁判官的调查结果。[32] 亨利·克拉马和詹姆斯·司布伦格在提及这些被指控者时，用了一个令人毛骨悚然的短语，总结了教会在其中所扮演的角色——"那些由于我们而最终被烧死的人"[33]。

裁判官还这样建议，通过"继续推迟审判日"，可以使被指控者始终处于一种未知的状态之中。如果这样还不能叫她认罪的话，那就"让她先被带到监狱的牢房，在那里，她将会被一些品德良好的诚实妇人给扒光衣裳"，这样做主要是防止她随身藏了一些诸如"用未受洗死婴的四肢"制成的巫术工具。此外，剃掉

139

或烧掉她身上所有的毛发也是个好主意，只有在德国除外，因为在那里，剃掉毛发，"特别是秘密部位的毛发……一般被人认为是不雅的……因而，我们德国的裁判官就不推荐采取此种方法……"。然而，在其他国家，人们可就不会如此审慎了，"裁判官会下令将女巫全身的毛发剃光"。据《女巫之锤》的记录，在意大利北部，"……科莫*的裁判官告诉我们，去年，也就是1485年，他下令先将41名女巫全身的毛发剃光，再把她们活活烧死"。克拉马和司布伦格特别强调这个细节，并且以此为乐，这其实暴露了他们潜在的性虐待狂倾向。

要是监狱里的肮脏污秽和扒衣剃毛等羞辱行为——更不用说在等待即将到来的酷刑之时，那逐渐加剧的恐惧——还没有使她们服软认罪的话，那么，审判法官就应"命令狱卒用绳子把她们捆绑起来，再带到刑具上——施加酷刑折磨；而狱卒要立即执行命令，但不能表现得很愉快，而是应看起来对自己的职责感到不安"。通常而言，法官会采取的第一个酷刑是吊刑 †。在执行这种刑罚前，会把她的双手绑在背后。接着，再用绳索将她绑到一个滑轮上，然后，猛地一把将她吊到半空中，这时，她就会在半空中上下颠簸摇晃。接下来便重复此举，直到她肩膀脱臼、筋腱撕裂为止。"当她被吊离地面时，"这两位裁判官带着公职人员特有的麻木和冷漠如此写道，"如果她受到了这种折磨，就让法官向她宣读或安排他人宣读各类证词，并告诉她证人的姓名，接着向她指出：'看吧！你被定罪了，这些证人都在说你有罪。'"

如果她受过吊刑却仍然死不认罪，这时，就可以使用其他酷

---

* Como，意大利北部阿尔卑斯山南麓城市，因坐落于科莫湖畔而得名，有"丝绸城"之称。

† strappado，一种将犯人捆缚后用吊环吊起，再使其迅速坠下的刑罚。

刑。可以用蜡烛或热油来炙烤她。可以将烧热的一团沥青滴浇在她的外阴上。或者是将好几加仑*的水从她的喉咙里灌进去，直到她肚皮肿胀，然后再让狱卒用棍子猛击她的腹部。也可以迫使她坐女巫之椅——一种带有夹子和尖刺的座椅，有点像狭窄的囚笼。还可以使用拇指夹（一种刑具）和其他用于碾压腿脚的刑罚装置。一些被指控为女巫的受害者在肮脏不堪的监牢环境中被关押了太长的时间，以至于还没有等到审判之日，就已经死于坏疽，暴毙狱中了。[34]然而，裁判官也并非完全没有同情心。他们禁止狱卒折磨受指控的孕妇。因而，孕妇只在分娩之后才会遭到酷刑拷打。

若法官在审判过程中欺骗和撒谎，一般也是被允许的。一名法官可能会向某位遭指控的女性承诺，他会饶她一命，而接下来，一旦她坦白认罪，这名法官就会将她移交给另一名法官去进行判决。又或者，一位法官可能刚刚"走马上任，并承诺将会对遭到指控者宽大处理，但他内心的真实想法其实是，他只会对自己或国家宽厚仁慈；因为，考虑到国家安全，他所做的一切都将是宽厚仁慈的"。这就像在20世纪的极权主义国家一样，事情会根据最高政权的指示而在顷刻间反转。这不禁让我们想起了乔治·奥威尔在《1984》中所描绘的梦魇般的世界，它的主流宣传口号就是"战争即和平，自由即奴役，无知即力量"。也许，《女巫之锤》的作者在此可以加上这么一条："残酷即仁慈"。此外，就像在纳粹德国一样，子女和父母之间互相诋毁、告发也被视为是正当和可以接受的。彼得·宾斯费尔德就曾讲述过这样一个故事：一个18岁的男孩"出于孝道"而告发了自己的母

---

* 英美制容量单位，1加仑在美国约为3.785升，在英国约为4.546升。

亲。最后,这位母亲被宗教法庭判处火刑。于是,1588年11月的一天,这位母亲与她的另外三个孩子一道,被迫走上了通向死亡的火刑柱。[35]

一旦被指控的女性被定罪,教会就将下令"放宽对她的保护,将其移交给世俗机构",也就是说,将她移交给民间机构去进行惩罚,这往往意味着受苦至死。世俗机构几乎不可能违背教会的意志。法国的一位魔鬼学家(demonologist)这样警告说:"如果法官没有处死一个被定罪的女巫,那他自己就会被处死。"[36] 在走向火刑柱的路上,被指控为女巫的女性还经常被迫戴上一种特制的女巫笼头。这是一种带尖刺的铁制塞口物,形似马嚼子的部分会被塞进她的嘴里,并且会被锁起来,这样一来,她就不能发出哭喊尖叫声,也不能抗议说自己是无辜的。

通过诸如此类的方法,在大约200年的时间里,不计其数的女性惨遭处决,其中大部分人被处以火刑,活活烧死。总体而言,因被指控为女巫而死的受害者人数多到根本无从计算——估计在六万到数百万不等。[37] 在不同的国家,死亡人数和被处死的方法也大有不同。猎巫运动在德国、瑞士、法国和苏格兰最为猖獗。然而,在这些国家中,惨遭处决的人数也会因所在地区的不同而有很大差别。在法国,猎巫运动往往集中在西南部地区,这里也是以前清洁派等异端邪说所盛行的地区。德国的情况也很雷同——几场主要的猎巫运动都是沿着宗教断层线爆发的,正是这些断层导致了宗教改革后的社会动荡和17世纪最初十年的一系列宗教战争。在德国的西南部地区,从1561年到1670年,有3229名女巫被烧死;在维森施泰格周边,仅在1662年,就有63名女性被烧死,也就是说,每周至少要烧死一名女性。[38] 在特里尔地区附近,1585年,也就是在天主教从新教手中夺回该地区的教权之后，有两个村庄除了每村各剩下一名女性之外，其余女性全都被活活烧死了。尼古拉·雷米是一名学者、拉丁诗人，也是《魔鬼崇拜》(*Daemonolatreia*)的作者，同时还是一名宗教法庭的裁判官，他在1616年去世之前烧死了2000到3000名女巫。在1628年至1631年之间，菲利普·阿道夫·冯·埃伦贝格烧死了900名女巫，其中还包括几名儿童。此时，同样是在德国，年仅三四岁的儿童也会被指控与魔鬼有染。那些因与父母一起参加女巫魔宴而被定罪的儿童，也将会被判处鞭笞刑。当他们的父母在火刑柱上惨遭烈火焚身时，这些儿童也会在父母的眼前遭到鞭打。[39]让·博丹*是1580年的一篇论文《巫师的魔鬼附身狂想》(*De la Démonomanie des sorciers*)的作者，他在文中这样写道："儿童若被指控行巫术，一旦被定罪，照样也不能幸免。但考虑到他们年幼无知，如果他们能主动悔罪的话，也可能会得到宽大处理——在被执行火刑之前先被勒死。"[40]凡是12岁以上的女孩和14岁以上的男孩，都将与成年人遭到同等处罚。

在英格兰，在200年的时间内，大约有1000名女巫遭到处决。这个数目要远远少于被这股猎巫狂热所笼罩的欧洲大部分地区。在英国，女巫被指控的原因一开始通常不是与魔鬼交媾，那些在欧洲大陆被允许的酷刑也是被禁止使用的。取而代之的是，被指控为女巫的人会一度被剥夺睡眠长达数日，直到她们认罪伏法为止。[41]英国女性开始被指控与魔鬼发生性关系的时间，恰逢清教徒马修·霍普金斯在英国内战期间（1642—1649）被任命为猎巫大将军之际。在此之前，人们的指控显然

---

* Jean Bodin（约1530—1596），也有译布丹，法国政治学家，曾任皇室律师、检察官、等级会议代表。代表作有《国家论六卷集》。

止步于女巫吮吸由恶魔幻化而成的蟾蜍和猫妖的乳头。而猎巫大将军霍普金斯在14个月之内就绞死了大约200名女性,在埃塞克斯郡的切姆斯福德,仅在一天时间里,他就绞死了19名女性。其中一名受害者就是科尔切斯特的丽贝卡·韦斯特,她被指控用巫术谋杀了一个孩子,她最后供认说自己嫁给了魔鬼。每绞死一个女巫,霍普金斯就会得到一笔奖励金。据说,他最后退休时变成了一个大富翁。

然而,在英格兰北部边境的苏格兰,欧洲大陆式的酷刑却极为普遍,对女巫与魔鬼交媾的指控,也像在法国、瑞士、意大利北部和德国一样常见。苏格兰女巫也多数被迫悔罪供认,说她们经常吃掉自己的孩子。在猎巫盛行的那段时间里,有4000人被活活烧死,考虑到苏格兰人口比较稀少,这个死亡人数已经达到了相当骇人的地步。

英国清教徒将他们对巫术的恐惧带去了美洲新大陆。他们同时带去的还有古老欧洲大陆上的厌女症,而这种厌女症才是猎巫运动的来源。但在北美殖民地,猎巫狂热从未像在欧洲那样猖獗,只有两次比较严重。第一次严重的爆发是从1662年到1663年,发生在康涅狄格州的哈特福德;第二次爆发于马萨诸塞州的塞勒姆,自1691年12月开始,持续了几个月,这次猎巫运动也更为臭名昭著。在哈特福德,有13人被指控,其中4人被处以绞刑,而在塞勒姆,有200人被指控,19人被绞死。与欧洲一样,被指控的人中,五分之四都是女性;剩下五分之一的男性中,有一半人都是女巫的丈夫或儿子。但这里的定罪率要远远低于欧洲猎巫运动中的定罪率。北美殖民地盛行着一套更为民主的司法制度,它允许被定罪的人向上级法院申诉;另外,相比欧洲,北美猎巫运动爆发后持续的时间也要短得多。大多数被指控为女巫的案件都与被魔鬼附身有关。例如，在1651年，有一个女人被指控与魔鬼上床，但她供认说，只有当魔鬼以她丢失的孩子的样貌出现时，她才会这样做。在官方层面上，对是否存在女巫的怀疑态度也迅速盛行开来。在塞勒姆审判后的一代人中就曾发生过这样一个案例：一对夫妻指控一个叫萨拉·斯潘塞的女性使用巫术，而审判的结果反而是，这对夫妻被送去看心理医生，以确定他们是不是精神错乱。[42]

毫无疑问，北美殖民地的猎巫狂热及其对女巫的迫害持续时间如此之短的一个原因是，欧洲旧大陆的厌女症并没有被完全成功地复刻和移植到美洲新大陆。清教徒的传统带有早期基督徒的信仰，相信在上帝面前人人平等。因此，女性在北美殖民地享有更高的社会地位。在猎巫狂热过去两个世纪以后，据亚历西斯·德·托克维尔[*]到访美国时所观察到的，在美国，"虽然人们继续让女性在社会地位上处于较低的地位，但他们已经尽一切可能将女性的道德和智力水平提升到了与男性同样的高度；从这方面来说，就我看来，他们很好地理解了民主进步的真正原则与内涵"[43]（详见本书第六章）。这一伟大的民主实验根植于17世纪社会及宗教上的进步主义倾向，它有助于保护女性免于受到猎巫狂热最极端的迫害。

最后一位因被指控为女巫而被依法处决的女性，于1787年在瑞士遭到火刑处死。1793年，还有一名波兰女性也被烧死了，不过这次是非法的。到这时，猎巫狂热已经几近告终、不再盛行了。来自魔鬼撒旦和他的女信徒大军的威胁也已经基本消失殆尽

---

* Alexis de Tocqueville（1805—1859），法国历史学家、政治学家，法兰西科学院院士。代表作有《论美国的民主》和《旧制度与大革命》。

了。现在，当我们阅读克拉马和司布伦格的书，或是其他魔鬼学家和宗教法庭裁判官的著作时，我们会带着深切的怀疑，也会混杂着难以言喻的深深恐惧与厌恶。

然而，有个问题依然存在，且亟待我们去解答：女性为何会在一个社会中被妖魔化了近300年呢？而且，在这个社会中，人类文明教养和艺术创造正在进入有史以来最辉煌、最富有成果的时期，欧洲的科学、哲学和社会革命即将在不久之后彻底改变人们看待自身和看待世界的方式。或者，我们还可以换一种形式来提这个问题：为什么厌女症这一基督教思想中一贯就有的基本要素，会在这段本来应与人类的伟大进步直接相关的一个时期，表现出它最为致命恶毒的迫害形式呢？

历史学家沃尔特·斯蒂芬斯认为，作为猎巫狂热根源的这种怀疑和不确定性，不是来自厌女症。在这段历史中，知识、社会和道德上的深刻变化正在撼动着整个社会，也挑战了人们的传统信仰，于是，人们试图诉诸各种方法去捍卫他们对古老的神圣秩序的传统信仰。在斯蒂芬斯对《女巫之锤》做的详细分析中，他认为，人们对与魔鬼交媾的女性的特别关注，主要是为了寻找魔鬼存在的证据，从女性所声称的与魔鬼有染的经历中能获得的细节越多越好。以我们现代读者的感受来看，身为宗教法庭裁判官的这两位作者在书中所表现出来的对女性性行为的痴迷，非常类似于情色幻想。而他们的这种痴迷，其实是急切希望找到魔鬼存在的证据，以便消除不确定性。"女巫自身的话就成了专家证词，使所有这类事情都变得极为可信。"《女巫之锤》一书曾如此断言。也就是说，裁判官是想通过折磨女性来找到魔鬼确实存在的证据。他们试图将形而上学的观念转变为现实的物理存在。于是，猎巫运动就成了一个令人惊骇的实验，其目的是想让无法被肉眼观察到的一些实体存在，变成真实可感的现实存在。若能确认魔鬼的存在，也就能确认整个精神世界是真实存在的，并非只是人们头脑中的幻想。斯蒂芬斯也认同猎巫运动兴起的部分原因确实是厌女症，而且基督教长期以来对女性的轻蔑和仇视也导致了更多女性——而不是更多男性——被逮捕和遭受折磨。但是，想要找到魔鬼存在的证据才是那些年恐怖的猎巫运动的主要原因。

即使我们接受厌女症是猎巫运动的次要原因这一论点，也无助于减轻它所呈现给世人的那种画面的骇人程度。这一论点仅仅是说明，成千上万的女性被烈火吞噬生命，在绳索的尽头变成了吊死鬼，而这一切都只是为了减少男性的疑虑。烈火重申了承自柏拉图的基督教二元论，认为日常世界是可鄙的，精神世界才是真正的现实。对女性来说，没有什么比二元论所导致的后果更为可怖骇人的了。

猎巫运动之所以成为现实，至少有三种现实状况在共同运作，它们分别为猎巫运动提供了必需的情感语境、道德语境和社会语境。首先，人们迎来的 14 世纪，就像公元前 5 世纪的希腊和公元 3 世纪的罗马帝国一样，经历了一段可怕的灾难时期。瘟疫肆虐、战争不断，共同威胁着社会的稳定。恐惧和怀疑使得人们看待这个世界的眼光也变得更加晦暗和阴险。其次，或真实或想象出来的异端和异教徒，也威胁到了一个曾经看似无所不能的强大机构——教会，它曾声称自己体现了绝对的真理。最后，基督教社会中根深蒂固的厌女症为这一猎巫运动提供了所需的、待宰的替罪羊——女性。正如几个世纪以来，基督教的反犹主义为纳粹大屠杀提供了意识形态基础一样，长期以来轻蔑女性和将其贬斥为非人的厌女传统，也使猎巫运动最终成为可能。

14世纪的危机成功翻篇了，但天主教所面临的危机还远远没有过去。随着宗教改革运动的兴起，天主教会那历经了千余年的宏伟大厦彻底崩裂了。新出现的是新教教会，虽然新教徒与他们所谴责的天主教徒一样，都十分热衷于猎巫运动，但是这时候还有一个更大的危机正在酝酿着，有朝一日，它势必会威胁到整个基督教世界的世界观。这样的第一次战栗发生在1543年，这一年，尼古拉·哥白尼的《天体运行论》(*On the Revolutions of the Heavenly Spheres*)问世。哥白尼是一位安静而谨慎的神父，他知道自己所写下的内容的重要分量，所以他要确保这本书只能在他死后发表，这样一来，他才能安全地躲过宗教法庭的审判魔爪。哥白尼在书中指出，是地球在围绕着太阳运动。地球是宇宙的中心，这一直是基督教认识论中的知识根基，而现在，这一根基之下的大地却运动了起来。人们已不再处于那个上帝以及亚里士多德所谓的固定不变的宇宙中心了。这无疑让当时的人们产生了一种心神不宁的疑虑感，而基督教将永远无法从中恢复如初。

进入现代时期，巫术仍然保有它的魅力。如今，许多关于女巫、巫师和巫术的电影和书籍的畅销程度就能说明这一点，例如，最近流行的《哈利·波特》系列小说就表明，巫术至今仍然具有极大的魅力。但令人惊讶的不是巫术在现代社会竟然会保持它（从某种程度上而言）持久的吸引力，而是厌女症竟然也依旧顽固地存在于我们的现代社会。这一点，在蒙塔古·萨默斯牧师身上可见一斑。他是《女巫之锤》的唯一英文译者，他似乎赞同并乐于接受司布伦格和克拉马所表现出来的厌女思想。尽管女权主义者和一些学者经常会引用他翻译的英文版《女巫之锤》，但他们通常都没有注意到萨默斯给这本书所写的导言。在这篇导言中，萨默斯牧师完全认同司布伦格和克拉马所做的工作，他甚至希望他们仍然健在，能够来处理一下当前社会的问题。萨默斯注意到了《女巫之锤》的"很多段落中都有厌女倾向"，但他自己在导言中写下的却是：这些段落"对我们这个女权主义时代来说，是多么有益身心健康，它是我们当今社会所需要的解药。现在，当男女两性都感到身份困顿时，似乎很多女性的主要目标就是去模仿男性……"。萨默斯竟然对妖魔化女性和大规模谋杀女性的行为表现出了如此反常的宽恕态度！要知道，萨默斯的这份导言写于1928年，也就是在美国和英国的女性获得选举权的九或十年之后[*]。

近年来，一些政府和其他机构组织所犯下的许多罪行——其中也包括针对女性的罪行——已经得到了公开承认。在一些案例中，那些对这些罪行负有责任的机构组织已向受害者的后代道了歉。例如，在1431年，一位名叫贞德[†]的19岁法国农家女孩说她听到了上帝的声音，上帝指示她带领法国的军队去抗击英国，她便这样去做了，并且也取得了显著的成功，但她最后还是被定罪，并被当作异端给活活烧死了。因为在俘虏了她的英国人看来，她听到的那个声音根本就不是上帝的声音，而是魔鬼撒旦的声音。她还被判为"巫女"（enchantress），也就是"女巫"。圣女贞德是历史上唯一一位被教会恢复了名誉，并且被追封为

---

[*] 实际应分别为八年和十年之后。美国女性获得选举权的时间为1920年8月26日。英国女性获得选举权的时间为1918年2月6日，但那时的规定是，年满30周岁以上且有一定资产的女性才有选举权，要到1928年英国的男女才享有同等的选举权，均须年满21周岁。

[†] Jeanne d'Arc（1412—1431），又译让娜·达克，绰号"奥尔良的少女"，生于法国农村，是英法百年战争中的传奇领袖。她带领法兰西王国军队对抗英格兰王国军队的入侵，最后被捕并被处以火刑，死后被教会追封为圣徒。

圣徒的女巫。[44]此后,教会还通过教宗为基督教的反犹主义向犹太人道了歉。就在几年以前,教会还向天文学家伽利略道了歉,因为他曾坚持维护哥白尼的观点而受到了教会的迫害。他们二位都认为太阳系的中心是太阳,而不是地球。

"人类历史的根基上,满荷着深重的罪孽。"[45]研究中世纪史的专家学者赫伊津哈*这样写道。现在,难道还不是时候让教宗承认猎巫运动造成的深重罪孽,承认他们曾对成千上万无辜的女性施加了可怕而错误的迫害,承认这些女性是无辜的受害者,并为她们的惨死而悔过道歉吗?唯有如此,教宗才能为其他教徒树立起典范。

---

*　Johan Huizinga(1872—1945),荷兰语言学家和历史学家。代表作有《中世纪的秋天》《游戏的人》等。

第五章

噢！美丽新世界*：文学、厌女症及现代性的兴起

纵使整个欧洲大地上仍然弥漫着猎巫狂热中熊熊烈火的滚滚烟尘，不可置疑的一点是，从16世纪到17世纪的这段时间，一个崭新的世界正处于分娩的阵痛之中，尽管这个世界的最初模样彼时还有点看不清。无论如何，可以肯定的是，它绝不会是一个消灭了厌女症的世界。事实上，厌女症这个术语本身，将会在1656年被人首次创造出来并加以使用。[1] 但我们可以肯定的一点是，这个崭新的世界是一个挑战了各种威权的世界，而厌女症正建立在这些威权所灌输的种种教条和教义上。

从1500年到1800年，爆发了一系列的知识、社会、经济和政治革命，这些革命不仅彻底改变了欧洲，而且最终改变了整个世界。权力从未像此时这样受到如此严格的审查。曾被视为神圣不可侵犯的东西也受到了诸多挑战。许多领域内旧有的确定性都已崩塌。而现代世界，从这片狼藉的废墟中诞生了。

---

* 原文"O Brave New World"，出自莎士比亚剧作《暴风雨》（1612）中米兰达的对白："人类有多么美！噢！美丽的新世界，有这样的人在里头！"赫胥黎的经典反乌托邦小说《美丽新世界》（1932）的书名也是典出于此。

但是，这既不是一个一蹴而就的过程，也不是一个连贯一致的过程。有时候，这个过程似乎与女性的地位没有任何的关联。1609年，当伽利略·伽利雷（1564—1642）沿着陡峭的石阶，爬上威尼斯圣马可广场上的钟楼，并将一种叫作望远镜的粗糙的光学仪器对准夜空时，他所观测到的东西又将会如何挑战这一文明对女性的看法呢？伽利略通过望远镜看到的，是一个正在移动着的宇宙，而不是那个以地球为中心的恒定不变的宇宙，正如2000多年来人们被教导的那样。伽利略的观察（他相信，这证实了哥白尼的太阳系日心说理论）严重挑战了教会、《圣经》和亚里士多德的一贯教导，这些都是中世纪世界观和女性观所依赖的权威支柱。如果伽利略的发现最终表明，包括《圣经》在内的古代权威竟然弄错了宇宙的本质，那么，这些权威在其他问题——比如，女性的本质和社会地位——上所持的观点，又会有多可靠呢？但事实很快会向我们证明，与改变世人传统的厌女偏见和厌女实践相比，让人们相信地球绕着太阳运转要容易得多。

截至1600年，英国在社会发展和智性提升方面属于欧洲比较进步的国家，但除了当地习俗所承认的一些权利之外，女性在法律上没有任何权利可言。在结婚之前，她一直生活在父亲的掌控之下，而结婚后，她又被置于丈夫的权威控制之下，丈夫会完全掌控她所有的个人财产。正如当时的法律条款所表述的那般："男人所拥有的都是他自己的，而妻子所拥有的都是她丈夫的。"[2]在16世纪，女性可以成为女王，就像伊丽莎白一世一样，也可以下达命令并激发人们对她的敬畏与尊重，但是到了17世纪初，她们的地位总体而言有所下降。同时代的柏拉图主义者争论着女性是否也有灵魂。[3]在一直能表明女性地位的着装层面上，女性受苦被视为理所当然。在17世纪后期的服饰风尚中，特别流行的就是用紧身胸衣捆缚住女性的身体。在对一名年仅20岁便去世的年轻女子进行尸检时，验尸官发现"她的肋骨已经长进了肝脏中，而且，她的其他内脏也因为常年穿紧身胸衣而被挤压变形，损伤严重。她的母亲曾命令要将她的紧身胸衣拉得紧绷挺直，以至于每当女仆给她穿上紧身胸衣时，她都会痛得眼里噙满泪水"[4]。年轻女性也要经常遭受灌肠清洗，以便"保持时下所流行的惨白肤色"[5]。谋杀妻子的男人会被绞死，但谋杀丈夫的女人会遭受与叛国者一样的可怕命运，被处以火刑。到了18世纪末，当时大多数受过教育的人都接受了日心说理论，然而，争取有利于女性的婚姻法改革的斗争仍处于起步阶段。婚姻仍然"悬置"着女性的合法存在，将其纳入到她们丈夫的合法存在之中，于是，只有"在其丈夫的羽翼的保护和遮蔽之下，女性才能享有一切权利"[6]。

然而，从宗教改革开始，随之而来的一系列宗教、社会和政治革命带来的变化，将会前所未有地挑战厌女症这一偏见。尽管女性在法律上依然是婚姻中受压迫的一方，但宗教改革使婚姻本身的地位产生了巨大的变化，这也影响了夫妻之间的关系。它使得女性的受教育问题成为人们新的关注焦点。

宗教改革者反抗天主教会的核心关切，就是拒斥神父等神职人员的独身制。在天主教会看来，婚姻的地位非常低下，而通过允许神职人员结婚，他们实质上提高了婚姻的地位。这就使得丈夫和妻子的地位比以往任何时候都要更加平等。

马丁·路德贴出的《九十五条论纲》*，直接导致1517年天主教内部发生了一次无可挽回的决裂，而女性在随后的宗教动荡中

---

* *Ninety-five Theses*，是马丁·路德为抗议罗马教廷销售赎罪券，于1517年10月31日张贴在德国维滕贝格诸圣堂大门上的辩论提纲，被认为是新教的宗教改革运动之始。

也发挥了重要的作用。然而，这次宗教震荡猛然让女性成为积极和公开的公共角色，她们中的一些人甚至被允许主导讲坛，这难免又会引起社会上的极大不安。随着新教信仰的稳固建立和宗教改革热情的减弱，那些改革派想给予女性平等的意愿也随之减弱了。1558年，苏格兰新教的创始人约翰·诺克斯出版了一本小册子，题为《反对可怕女性大军的第一声号角》(The First Blast of the Trumpet Against the Monstrous Regiment of Women)，它否认了女性在新信仰中扮演了更为突出的角色这一事实。可以这么说，父权制家庭得到了加强：现在，父亲不仅最了解如何掌控一个家庭，而且他甚至也比牧师——他在家庭中便扮演着牧师的角色——更了解如何去引领他的家庭进行日常性的祷告并主导家人进行《圣经》的诵读。正如伟大的英国清教徒诗人约翰·弥尔顿[*]所总结的那样，女性的从属地位再次得到了重申和加强："他只为上帝服务，而她通过他服务上帝。"

根据劳伦斯·斯通的观点：

> 16世纪和17世纪的理想女性是虚弱的、顺从的、慈爱的、有德的和谦逊的，就像17世纪30年代马萨诸塞州那位牧师的妻子一样，那位牧师曾公开称赞他妻子"性情无比温顺，尤其是在服侍我的时候"。[7]

但事情远没有那么简单！婚姻内部的关系已经朝着更重要的夫妻亲密关系在发展，在夫妻双方组成核心小家庭之前，他们

---

[*] John Milton（1608—1674），英国诗人、政论家。代表作有《失乐园》《复乐园》《力士参孙》等。

不会偏离这种关系。

这就好比，随着哥白尼引发的天文学革命，科学的落锤正对着《圣经》的权威给出了第一记重击，而宗教改革却宣布，《圣经》的权威对稳固信仰至关重要。然而，颇具讽刺意味的是，这种声明对女性其实也有好处，因为对《圣经》的依赖也就意味着，至关重要的一点是，要让所有的新教徒——无论是男性还是女性——能够阅读经书。因此，这便强调了女性受教育的重要性。早先时候，也有一些提倡女性接受教育的人。在15世纪时，诗人兼学者克里斯蒂娜·德·皮桑*曾这样写道："要是我们也送小女孩去上学，并教授给她们和小男孩一样的学科知识，让这变成惯例，那么她们会学得同样好，也会理解所有艺术和科学的精妙之处。"[8]

1552年，在英格兰出版的一份小册子就认为，女性缺乏能力不是缘于天性，而是由"女性在生活中的教养方式"造成的。[9] 社会上也曾有过支持女性接受教育的运动，其中的代表人物就是哲学家圣托马斯·莫尔。莫尔的著作《乌托邦》（*Utopia*）是自柏拉图的《理想国》以来对理想社会最具影响力的伟大构想。他这样写道："我看不出为什么学习知识这件事……不能在两性之间被平等地对待。"[10] 但在接下来的一个世纪中，这种男女接受同等教育的想法仍会遭到强烈的反对，通常还是在国家最高层面上遭到反对。例如，英国国王詹姆士一世†就曾驳斥过这个观念。

---

* Christine de Pisan（1364—约1430），出生于意大利威尼斯，中世纪法国宫廷作家，欧洲历史上第一位以写作谋生的女作家，也被认为是中世纪女权主义的先驱。代表作有《妇女城》等。

† James I（1566—1625），英国国王，在位时间为1603—1625年，也是苏格兰国王詹姆士六世，在位时间为1567—1625年。

"让女人变得博学和让狐狸变得驯服有着相同的效果：都只会让她们更加狡猾。"他这样说道，话语中流露出的是几个世纪以来的厌女偏见。但这里值得注意的是，他的这句话只是针对女性的性格，而不是对她们智力的轻视。[11]

詹姆士国王的意见曾一度十分流行。据估计，截至 1600 年，在伦敦——莎士比亚时代的伦敦，只有 10% 的女性能够阅读。而在接下来的 40 年间，这一比率将会攀升至 20%。[12] 在伦敦城外，这种情况还要更糟糕。到了 1754 年，英国只有三分之一的女性可以在婚姻登记处签上她们自己的名字，而同期男性的识字比例只略低于三分之二。[13] 那时候，英国的总人口约为 600 万。饶有讽刺意味的是，虽然詹姆士国王反对女性接受教育，但也正是在詹姆士国王的统治时期，《圣经》的第一个伟大英文译本*开始动工翻译，这促使英国的新教徒让他们的女儿去读书识字，以便亲自了解上帝的真言，而这样做也是对抗仍然强大的天主教会那套花言巧语的一种重要防御措施。

纽卡斯尔的公爵夫人玛格丽特写道："要是我们女性能在学校里接受教育，开发我们的大脑智力使其臻于成熟，那么，我们女性在本质上就会有和男性一样清晰的理解力。"[14] 但是，就算是像纽卡斯尔的公爵夫人这样属于上流社会且接受过良好教育的女性，她们也会因为能够阅读希腊语和拉丁语而在当时饱受人们无情的嘲弄和讥讽。于是，"穿衬裙的柏拉图"就成为人们对知识女性争相打趣取乐的一个刻板典型，因为这些女性竟然胆敢挑战男性对女性的智力所持有的一贯认识。不过，从另一方面而言，

---

* 在詹姆士国王的命令下翻译的《圣经》版本，俗称"钦定版《圣经》"（KJV）或"詹姆士王《圣经》"（KJB），于 1611 年出版问世，影响广大，自诞生至今一直是英语世界中极受推崇的《圣经》译本。

教育女性也有很多的好处，这一点也正在逐渐被社会所接受。

17世纪中叶以后，随着中产阶级的兴起，教育女性的另一个重要动机也开始发挥作用——将婚姻看作陪伴的观念得到持续发展，伴随这种观念而来的还有男性的期盼，他们也希望妻子能成为自己的合宜伴侣，可以与他们进行智性上的交流。到了1697年，当时最有影响力的作家之一丹尼尔·笛福（1660—1731）开始大力倡导女性接受教育。笛福支持女性受教育有着充分的理由——作为最早的一批小说家之一，他知道女性正在逐渐成为他读者群的重要组成部分。这些方面的发展也是更深层次的社会变革的具体体现，它们都将对女性的地位产生重大影响。

根据伯特兰·罗素的观点："现代世界，就其精神方面的观点而言，始于17世纪。"[15]体现了这种精神的社会主要是荷兰、英国和北美殖民地。这类革命性观念包括重视个体、强调平等和追求幸福。在现代早期出现了个人自治的概念，它涉及重新定义人、他们的政府和社会，以及每一方对彼此所应承担的责任之间的关系。[16]让个人，而不是上帝，成为事物秩序的核心，这是一次重大的转变，它将对女性的地位产生革命性的影响。

所有这些理念，都是英国哲学家约翰·洛克*思想的核心，他为自由主义哲学奠定了基础。洛克抨击了那种认为家庭结构必须反映父权制社会结构的观念。在父权制社会结构中，作为国家元首的国王，便成了作为一家之主的父亲统治其家庭的效仿典范。洛克提供的是一种有关家庭、国家以及个人与国家之间关系的更为流动的理论。与他的个人自治理念相连的是平等的思想和

---

* John Locke（1632—1704），英国著名哲学家、思想家，最有影响力的启蒙思想家之一，被誉为"自由主义"之父。

个人追求幸福的权利。洛克宣称,"人人生而平等",以及,"要去追求真正的幸福,这是所有自由的根基"。[17]

或许同样重要的是,洛克是一位经验主义者,他认为所有人在出生时都是一块白板,而环境,尤其是个人的成长和接受的教育,都会铭刻在我们称之为"人性"的东西上。这就是著名的白板假说(Blank Slate hypothesis),它没有将人类行为的成因定位在大脑中,而是主要将其锚定在外部世界中。最终,白板假说将会取代基督教中为我们所有人设定的那种原始存在状态——原罪说。对女性来说,这一点的影响是广泛而深远的。如果女人像男人一样,在出生时就是白板一块,那么,她的"劣等性"就并不是天性使然,也不是由它所预先决定的,而是她的成长环境和所受教育的一种产物。[18]

这便质疑了厌女症的一大基石。按照《圣经·旧约·创世记》中的界定,女性屈从于她们的丈夫,以及她们在分娩时所遭受的痛苦,都是对夏娃导致人类堕落的惩罚。在《政府论》(*Two Treatises of Government*)中,洛克采用了一种常识性的论证方法并这样宣称:"……现在,已没有任何法律规定,女性必须服从于这种情况,要是她的状况或她与丈夫签订的屈从合同还不能被免除的话,她就会在悲伤和痛苦中抚养她的孩子长大,按照传统,这也是对她所施惩罚和诅咒的一部分,除非我们可以找到某种补救措施来避免这一点……"因为洛克把良善等同于快乐,把邪恶等同于痛苦,所以他认为,如果痛苦可以避免的话,那便没有意义去承受痛苦了。此外,对于将女性的身体裹缚在紧身胸衣中这类流行时尚,洛克也是最早进行抗议的人之一。

不难想象,这对当时普遍流行的社会秩序构成了多严重的挑战。在此前的那种社会秩序中,女性的从属地位被视为上帝的神圣计划的一部分,也是宇宙的基本结构的模型。而现在,洛克认为,女性可以逃脱被视为属于她们的生物性命运。对一部分人来说,这一想法仍然是对他们所坚信的上帝或真主的宏伟计划的一种莫大侮辱,所以,这种想法在几个世纪以来一直遭到这些人的强烈反对。在19世纪,教会严厉反对使用氯仿等麻醉剂来缓解孕妇分娩时的痛苦(详见本书第六章);而在20世纪,保守派的天主教徒以及原教旨主义派的新教徒,有时也会使用暴力来反对女性避孕和堕胎。

自由主义的原则一经制定,它的影响几乎就无可避免了。英国的女性也不必等待洛克发展出新哲学,产生实质性的后果才开始行动。1642年,自罗马共和国晚期以来,女性第一次走上街头,进行政治抗议。大约有400人聚集在英国议会的门外,抗议她们遭遇的经济困难。在英国内战期间,一个较为激进的教派中的女性高诵道:

> 我们不愿只做妻子
> 将我们的生活捆缚
> 在邪恶的奴役之中[19]

在洛克去世后两年,经常被人视为英国第一位女权主义作家的玛丽·阿斯特尔(1668—1731)——《对女士们的一个严肃建议》(*A Serious Proposal to the Ladies*,1694—1697)和《对婚姻的一些反思》(*Some Reflections Upon Marriage*,1700)等书的作者——提出了这样一个人们无法回避的问题:"如果人人生而自由,那么,为什么所有的女性生来就都是奴隶呢?"

关于个人权利的自由主义观念被付诸实践,这已然使得北美殖民地的女性地位得到进一步提高。1647年，马萨诸塞州通过了一项禁止丈夫殴打妻子的法律。但是，自由主义的影响还远不止如此。自由主义帮助创造了一个全新的家庭观念，也即，家庭是建立在情感和权威之上的一个单元。洛克将家庭设想为这样一个权力共享的单元，"在其中，母亲也能与父亲分享权力"[20]。这反过来又彻底革新了关于夫妻之间性别角色的一些规范。这同样削弱了父母在控制子女嫁娶方面的权力。正如斯通所指出的那般："如果现在夫妻已被爱和情感的纽带联结在了一起，那么，为子女选择婚姻伴侣这种家长制作风，又怎么能维持下去呢？"[21]

丈夫和妻子之间既可以为了"愉悦彼此"，也可以为了生育后代而发生性行为，这一观念表明，教会和其他当局机构对性行为的控制已经有所松懈。基督教虽有厌女症的传统，但它也不得不容忍男女之间的性行为，因为遗憾的是，这是人类可以用来繁衍子孙后代的唯一方法。（从根本上来说，这也仍然是今日天主教会对待性的主要态度。）从圣保罗开始，基督教对性所采取的基本态度一向都是认为这是一种可耻的行为——如果男女还有享乐感，那就更加可耻了。然而，随着社会更加世俗化，性本身也世俗化了。当然，这一过程也绝非一蹴而就。性解放的几个发展阶段总是会遭到保守派几轮强烈的反攻。但是，在英国清教革命惨遭失败以后，人们对性采取的更自由主义的态度便愈加普遍了。当时，一些宗教狂热分子在奥利弗·克伦威尔统治时期强行关闭剧院、禁止斗鸡和关闭小酒馆等，人们对这些宗教狂热分子发起了强烈的道德反击。清教徒也许赢得了内战，但是，在反对性享乐的这场战争中，他们彻底地被挫败了。

将性与神圣计划区分开来，这将不可避免地导致人们越来越强调性事的消遣性，而不是它的生育功能。避孕套的发明使这件事变得更加容易了。避孕套最早出现在17世纪的伦敦和巴黎。虽然它最初被用来预防性病的传播，但很快就被人们当作一种避孕工具。在将性事活动转变为一种主要的，而非偶尔的享乐性追求上，避孕套无疑是重要的第一步。[22]女性由此得以有能力保护自己免受疾病的感染，并且也能避免发生意外怀孕，这直接挑战了隐藏在如此多的厌女症背后的生物决定论。无论是在17世纪还是在当今的世界，女性的这种自我保护能力都制造了一种焦虑，它常常会伪装成一种道德说教——这种保护实际上让女性更容易受到男性情欲的伤害。但是，这种说辞掩盖不了所有厌女者本质上的一种恐惧，也即，他们害怕女性能够掌控她们自己生育与否的命运，从而实现女性生育权的自主自治。

随着这种自主形式的可能性开始呈现在大众视野中，科学上的发现又终结了对另一种自主形式的幻想——有关自主男性的幻想，这一幻想在希腊创世神话和亚里士多德对女性生育的"科学"阐述中都可见一斑，后者认为，女性在生育中所扮演的是次要，甚至是可有可无的角色（详见本书第一章）。几千年以来，两者都将女性在生育中的角色贬低为一种育儿孵化袋，只是去滋养孕育已经"包纳了一切生命"的精子。然而，随着显微镜的发明，一个微观世界被打开了，它所呈现的事物与望远镜所揭示的一切事物一样，令人无限地着迷。1672年，"卵巢"初次被人类科学定义并加以探究。人们逐渐了解到，与自亚里士多德提出以来一直被广泛接受的观念不同，女性在受孕中的角色并不是被动的孵化器，男性的精子也并没有承载着包括人的灵魂在内的生命所需要的一切。此时，科学业已证明，不管是对创造生命还是对维持生命而言，女性的卵子都至关重要。也许，有朝一日，雅典娜会从培养皿中跳出来，但是，她绝不可能从她父亲宙斯的脑袋里蹦出来。

然而，科学的兴起、理性的进步、民主思想的诞生，以及以个人为中心的哲学的蓬勃发展都没能驱除厌女症这一顽疾，正如2000多年前在智性上取得非凡成就的希腊人也没能消除厌女症。厌女症和其他所有的偏见一样，在各种变化直接威胁到了它得以存在的基本前提时，作为回应的偏见往往能最强烈地被人们所感受到。我们必须记住一点，历史上最为致命的厌女症形式是猎巫狂热运动，它在17世纪达到了邪恶的顶峰，而17世纪也是洛克阐明个人权利并反对让女性使用紧身胸衣的同一时期。诚如诗人T. S. 艾略特所言，每一个时代都是一种变革的过渡时代。[23] 但是，17世纪是人类历史上最为动荡的一个时代，它被一系列道德、知识、社会和政治上的冲突所撕裂，这些冲突在随后的几个世纪中也都留下了深刻的印记。

在欧洲，即使在我们认为是现代世界诞生的那个时期，文学中的厌女症也远未日暮途穷。16世纪和17世纪早期就产生了大量厌女的文学作品。这类作品范围颇广，既有粗俗不堪的小册子，也有伊丽莎白时代和雅各布时代最优秀的诗人和剧作家作品中那类病态和痛苦的谴责。在印发的粗俗小册子中，最为臭名昭著的要数约瑟夫·斯韦特曼写的《对淫荡、懒惰、大胆冒失和多变无常的女人的传讯》(*The Arraignment of Lewd, Idle, Forward and Unconstant Women*)，这本小册子在1616年到1634年之间至少出版发行了十个版本。可见，厌女症根本就不缺吹鼓手。

人们应该也不是第一次在文学作品中发现，除了那些致力于颂扬女性之美的抒情诗歌之外，文学中也充斥着宣泄厌女情绪的脏污阴沟式作品，而它们往往还出自同一位诗人的笔下。例如，

法国诗人克莱芒·马罗*曾经创作了一首赞美女性乳房的诗,它甚至创造了一种文学风尚:

> 一只小小象牙球
>
> 它的中间耸立着
>
> 一粒草莓或樱桃
>
> 当人们看见你时,许多男人都感受到
>
> 他们手中的那股欲望
>
> 想要触摸你,紧紧握住你。

后来,马罗又写了与此相反的另一类有关乳房的诗歌:

> 乳房只不过是皮肤罢了,
>
> 软绵绵的乳房,鸢尾花似的乳房
>
> 就像一只漏斗一样,
>
> 长着一只黑色丑陋大嘴唇的乳房
>
> 这样的乳房正好适合哺育
>
> 路西法†在地狱中的子孙。[24]

如此这般对女性的攻击都是修辞惯例的一部分,而且大多数都可以追溯到希腊和罗马文化中厌女症传统的那类陈词滥调。在英语文学中,它作为一个主要的文学传统也一直持续到18世纪。在本·琼森(1572—1637)所著的《艾比科涅,或沉默的女人》

---

* Clement Marot(约1496—1544),法国文艺复兴时期的伟大诗人之一。
† Lucifer,根据犹太-基督教的传统,路西法原为光明天使,堕落以后成了撒旦,被投入地狱之中,而死亡和罪恶都是撒旦的子女。

(*Epicoene: or, The Silent Woman*)中，一位叫奥特上尉的丈夫如下述这般描述他的妻子。要不是有那些具有时代性的指涉之物，我们还真会以为是出自古罗马诗人尤维纳利斯的笔下呢！

> 噢，最卑鄙可憎的那张脸啊！然而，她每年在购买水银[*]和猪骨头上要花掉我40英镑。她满口的牙齿都是在黑衣修士那里镶的，她的一双眉毛是在河岸街修的，而她的头发是在银街上做的。镇上的每一个地方都制造了她身上的一小块……当她准备上床去睡觉时，她把自己身上的那些造物一一拆卸下来，分别装进了大约20个奁盒里；就这样，大约在第二天的中午时分，当她醒来时，它们又被她从奁盒中取出并拼凑在一处，精准得就像一座德国制造的伟大钟表一样。[25]

在每个时代，厌女者都会采取这类反对化妆打扮的宣传，口气中或多或少也都带有同样枯燥乏味的哀叹。但是此时，又出现了一种更令人不安的心理焦虑，这种焦虑主要集中在人们对女性独立的态度上。《艾比科涅》的一大特色就是它描绘了一群被称为学院制女大学生（Collegiates）的独立女性，她们把时间花在探讨诗歌、政治和哲学上。她们可以乘坐自己的马车，在伦敦城里四处游逛，而这一事实更突显了她们的独立性。她们的男性特质与一些男性角色形成了鲜明对比，如那位奥特上尉，他因为无法控制自己的妻子而显得女人气十足。随着这些独立女性变得更加男性化，而软弱的男性变得更加女性化，此时，男女的社会性别角色发生了颠倒。学院制的女大学生们被人指控像男人一样为

---

[*] 医用的汞，可以用于治疗性病或梅毒。

了纯粹的享乐而追求性，也被人指控和彼此上床。这造成的结果便是道德上的混乱和社会中的无序状态。

这样的女人是琼森和他同时代的人们所严厉讽刺的对象。有一个叫作莫里拉的女人就像那些学院制女大学生们一样，她也敢于坐在自己的马车里四处周游闲逛——有人认为，这在伊丽莎白时代，相当于一个女人骑着呼啸轰鸣的摩托车在街头兜风——对此，讽刺作家威廉·戈达德这般写道：

> 就说吧：你是不是认为她比某些男人还要过分？
> 如果还不至于此的话，我相信，你至少也会认为，
> 她部分是男人，部分是女人；还有部分是野兽。[26]

在威廉·莎士比亚（1564—1616）写作的《驯悍记》(*The Taming of the Shrew*)中，这位彼时刚崭露头角的青年剧作家就处理了人们对女性在家庭内部反叛的普遍焦虑这一主题。该剧是一部常年在剧院上演的喜剧，既有粗俗喧闹，又充满淫秽色情。该剧主要关乎性和权力问题，它的结局虽然在表面上代表了男性的彻底胜利，但其呈现方式却显得有些模棱两可。

没有哪个男人愿意娶剧中的女主人公帕多瓦的凯瑟琳·米诺拉，因为她一想到将屈从于某个丈夫，就会处于一种反叛的状态之中。彼特鲁乔是因为出于经济困难，迫切需要结婚，才同意了与她的婚事。在剧中的第五幕第二场中，凯瑟琳的让步演讲是在恳求女性在与她们的丈夫争夺主导权的斗争中缴械投降，并放弃争夺这一主导地位：

> 呸，呸，谁许你皱紧了眉头，板着脸，

> 翻起了白眼，用傲慢的目光去刺伤
> 你的夫君——你的君主，你的统治者。
> 这损害你的容颜，像牧场上的霜；
> 坏了你名声，像旋风把嫩芽摧残……
> 你的丈夫是你的家长，你的生命，你的监护人，
> 你的头儿，你的君主；是他照看你，
> 扶养你；不管在海上陆上，都是他
> 在辛苦操劳……黑夜里顶着暴雨，
> 白天里冒着寒风；而你穿得暖暖的，
> 待在家，又舒适又安全……*[27]

对男性观众来说，看到一个女人如此公然地举起白旗投降，也许是一件令人感到快慰之事。《驯悍记》看似是在庆祝回归原状，即男为主、女为从。

然而，在戏剧中，表象与现实被混为一谈。人们常常忘记了，这部戏剧其实是一出戏中戏。《驯悍记》是两位贵族自导自演的一出娱乐节目，他们是为了骗一个叫斯莱的怕老婆的醉汉乞丐，让他相信他自己是一位贵族勋爵。剧终时，他们把乞丐丢弃在了大街上，他又陷入了酩酊大醉之中。当斯莱从他的贵族梦中再次醒来时，他将要面对的是他那位愤怒的妻子，因为他夜不归宿，一整晚都在喝酒。斯莱这样在剧中说道："我现在知道如何驯服一位泼妇了。"接着，他又很快补充道，"我整晚都在做这个梦，直到现在才清醒过来。"所以，驯服泼妇只是这位醉汉的一场黄粱美梦，只是赤裸现实的一层表象，当斯莱醉醒后，他的美梦也

---

* 此段参考了方平译《驯悍记》，上海译文出版社，2016年。

就烟消云散了。莎士比亚给他的观众留下的是一种令人不舒服的模棱两可。比如,这种对叛逆女性的压制和驯服,到底是假象还是现实呢?

威廉·莎士比亚的作品在处理女性及其与男性的关系时,还有很多令人不安和模棱两可之处。但想要简单概括莎士比亚著作的任何一个方面,都不会是一件容易的事,因为他总是以非凡的复杂性和精深度去探索广博得令人眼花缭乱的人类情感范畴。正是通过这样的创作,莎士比亚写出了自公元前5世纪的雅典剧作家以来最伟大的戏剧文学作品,并且,他的剧作中满溢的诗歌也堪比荷马、维吉尔和但丁笔下的那些伟大诗篇。因此,厌女情绪成为他所须处理的一种情感,也就不足为奇了。在莎士比亚最伟大的两部悲剧中,这种厌女情绪更是以一种或许是无与伦比的诗意得到了强劲的表达,它们也都向我们提出了这样一个问题:世界上最伟大的诗人是否都对女性有着根深蒂固的蔑视呢?

在莎士比亚的大部分作品中,女性都扮演着重要的角色。在他的喜剧中,女性的爱情往往是剧中情节的关键所在。在这些戏剧中,莎士比亚为观众展示了各式各样的女性角色——相思的、讥讽的、浪漫的、叛逆的、聪慧的、狡黠的、意气风发的,以及独立自主的女性。这些他所创造出来的角色,是其他任何作家都难以望其项背的。然而,与雅典的那些悲剧作家明显不同的是,莎士比亚并没有将女性塑造成他的悲剧——也是他最伟大的戏剧成就——中的核心人物,这些悲剧大都写于1599年至1609年间,这十年也是莎士比亚令人难以置信的诗歌创作辉煌时期。尽管女性对莎士比亚所有悲剧中的主要行动也至关重要,但他的悲剧重点关注的还是主人公和导致他最终失势的致命弱点。也就是说,在几大悲剧中,莎士比亚的主要关切是在男性行使权力和威权所必须具备的品质上。在这些悲剧中，女性不会像那些伟大的雅典悲剧中的女性那样，去挑战男性的权威。但是，她们与主人公的关系，又往往是导致主人公发生悲剧的强大驱动力。其中最为著名的要数《麦克白》(*Macbeth*)和《安东尼与克利奥帕特拉》(*Antony and Cleopatra*)。麦克白夫人野心勃勃，希望自己的丈夫能成为国王，这促使她怂恿丈夫去谋杀众人，甚至犯下了弑君罪；而安东尼对克利奥帕特拉的迷恋则促使他相信，他自己可以成为罗马唯一的国王，他还想让克利奥帕特拉做他的王后。

在这些戏剧中，注定失败的悲剧主人公都没有公开谴责或惩罚那个导致他垮台的女人。莎士比亚并没有利用这个难得的机会（而厌恶女性的人则可能认为，这是最理想不过的时机了）用麦克白夫人和克利奥帕特拉来重演那类大家都可以预测到的夏娃或潘多拉导致人类堕落、造成人类毁灭的一贯主题。麦克白和安东尼最终慷慨赴死，但他们都为他们各自的命运承担了全部的责任。

然而，在《哈姆雷特》(*Hamlet*)和《李尔王》(*King Lear*)中，女性不仅作为个体被追责怪罪，而且还普遍因为女性这一性别而遭到追究，人们认为，正是她们导致了主人公的痛苦和垮台。因为这两部戏剧普遍被认为是莎士比亚最伟大的著作，所以，它们不禁会让一些人指责莎士比亚是个厌女者，或者，就像这些人所说的，"就算他不是，他对女性的价值和性欲持有的态度也是模棱两可的"[28]。

要想从《哈姆雷特》中得知莎士比亚本人对待女性及其性欲的态度，并不那么容易。这部戏剧就像个谜团，它还被人称为"文学作品中的蒙娜丽莎"[29]。一方面，《哈姆雷特》被人誉为有史以来最伟大的戏剧，但与此同时，另一方面，它也被人挑剔地认为是"确定无疑的艺术败笔"[30]。这里的文学批评之艰难就在于，人们难以准确洞悉《哈姆雷特》实际上到底讲了一个关于什么的故事。例如,《麦克白》是关于野心的故事,《安东尼与克利奥帕特拉》是关于激情的故事,《科利奥兰纳斯》(Coriolanus)是关于骄傲的,《奥赛罗》(Othello)是关乎嫉妒的,而《李尔王》讲的是子女忘恩负义的故事。但是到了《哈姆雷特》这里,归类就变得困难起来了。这部剧应该很容易归类才对,因为它至少表面上看起来像是讲复仇的,但它又不是任何这些简单的概述就足以囊括的。如果只是被问到这部戏剧讲了个什么样的故事,我们大可以总结如下:哈姆雷特的叔父克劳狄斯谋杀了他的国王父亲,迎娶了他的母亲,从而抢夺了哈姆雷特本身的王位继承权。所以,哈姆雷特必须为他父王的死而报仇。但我们会注意到,要是这样来总结这部剧,我们甚至都还没有触及那些强烈、复杂而激荡的真实人类情感,而这些情感都跃然于剧中那些有史以来最伟大的诗歌之间。然而,使哈姆雷特与厌女症产生牵连的正是这些情感之一,也许它确实是整部戏中最为强烈的一种情感,那就是哈姆雷特所表现出的对他母亲格特鲁德嫁给叔父的愤怒和厌恶之情。

甚至在哈姆雷特的父亲以鬼魂形式出现,警告哈姆雷特他叔父的恶行之前,我们就已经看到,哈姆雷特因为母亲格特鲁德的火速再婚而陷入了一种深沉的忧郁之中,一度濒临绝望的境地。哈姆雷特对他母亲的愤怒之火,已经扩展成了一种对整个世界和人体本身的深恶痛绝,这部剧中第一段著名独白就表达了这种厌恶,这段话是这样开始的(第一幕,第二场):

> 啊!但愿这具太过肮脏的肉身会融化,
> 消散,最后化成一摊露水!……

正是他母亲的欲望"玷污"了这具身体,与此同时,随着独白者的演讲继续进行,它变得越来越清晰,将整个世界都变成了:

> ……一座荒芜不治的花园,
> 长满了恶毒的莠草;
> 本性上发出恶臭、令人恶心的坏东西
> 占满了它。想不到竟会到这等地步!
> 才刚死了两个月!不,没这么长时间,两个月都不到!
> 这样好的一个国王,比起当前这个国王来,简直是
> 天神许珀里翁与丑怪萨堤尔,他这样爱我的母亲,
> 甚至都不愿让天上的风吹痛了她的脸;苍天大地啊,
> 我必须记着吗?为什么,她会偎依在他的身旁,
> 就好像吃了美味的食物,格外促进了食欲一般。
> 可是,只有一个月的时间啊——
> 我不能再想下去了!
> 脆弱啊,你的名字就叫女人! *

哈姆雷特的第一次独白表明,他甚至在母亲仓促再婚之前就已经对她很生气了。哈姆雷特带着厌恶情绪描绘了格特鲁德对他父亲的性依恋,鉴于哈姆雷特将父亲描述成王权的典范,她认为他如此迷人也并不奇怪。在格特鲁德丧夫之后,她那显然无法满足的欲望便将她送到了一个被她儿子比作萨堤尔的男人的怀抱之中。萨堤尔是希腊神话中半人半羊的森林之神,也是兽欲的具象

---

* 此段参考了朱生豪译《哈姆雷特》,浙江教育出版社,2019年出版。部分文字有更动。

化表征，这通常体现在萨堤尔拥有一根尺寸极为夸张的阳物上。哈姆雷特对他母亲的这番谴责，随后就变成了对所有女人的攻击，这已是众所周知的事情了。这种厌恶的背后，实际上潜藏着这样一种观念：女人的性欲一旦被唤起，就会变得不受控制。[31]

在该剧的后半部分，哈姆雷特再次回到了他母亲的情欲这一主题上来，他向母亲展示了父亲的一幅肖像，还叫她将之与她现任丈夫的肖像进行一番比较（第三幕，第四场）：

> 你不能说那是爱情，因为在你的年纪
> 激情自然已经冷却下去，变得驯服了，
> 肯听从理智的判断了，什么理智愿意从
> 那么高的地方，降落到这么低的所在呢？

哈姆雷特的怒火仍在继续喷发，只要他一想到格特鲁德和克劳狄斯同床共枕的画面，他就几乎让自己恶心到了作呕的地步：

> 嘿，生活在
> 汗臭垢腻的眠床上，
> 让淫邪熏没了心窍，
> 在污秽的猪圈里调情弄爱……

在这里，哈姆雷特表达的是一种对人类性欲的恐惧。这种恐惧也是基督教厌女传统中根深蒂固的一部分，他的这番话看起来就仿佛是出自圣奥古斯丁的笔下一样。但是，哈姆雷特对他母亲的愤怒，部分源自她自身的缺陷。格特鲁德是莎士比亚创造的最为消极的女性角色之一。她既不是特别邪恶，也不是特别狡猾，也不具有操纵性；当然，她更远非大胆。她与自己死去丈夫的兄弟火速结婚，不是藐视传统的那类女人的胆大妄为之举，而是软弱的体现。此外，事实上，除了哈姆雷特对她的这些描述，她也并没有表现得像个有着贪婪肉欲的怪物。事实上，她的主要特征就是被动顺服。有文学评论家怀疑，她儿子哈姆雷特夸大了她的肉欲，而哈姆雷特这样做，更多的是揭露了他自己的恋母情结，而非他母亲的欲望本身。[32]

剧中唯一受苦的一个女性角色是奥菲莉亚，她因哈姆雷特对女性性欲的厌恶而饱受折磨，痛苦不堪。在剧中，哈姆雷特公开宣称（第三幕，第二场）自己不再爱奥菲莉亚了，他还这样告诉她："让人带你去尼姑庵吧——你为什么要做罪人的生养者呢？"

而接下来的这段，是文学中关于厌女症最为著名的一段火山式喷发："我也知道，你们会怎样涂脂抹粉；上帝给了你们一张脸，但你们又替自己另外造了一张：你们烟视媚行，淫声浪气，替上帝造下的生物乱取名字，卖弄你们不懂事的风骚。"

在哈姆雷特这番言辞所表达的强烈情感中，包含了他对奥菲莉亚想要成为"罪人的生养者"的愿望发自内心的讥讽和残忍，这再一次表明了（根据基督教神学的传统），人们对女性使原罪诅咒不断重复怀有一种深切的愤怒。但是我们必须记住，也是在这同一场对话中，哈姆雷特试图欺骗克劳狄斯和波洛涅斯，试图让他们相信，他自己的不幸都是由于他与奥菲莉亚之间的问题，而不是由于他叔父篡夺王位。也就是说，实际上，文学中最著名的厌女症爆发，是哈姆雷特出于自己需要的一次修辞练习，也即，它更多与哈姆雷特试图欺骗他的敌人有关，而并非他对奥菲莉亚或一般女性的真实感受。

《哈姆雷特》的主要聚焦点是一位母亲和她的儿子之间的关

系。而另一部以厌女症为主题之一的戏剧是《李尔王》，这部戏剧则主要关注一位父亲和他的女儿们之间的关系。这部剧标志着莎剧中情感重点的显著变化。根据莎士比亚最新近传记作者的观点，"大约在1606年之后，父女关系就成为他的作品中一种近乎执着和痴迷的主题"[33]。

如果心理学中有厌女症的理论的话，那么，它的起源肯定可以追溯到母子之间的原始纽带关系上。通常，当一个男人有了女儿之时，他的性格已经基本稳定形成，即使这些女儿像李尔王的女儿高纳里尔和里根一样坏，她们的行为也基本不会改变她们的父亲对女性的总体感受，而只会证实这种感受。正是出于这个原因，无论厌女症在《李尔王》中有多么强烈的表达，它都不会像在《哈姆雷特》中那样，成为该部戏剧的核心机制所在。在《李尔王》中，戏剧的情节只是为了给李尔王提供一个发泄情绪的渠道。这位年老的国王曾经十分愚蠢地将他的王国切割分给了他的两个女儿高纳里尔和里根，却被她们弄得无家可归，饱受着风吹雨打的摧残。最终他爆发了，也因此在文学史上留下了最浓墨重彩的一场戏（第四幕，第六场）：

> 你瞧瞧那个娘们儿，
> 脸上挂着笑容，真真个冰清玉洁，
> 好叫你相信她那一块肉是干净的；
> 一听到调情的话，就慌忙摇头，好不正经。
> 其实干起这回事来，
> 她比野猫、比放青的马，还浪得多。
> 她们的上半身完全是女人的模样，
> 下半截却变成了个十足的狐狸精。

齐腰带为止,她们是上天的供奉,
再往下,就全都归给魔鬼去享受;
那儿是地狱,是黑暗,是硫黄火坑,
在燃烧,在烤炙,在发臭、腐烂;呸,呸,呸!
呸,呸!给我称一两麝香吧,药铺里的好掌柜,
我要点上好香一香我脑子里的那些幻象呢……*

　　这里,再一次地,就像在《哈姆雷特》中一样,一开始看似是对特定女人(或是针对特定类型的女性——比如,在《李尔王》这里所描述的情况下,是指夸耀自己谦逊有礼却实为故作谦虚之态的那类女性)的攻击,实际上却变成了对所有女性性欲的一种强烈谴责。同样,也再一次地,就像《哈姆雷特》中的格特鲁德和《奥赛罗》中的苔丝狄蒙娜一样,在《李尔王》中,也正是女人对性的"食欲",让主人公感到无比厌恶,并且破坏了他内心对女性的美好想象。但与哈姆雷特的情形有所不同,李尔王最终是被一个女人——他的三女儿考狄利娅——所拯救,在这部剧的一开始,考狄利娅就对她的父亲表现得很诚实,这一点削弱了这部剧中的厌女症情绪。考狄利娅拒绝用虚假的赞美来奉承她的父亲李尔王,她所展现的是真理与爱之间的关系,可惜她父亲直到最终才能完全理解这一点。而且他最后的顿悟还是以考狄利娅的生命为代价,她在试图营救李尔王时不幸丧生。就像其他一些导致人类不幸的愚蠢行为或谬误会被莎翁书写和鞭笞一样,厌女症在莎士比亚的悲剧视野中也未能幸免。在莎士比亚最伟大的一些戏剧中,怜悯取代了一切人类情感,占据着主导性的地位。怜悯

---

* 此段参考了方平译《李尔王》,上海译文出版社,2016年。部分文字有所更动。

源自一种对人类状况的深切同情，它为男人和女人所共有。莎士比亚的悲剧之所以脍炙人口，是因为它们通过诉诸怜悯，揭示了我们所共同享有的人性。在这种共同的人性中，其他所有差异，也包括男女之间的差异，都变得微不足道，几乎可以忽略不计。

在莎士比亚随后创作的几部戏剧，也即他作为剧作家最后几年所创作的作品，如《暴风雨》（*The Tempest*）和《冬天的故事》（*The Winter's Tale*）中，对女性的诋毁谩骂——无论是文学修辞性的还是深切的个人感受——都消失不见了。莎士比亚后期作品中的普遍情绪是和解，这通常也体现在父女关系上。而男女之间的冲突，也将在某位父亲与他女儿的和谐关系中得到圆满的解决。

而在其他方面，贯穿整个17世纪和18世纪，社会、道德、经济和政治上的快速发展都将深刻改变女性的地位，面对这些领域的蓬勃发展，厌女症也表现出了它一贯的顽固性。在英国的历史中，我们可以清晰地看出这种双线进程。随着新兴中产阶级的兴起，一种新的家庭模式被建立了起来，它越来越重视夫妻之间的感情，而与此同时，在1660年以后这段一度逼近虚无主义的时期，宫廷圈子中的智者也与传统的性道德观产生了决裂。随之出现的，是一些自尤维纳利斯以来在诗文上对女性最粗鄙的攻击（详见本书第二章）。

罗切斯特伯爵约翰·威尔莫特（1647—1680）是位诗人，他用英语写下了最优美的爱情诗歌，包括那首著名的诗的开头部分，"在她的怀抱中一个时代过去了／似乎只有冬季的一天那般短暂"。但他同时也可以将女人描述为"供傻瓜消遣的被动之壶"（即夜壶），他还将女性的生殖器比作阴沟。[34] 罗切斯特伯爵这类人属于一种新兴的社会现象——第一代的浪荡子（rakes），他们

175

是过着放荡不羁生活的上层阶级的年轻男性,他们说着淫词秽语却思想开明,他们叛逆不羁、不信宗教而往往在政治上又很激进,与此同时,他们也都是一些无情毒辣的讽刺家,不仅喜欢写厌恶女性的诗句,还总是吐露出厌恶整个人类的绝望情绪。他们的行为在猛烈地拒斥上一代人中所盛行的官方清教主义;他们将会在西方引发后来一系列的道德循环:性保守主义时期过后就是性享乐主义的爆发期,随后又会退回到新一轮的保守主义时期,这种情况一直延续到了今天。

在斯图亚特王朝复辟时期(1660—1688),这些浪荡子在宫廷之中有效地创造了一种亚文化,在这种文化中,性事只是为了享乐。在欧洲大陆上,这种享乐主义也盛行在路易十四(在位时间1643—1713)的宫廷之中。在意大利文艺复兴时期人文主义的启发之下,这种享乐主义构成了对犹太-基督教传统中性道德的一种反叛。在过去,就像在共和国晚期和帝国早期的罗马一样,在统治阶级各阶层之间,传统的道德也曾发生过类似的"大崩塌"。但是,总体来说,反叛者都受到了严厉的惩罚。然而,在17世纪后期,随着教会权威的削弱,中产阶级的世界观逐渐兴起,但尚未形成一个连贯的道德体系,这时,还没有任何机构有能力去遏制这种新的享乐主义风气。

浪荡子圈子里也有女性,她们的社会地位不一,从下层阶级的妓女和女演员(在当时,女演员还是社会上的一类不受重视的新奇角色)到贵族夫人都有,其中有一些女性至少在名声上和男性一样淫乱。她们中的一些人,在英国历史上第一次遗留下了她们对自己如此热衷的情色秽语和语言游戏的看法,她们还与那个时代最敏锐的智者展开辩论并不断打着笔仗。这其中最著名的一位是阿芙拉·贝恩*，作为一位成功的剧作家和诗人，以及第一位获得如此大的文学名望的英国女性，她既享有盛誉也受到人们的訾议和诋毁。贝恩被人谴责为"淫荡的妓女"，因为她敢于描述一位年轻的妻子如何在性事上让她的丈夫精疲力竭，并把他贬损为一个没用的颤抖的废物。贝恩从女性视角书写早泄话题，从而创造了历史，得以在文学史上留名，而男性诗人经常会将早泄怪罪于他们"美好的宁芙"（fair nymphs）。在贝恩的诗篇《失望》("The Disappointment")中，那个"倒霉的情郎"饱受指责，因为他试图延迟满足他自己的性欲，"但太多的爱，只会破坏这种性享乐"，最后，他发现，"他巨大的快乐变成了莫大的痛苦"。[35]

从他们这些人的表现而言，浪荡子对女性的态度既高雅又粗鲁，界于崇拜和蔑视之间，这通常是由于他们自身的失望或是遭到女性的拒绝。他们在自己的性事上也表现出了一种强烈的焦虑，这从大量有关性无能和宫廷贵妇越来越多地使用假阳具的诗歌中便可见一斑。从17世纪60年代起，假阳具通常都是意大利制造的，这增加了英国上层阶级男性的性事焦虑，因为意大利被视为具有女性化的色情特质。对一个英国男人来说，还有什么能比被意大利制造的假阳具淘汰掉更丢人的事情呢？[36] 浪荡子的所作所为，在厌女症的编年史中虽然不能算开辟出了什么新天地，但是，他们使用的语言的明确犀利和粗俗不堪，直接预示着第一批我们如今公认的色情作家的诞生。事实上，威尔莫特也是直到最近才在文学史中得到这般对待。1926年，某个版本的威尔莫特诗歌集在纽约被警察搜查到并被直接销毁掉了。[37] 然而，浪荡

---

* Aphra Behn（1640—1689），17世纪英国戏剧家、小说家和诗人，也是第一位以写作为职业的英国女性。代表作有小说《奥鲁诺克：王子的奴隶生涯》（*Oroonoko: or, the Royal Slave*）等。

177

子与色情作家在几个重要方面上又很不同——其中一个便是,他们处理性事方面的挫败和愉悦的方式不同,浪荡子会坦率地谈论他们自己的性无能以及有关性快感的一些细节。还有一种不同是普遍的感受,这特别体现在罗切斯特伯爵威尔莫特的案例中,他认为,追求性享乐只是生命中又一转瞬即逝的荒谬之事而已。

到了17世纪晚期,已经有相当多的人将性视为一种区别于生育和爱意的活动。当然,生物学仍然对男性——更多是对女性——的这种能力施加了重重的限制,这使得他们即使有了避孕套和假阳具等工具,也无法肆意妄为地去践行这种性享乐。尽管这种性享乐的观点遭到了来自保守派不止一次的道德抨击,但是,无论有多少试图压制或遏制它的措施在施行,这种观点一直在西方社会中继续强劲地演化着。

然而,这种观点远非一种主流道德观,它也不是决定厌女症在未来几个世纪中发展形态的道德观。到了18世纪初期,在英国和荷兰,由于海外贸易的巨大扩张,经商为主的中产阶级已经得到了社会的广泛认可,成为一种不可忽视的政治力量。中产阶级也已经制定出了一套反映和维护其阶级利益的道德准则。从某种程度上来说,这是一套比较保守的道德准则,它强调朴素、节俭、勤劳和性自律等美德。但是,由于这套道德准则前所未有地强调个人的需求和重要价值,否认女性享有人类共同的人性变得越来越困难,虽然厌女症也重新塑造了自身的形态,以便去适应这种新兴的主流道德观各个方面的要求。

在18世纪初期,出现了一种能体现这种个人主义的新文学形式——小说。小说将在女性的历史上发挥独特非凡的作用。小说中的人物还是有史以来第一次被刻画成独立的个体,他们在某个真实的时空中过着属于他们自己的生活。因而,小说这种新文学形式,也就以种种可能的方式真实地反映了女性的经历,这是以前所有的文学作品都未能成功做到的一点。在小说兴起之前,伟大的诗人和剧作家所呈现的人物和情节,主要忠于某些普遍的人物类型,或源自神话或源自历史,但其目的都不是表现个体,而是去展现关于人生和生活的一些普遍真相。这些真相会被认为是永恒的、不变的、柏拉图式的绝对真理,与个体经验的转瞬即逝形成了鲜明的对比。而相比之下,小说这种文类从其诞生伊始,就依靠现实性的细节来讲述各个人物的故事。例如,在丹尼尔·笛福的作品中便是如此。因为小说的形式,我们能够以一种私密亲切的方式去了解笛福笔下的摩尔·弗兰德斯和罗克珊娜等角色,这与我们去了解美狄亚或李尔王的方式全然不同。于是,小说这一文学形式便成了人们探索著名人物的个人生平的一种工具。也因此,小说便能够以一种全新的方式来呈现一些女性角色以及她们与周围人的人际关系。小说也是第一个由女性的品味和关切帮助塑造的文学形式,这绝非巧合。另外,毫不让人奇怪的一点是,尽管最早的一批小说写作者都是男性,但是,它很快就会成为女性最为擅长的一种文类。在英国,到了18世纪末期,女性小说家要比男性小说家多得多。[38]

同样在英国,伴随着中产阶级的兴起与繁荣,读者大众激增,各类信息的数量爆炸式增长。出版业的各种印刷机器遍布整个伦敦城,它们纷纷印发制作宣传小册子,还有最早的一批报纸和杂志。此外,越来越多的女性拥有更多可供她们自由支配的时间。由于新教徒对剧院长期以来所抱持的不信任态度——他们认为,戏剧总归有些名声不佳——大量的女性转向了小说并将其作为她们主要的娱乐消遣。小说对中产阶级以及对女性的吸引力是有目共睹的。读者既不需要有古典教育背景,也无须掌握希腊和罗马的历史知识,便可以自行享受阅读小说《摩尔·弗兰德斯》(*Moll Flanders*)的乐趣。毕竟,它的作者笛福是在一所贸易学校接受的教育,并且他还从事过某一行(起初是鞋袜商人,而后成了宣传小册子的作者和记者)。笛福的小说经常以女性角色为主角,这一事实也对女性读者产生了强烈的吸引力。在笛福四部最伟大的小说中,就有两部是关于女性的——《摩尔·弗兰德斯》(1722)和《罗克珊娜》(*Roxana*,1724)。[39]笛福是女性接受教育的坚定倡导者。除了这一切因素之外,笛福还是一位商业上很成功的作家,他意识到了女性作为读者的重要性。笛福还帮助影响了一些越来越盛行的公众舆论,诸如,人们反对父母无视女儿的意志而强迫女儿结婚,笛福认为,父母逼迫女儿结婚无异于强奸。作为中产阶级的代言人,笛福强调了爱情在婚姻中的重要性,并如是宣称:"对某种形式的婚姻来说,要说爱情不是必备要素,这是真的;但是,对婚姻中的幸福而言,要说爱情并非至关重要……那就是假的。"[40]然而,作为一个敬畏上帝的新教徒,笛福也警告人们不要将"淫荡成性"或性欲旺盛当作结婚的理由,他在一本宣传小册子中声称,因为这样会"招致疯狂、绝望、家庭破裂、自杀、杀害私生子等恶劣行为"[41]。

不过,笛福的各类小说所传达的道德信息并非那么明确。笛福刻画的所有人物角色,基本上都像他的第一个也是最有名的那个角色——鲁滨孙·克鲁索;他们都是经历过沉船的幸存者。克鲁索的船只在海上兴起的暴风雨中不幸沉没;而另一方面,罗克珊娜那愚蠢且自私的丈夫故意让她遭遇海难,抛弃了她和他们生养的五个孩子,并期望他们统统饿死。这些小说讲述的都是人们在绝境中求生的故事。罗克珊娜最终不仅幸存了下来,她还通过成为一系列富豪的姘头和妓女这种方式发家致富。人们可能会觉得，对一个美丽的女人来说，这可不是一条值得尊敬的人生路径，但是，这也是人们可以预测到的一种人生可能，并且，笛福还经常努力用带有道德意味的旁白来安抚他那些道德感强的读者，笛福强调，他并不是建议广大女性去效仿他的这些女主人公。但是，罗克珊娜这位小说女主角，并不符合流行的那套对女性的刻板印象。尽管笛福竭尽全力地说他自己其实不赞成罗克珊娜，但很明显的是，在整部小说中，笛福对她作为在经济上取得了成功的典型所流露出的钦佩之情，远胜过对她赚钱谋生的方式做出的那套传统的道德说教。最为重要的是，罗克珊娜不受爱情的支配，但她会被自己想要保持自主权的渴望所驱动，这种自主权是经济上的成功所赋予的。小说中的很大一部分篇幅，都是有关罗克珊娜如何管理她的钱财的。通过这样做，她重新定义了自己与男人之间的关系。当一个爱她的男人向她求婚时，罗克珊娜拒绝进入婚姻，因为，她这样说道，"尽管我也可以放弃我的贞操，委身于人，但是，我不能够放弃我的钱财……"。她还这样补充解释道："我一心所想，都是财富上的独立；而且，我还告诉他，我也不知道婚姻会是个什么样的状态，但婚姻若不是一种束缚的话，那它充其量也只是一种低下卑弱的状态；对于迈入婚姻，我还没有想过，我也没有任何概念；因为，我现在过着一种绝对自由的生活；就像我刚出生时那般无拘无束的自由，此外，我还拥有一大笔财产。所以，我实在搞不明白，'荣誉'和'服从'这两个词，与一位自由女性的绝对自由之间，究竟有何干系。"[42]

即使罗克珊娜已怀有身孕，她也拒绝别人的求婚。笛福在此扭转了一种常见的社会情形。小说里的情况是，一位父亲，看在他们还未出生的孩子的分上，向孩子的母亲求婚。但罗克珊娜竟拒绝了他，这让这位父亲惊呆了。"我竟从来不知道，还会发生这种事，"他惊呼道，"竟然会有女人拒绝嫁给一个先和她一起睡过觉，而后又让她怀了他孩子的男人；但是，世界之大真是无奇不有，世人总有着如许不同的观念，而且，你拒绝的理由竟是如此言之凿凿，以至于它让一位男士几乎不知道该如何作答，但是，我必须得说，这理由之中有些东西让人感到震惊，而且也是不合乎天性的……"[43] 罗克珊娜对自己财产安全的担忧，其实精确地反映了18世纪已婚女性的法律状况，这种情形仍然可以追溯到古罗马时代占据支配性地位的父权制观念上来。一旦结了婚，女性的财产就自动变成了她丈夫的财产。（这种情形，也将会一直持续到19世纪。）

不过最后，罗克珊娜还是结婚了——她是为了一个头衔而结的婚，而且，这只发生在她采取了最严格的措施以确保她的个人财产独立、不受侵犯之后。在罗克珊娜的故事中，最强大的一些角色也都是女性，她们之间的关系也最为密切。与此相反，男性角色反而都像是一些被动、不值一提的人物，有些男性，甚至连个名字都没有，他们只是作为罗克珊娜攀登至社会阶层顶端的阶梯而存在罢了。[44] 就像鲁滨孙·克鲁索是对自主自治的男性的刻画一样，他排除万难地为自己打造出了一种独立的生活，而罗克珊娜是其女性版本的对照物——她是第一次出现在我们视野中的自主自治的女性。在整部小说中，罗克珊娜都被人戏称为"亚马孙人"——传说中女战士部落的成员，她们生活在一个完全没有男人的世界之中——这也表明了，自主自治女性的概念会激发出一种根深蒂固且惯常持久的焦虑。

对女性而言，虽然中产阶级的价值观开启了个人主义的前景，但它也会被证明充满了模棱两可之处。中产阶级的新道德与旧道德的相似之处在于，它们都将女性的价值与她的贞洁相等同。中产阶级的妻子和新型家庭中的母亲，虽然一方面被人们期望能够在性事方面"抚慰取悦"她们的丈夫，但另一方面，她们也越来越多地被刻画为自身不太重视性享乐的人。中产阶级一直反对贵族阶级中的浪荡子和堕落者，在这场道德战中，中产阶级女性的美德只是一种宣传品而已。质言之，18世纪的中产阶级好妻子的形象，将为19世纪中那些虚弱不堪乃至昏厥和无性的维多利亚少女的出现铺平道路。

厌女症这种偏见的存在之所以会如此顽固，部分可以归因于这样一个事实，也即，厌女者总能有从正反两方面来刻画女性的方法。也许，这与纳粹反犹主义宣传中既将犹太人描绘成布尔什维克分子又将其描述成贪婪的银行家的方式颇为类似，厌女者要么谴责女性在性欲方面贪得无厌，要么便全然否认女性会有任何性欲。在这种截然矛盾的二元对立中，女性永远只有两副面孔，她们要么被刻画成不知餍足的性掠夺者，要么会被视为贞洁良善、有德行的性受害者。

这种二元对立在18世纪40年代有着清晰的体现。这个时代最伟大的诗人亚历山大·蒲柏（1688—1744）在《致一位女士》（"To A Lady"）的诗作中，这样总结了传统厌女思想的一个方面：

> 一些男性适合合作共事，另一些男性适合一起欢愉，
> 但每个女人，本质上都是一个寻欢作乐的浪荡小姐。[45]

与塞缪尔·理查森的第一部小说《帕梅拉，或美德的回报》（*Pamela: or, Virtue Rewarded*）大约同一时期出现的，是一种完全相反的对待女性的观点。理查森是一位木匠的儿子，他是一名印刷商。一家出版商委托他执笔写一卷书信集，以便教导中产阶

级那些无瑕的——或者佯装无瑕的——女儿，让她们知道在贵族阶层人士家中担任仆人时该如何行事。《帕梅拉》讲述的故事，就是一个纯贞善良的年轻女子是如何抵制其浪荡子雇主 B 先生对她施展的各种难缠且志在必得的求偶攻势的。帕梅拉宣称，她的人生格言是"在某一瞬间，我真的宁愿死去，也不能承受我将失去我的贞洁这回事！"[46]。面对她这种牢不可攻、誓死守卫的贞洁，B 先生最终放弃了引诱她的计划，并最终向她正式求婚。这时候，帕梅拉重新权衡了她以前对 B 先生道德上的异议，在认定 B 先生毕竟也不是那么坏的一个家伙之后，帕梅拉最终接受了他的求婚。在小说的结尾，得益于 B 先生这位优秀妻子的榜样力量，曾经的浪荡子 B 先生也变成了一位清教徒。当然，这不是第一个关于贞洁的女人如何抵制好色男性的故事，但这是女仆第一次在小说中成为女主角，这就表明了，虽然贵族在社会地位上可能仍然要比新兴的中产阶级优越，但中产阶级在道德上要优于他们。

《帕梅拉》获得了非凡的成功，首先是在英国大为流行。在那里，这本书在短时间之内就火速出版了四个版本，接着又在法国流行一时。《帕梅拉》最忠实的一批读者群就是中产阶级女性。鉴于这个原因，这部小说在女性史和文学史上都具有里程碑式的非凡意义。女性读者的存在，使《帕梅拉》成为一本畅销书，这使女性（至少是中产阶级的女性）第一次对她们想要从作家那里得到些什么拥有了话语权。而她们选择阅读《帕梅拉》这部寓言，在其中，中产阶级女性的纯洁与贪婪的上层阶级男性的欲望相抗衡。小说的女主人公也为商人、印刷商和杂货商的女儿们提供了可供效仿的榜样。但是，这部寓言也包含着一种道德上深层的模棱两可。帕梅拉是为了贞洁之故才保持"贞洁"的吗？或者说，她是否只是将此作为诱饵,来反向诱捕 B 先生?[47]

很显然,对 B 先生而言,帕梅拉的贞洁是一种不可抗拒的性欲刺激。英国的中产阶级也并非第一次发现贞洁的女人身上所具有的强大的性诱惑力——最早的那位"好女孩"卢克雷蒂娅,她之所以被强奸,就是因为她的贞操对男人而言具有一股更撩人的性刺激。正如那位卓越的清教徒安吉洛在莎士比亚的剧作《一报还一报》(*Measure for Measure*)中(第二幕,第二场)所言:

> 会不会
> 那种谦逊比起女人的轻佻
> 才更能让我们背叛理智?……安吉洛,
> 你想因为她身上的美好品质
> 而不怀好意地利用她吗?

对于这个问题,这个世界中的 B 先生们所给出的回答将是一声响亮的"是"。

《帕梅拉》在女性读者中的成功也引出了另一个更加有趣的问题。很明显,这种现象表明,有相当一部分的女性认同这一主人公,但这个角色本身,往好说是天真得令人难以置信,而往坏说则是,她有令人难以置信的操纵欲。女性读者竟然会认同这些带有厌女性质的刻板印象,这一点并不奇怪,但仍然有些讽刺的则是,女性第一次作为读者大众的重要组成部分行使她们的权力,却让带有这些刻板印象的小说成了一部畅销书。

随着中产阶级权力和影响力的不断提高,无性的女性成为社会上对女性的理想标准。这种理想女性的标准不仅仅出现在英国,也出现在北美,以及 18 世纪晚期的法国,特别是在让-雅克·卢梭的一系列哲学和社会学著作中。这一女性的标准强调,男性和女性之间的差异已充分说明了他们会拥有不同的社会地位,其中最重要的一个差异就是性欲,它在一个性别中很强劲,而在另一个性别中则相对缺乏。于是,女性就这样发现她们自身被非人化了,而这一次,是打着纯洁的名义。

让-雅克·卢梭(1712—1778)可能是所有时代的厌女者里面最富有影响力的一位人物。他认为,这种理想的纯洁女人,会将她自己的贞操作为一种性诱惑,并且,卢梭还将这种观点转变成了一种不可避免的自然事实。于是,伪装和操纵就被人当作女性的典型特征而归给了女性。"无论女人是否和男人有着同样的激情,"在一本畅销国际的、描写理想女人和她应受何种教育的书中,卢梭这样写道,"也无论她是否愿意满足这种激情,她总是会拒绝接受男人,并为她自己进行辩护,尽管这种拒绝程度并不总是每次都一样,因此也并不是每次都会取得同样的成功。"[48]卢梭断言,这只是一种迂回的辩解术,即使在女性同意发生性行为、本应说"是"时,她们也会加以拒绝,故意说"不"。卢梭的这套逻辑,也经常会被人拿来作为强奸犯的辩护理由而运用在一些对强奸案的审判之中。

卢梭所处的时代,正好是法国大革命即将来临之时。他既是启蒙时代的产物,也是浪漫主义运动的先驱人物。浪漫主义时期是将会取代启蒙时代的一次知识、艺术和道德上的革命。在这一时期,旧有的权威、哲学和宗教都将被推翻。现在,人们已了解到,宇宙受制于一些法则,而人类的智力可以通过运用理性来发现和理解这些法则。但是,也正是理性——它原本旨在消除世界上过时的那些偏见——被卢梭援引来为他的观点进行辩护,也即,他认为女性是"本应该服从的性别"[49]。卢梭还这样断言:"女人抱怨由人制定的法律不平等，这是错误的；这种不平等并不是人为造成的，它也绝非一种纯粹的偏见，而是出于理性的需要。"[50]

这一理性来自卢梭所看到的事物的自然秩序。既然大自然将照顾孩子的任务委托给女人，那女性"就必须自己代孩子们的父亲对孩子们负责"[51]。卢梭这种两性思想的基石便是，男人离自然越远，就越是腐坏堕落。文明及其一切的罪恶，包括自私、不平等和贪婪，都是"自然人"从其最初的存在状态——卢梭认为这种状态即天真无知——中被连根拔起的后果。但是，有一件事一直都没有改变——也不应该改变——那就是女性对男性的"自然"的从属地位。至此，自然的意志也就取代了上帝的意志，它也将会决定女性的命运和地位。

所以，卢梭推崇原始人的生活，也就不足为奇了。这种观点认为，男人和女人应该分居生活，他们相遇时便交配，结束后就继续各自的生活，由女性独自抚养她们的后代，而不需要孩子父亲给予任何的帮助或是关心。这无疑是男性自主自治的古老神话在 18 世纪的另一个翻版。卢梭还转向希腊人那里以寻找如何对待女性的范本，他激赏希腊人采取的性别隔离政策，正如雅典人在其最为极端的隔离政策中所实践的那样。卢梭也亲自践行了他所宣扬的那套蔑视女性的理念，他将他与情妇泰蕾兹·勒瓦瑟所生的五个孩子全部遗弃在了孤儿院。勒瓦瑟目不识丁，既不会读书，也不会写字。卢梭似乎很享受他从这段关系中所获得的那份智识上的优越感，尽管卢梭有时也会教教勒瓦瑟写字，但她始终未能学会阅读和数数，她也记不清一年中各个月份的写法。[52] 卢梭很是钦佩理查森写的小说，这也丝毫不奇怪，因为他也深信，"贞洁只会煽动起"男人的性欲，没有什么能比一个知其本分的、娇羞的处女更性感撩人、更能叫人产生性欲了。

187

然而，我们可以在笛福的小说《罗克珊娜》中瞥见另外一种对于女性的观点，这种观点挑战了卢梭和理查森那类厌女的观点。比较具有悖论性的一点是，笛福笔下那种与厌女观点正相反的观点，也即，认为女性是性欲很强的人，也能够获得个人独立和社会地位，将会在18世纪的色情作品中得到其最为戏剧性也最辛辣淋漓的体现。但是，厌女症、色情作品和女性地位之间的关系，也仍是迄今为止最具有争议性的一个主题。

哲学家和牧师对女性所造成的伤害，要比色情作家大得多，虽然这也许是我们能有把握地概括出来的结论，但这并不是今天大多数人都能欣然接受的一个主张。但是，同样也有很多关于色情的东西人们不会赞同和接受，这其中就包括色情的确切含义。说某些东西属于色情作品，就好像如今断言某某组织是恐怖组织一样：这主要涉及一种价值判断，用来描述你不赞成的某些事情——可以是行为、事项或一些目标。问题在于，世人的价值观会改变，例如，对一个喜欢说唱音乐的美国青春期少女来说，被维多利亚时代的女士看作色情作品的那些东西，似乎并不能算作色情作品。

然而，有一点是确定无疑的：色情作品与现代性的兴起密不可分。当然，在当时，它也不叫色情作品（pornography）——在英语中，这个词只是在19世纪中叶才开始具有它当前的意义内涵的，但该类型作品的许多特征是进入现代初期以后就确立起来的，这些特征在今天也仍然典型。例如，以文字或图片形式对性行为进行明确的露骨描述被视为色情作品的典型标志。在法国，一直到法国大革命爆发前夕，人们也将色情作品作为一种反对教权主义和反政府的重要攻击手段，但色情作品曾具有的这种讽刺性和政治维度，在18世纪90年代后期便彻底消失了。在那之前，色情作品在各类事件中都发挥了重要的宣传作用，而这些事件更是直接导致了法国大革命的最终爆发。色情作品与社会混乱和政治激进主义的这种关联，也是它后来在英国会遭到压制的一个原因。

起初，在整个 16 世纪以及 17 世纪的大部分时间里，色情作品的传播仅限于上流社会的小圈子。正如录像机对 20 世纪的色情行业所起的作用那样，小说的发明对早期色情作品的传播也起到了推波助澜的效果。18 世纪初期，在法国出现了一个大为盛行的色情作品行业，到了 18 世纪中叶，这一行业也在英国流行了起来。也是在 1748 年的英国，出现了可能是有史以来最为畅销的一部色情图书：约翰·克利兰的《芬妮·希尔，或欢场女子回忆录》(*Fanny Hill: or, The Memoirs of A Woman of Pleasure*)。[53]

18 世纪最为流行的一种色情作品写作形式，就是虚构性的自传，或者又叫作妓女和娼妓的"自白书"。它们直接颠覆了"无性的贞洁女人"这一长期受男性欲望宰制的受害者形象，这一形象在英国的中产阶级中一直占有一席之地，并在法国作家卢梭的作品中备受人们推崇。这些被称作"放荡妓女"[54]的人的回忆录描述的都是一些在性方面很主动、自信坚定、经济上成功、能获得几乎是无止境的性快感的女性，并且，她们通常对定义传统女性气质的普通概念，如母职和婚姻等，都漠不关心甚至是怀有敌意。事实上，男女之间的性别差异在这种追求享乐、性满足和支配欲的过程中都被消除了。在放荡妓女的世界里，女人像男人一样充满激情，也乐于满足她们自身的性欲。最为极端的例子要数萨德侯爵（1749—1814）所写的《朱丽叶的故事，或邪恶的喜乐》(*The History of Juliette: or, The Fortunes of Vice*)。

萨德侯爵至今仍然是有史以来最为臭名昭著的作家，"虐待狂"（sadism）这个词便是从他的名字中衍化而来的。然而，在现实中，萨德侯爵几乎大半生都被监禁在大牢中，他入狱的原因，也大多是一些在现代人看来可能无足挂齿的轻罪或是一些莫须有之罪，所以，萨德是在铁牢大狱中写出了他的大部分作品。这其中，有四分之三的作品都已佚失或遭到销毁，剩下的部分作品也仍然遭到了书籍审查制度的严厉查禁。[55]而萨德侯爵留下的这些作品呈现了文学史上无与伦比的性放纵的画面，这其中的一些有关性虐待狂的细节，更是被萨德侯爵精心编排得宛如百老汇音乐剧中的华丽舞步一般。

所以，在对《朱丽叶的故事》这部作品的评论中，人们指责萨德大加挞伐了何以为人的本质观念，这也就丝毫不奇怪了。然而，要知道，萨德写作的那个年代，距离最后一位女性被当作女巫遭到折磨并活活烧死的时代，还不出一个世纪。对我们这些经历过20世纪的另类恐怖的人而言，想必萨德侯爵所揭示的那种潜伏在人心底的权力欲，并未让我们感到太过震惊。

朱丽叶可谓是一个新新人类物种——她有点那种类似霸王龙的暴脾气。尽管在放荡妓女的一贯传统中，她们一心追求的都是自主自治权，但朱丽叶为了她自己的性满足完全可以不顾一切，不管她的受害者（男性和女性兼而有之）是遭到酷刑折磨还是被谋杀致死，她都无所谓。在朱丽叶的世界中，根本不分男女，那里只有强者和弱者，主人和奴隶，以及，那些愿意并能够利用自己的权力来实现自己目的之人和那些自己无权因而沦为他人权力的阶下囚的人。"我是一个真正热心的平等主义者，"朱丽叶这样告诉一位国王，"我从不认为，某个有生命的活物会比其他任何活物更好一点，而且，我也不相信任何道德上的所谓美德，更不认为所有这些活物,他们在道德上会有任何的不同。"[56] 萨德嘲弄并讥讽了卢梭对理想女性的看法,他表明,如果正如他所相信的那样——历史往往证明他是对的——权力欲是人类天性中的一部分,那么,女人就会像男人一样拥有权力欲,并且,她们在行使其权力时表现出的残忍无道会与男人的残忍一般无二。朱丽叶的故事就表明,她可以像任何男人一样,陷入不人道的残暴深渊。朱丽叶的作恶能力根本不会受到她自身性别的限制。通过施加残忍和暴力,朱丽叶得以与男性平起平坐,这种平等在文学史和思想史上对女性来说都是独一无二的,但是,这也只是出现在一个用对弱者的绝对蔑视取代对女性的绝对蔑视的世界之中。

这也并非女性在现实世界中意欲追寻的那类真正的平等,那类平等的愿景将作为启蒙运动的遗产而降临人间。这种真正的性别平等,连同其矛盾之处,都将会在下个世纪中得到进一步的推进和展开,它也将会在欧洲和美洲新大陆,以及一些刚被欧洲殖民者发现的、鲜为人知的世界文明的新境况中,继续对抗着顽固的厌女偏见。

第六章

维多利亚时代的秘密[*]

厌女症远非西方文明所特有的现象。从16世纪早期开始，当欧洲人殖民扩张到此前未知或少有接触的世界版图时，他们便清楚地意识到了这一点。他们遇到了历史至少同西方文明一样悠久（有时甚至更悠久），而且发展程度相当（甚至更高）的复杂文明。与此同时，在其他一些以前从未探索过的或未知的地带，他们发现了一些在技术和社会层面上比他们所见过的任何社会都更原始简单的文化。但这些社会都有一个共同点：不论是在原始社会还是在复杂先进的社会，从来都不缺乏针对女性的偏见。

有时候，某些偏见在各地都普遍存在，例如与月经有关的一些禁忌。从南美洲的马库西斯（Macusis）部落，到印度的印度教婆罗门，莫不如是。例如，马库西斯部落的人会将青春期的少女吊在高床上，并用棍棒抽打她们[1]，而印度教婆罗门则认为，拜访来月事的女性是能使男性失去幸福生活或长寿机会的七大恶事之一[2]。

---

[*] 作者此处的标题，明显是在戏仿"维多利亚的秘密"（简称"维密"）这一全球女性内衣品牌之名。

由此可见，在这个世界上，男性对处于月经期的女性充满了恐惧，而这种恐惧，反过来又给予了他们无比巨大的权力去伤害女性。

然而，在现代世界兴起初期，给欧洲人留下最深刻印象的，并不是生活水平落后、有时宛如生活在石器时代的部落的那类原始迷信，而是当他们开始与强大的东方文明，尤其是古印度和古中国发展贸易往来时，所遇到的那种错综复杂而又有着深刻矛盾的女性观。从公元前1500年到公元前500年，印度教和佛教已经在古印度发展了1000多年，而古中国的道教和儒家思想也在公元前7世纪至公元前5世纪这段时间内繁荣兴起。古印度和古中国文明都保留了一些早期文化所遗留下来的痕迹，这些文化元素被一些人解释为母系氏族元素。例如，在中国最早的创世神话中，是一位叫女娲的女神用黏土创造了人类。而在印度，对印度河谷流域早期文明的考古调查发现了大量陶土制的裸女小雕像，而之后的印度教众神殿内也包括好几位强大的女神，例如，帕尔瓦蒂*、杜尔迦†、萨克蒂‡和迦梨§女神等。³姑且不论我们能从中得出哪些有关女性在早期社会中的地位的结论，但有一点是毋庸置疑的：这两种文明在性和宗教仪式方面都承认，甚至有时会高度推崇女性。然而，除此之外，与之相伴相生的，还有一种对女性的蔑视，这一点在古代的儒家思想、印度教和佛教中体现得尤为明显。

到了18世纪中叶，英国在政治和经济上统治着印度次大

---

* Parvati，印度教中的雪山女神，恒河女神的姐姐。
† Durga，印度教中的降魔女神，她的主要功绩是消灭了杜尔格摩、巽婆和尼巽等凶残的罗刹。
‡ Sakti，印度教中的宇宙之母，也译作大天女、大女神。
§ Kali，印度教中的重要女神，又译大黑神女或大黑女，也称"时母"，被认为和时间及变化有关，象征强大和新生。

陆，这一统治一直持续到1947年印度独立时为止。英国人以及其他欧洲人对印度人在性态度和性行为方面的表现感到震惊、困惑，同时也很着迷。在一篇谈及在印度发现众多的圣妓（sacred prostitutes）的文章中，18世纪的传教士杜布瓦神父如此写道："在所有文明的民族之中，还从未见过比这更为可耻、更为下流的一种宗教。"[4]

欧洲人很容易就能在这里发现女性社会地位低下的证据，它们也补充了欧洲人自己基于西方社会的众多厌女偏见。但在这些偏见之外，新来者也不会发现不了印度存在着旺盛性欲的证据。欧洲人看到了巨大的印度教科纳克太阳神庙（Temple of Konarak）上非凡的石雕，它描画了一对情侣（有时是三人情侣小组）正在以几乎是慵懒的方式交合，这对西方人来说根本是无从想象的；石雕像中，男性的身体直接与胸部丰满、全身裸露的女人缠结在一起，而不是像西方那样用带着饱满果实的花环点缀在神圣的私处，就像一圈性感缠绕的藤蔓那样。欧洲人还阅读了印度人创作于公元3世纪到5世纪之间的《爱经》（Kamasutra），其中自然大方地包含了那些一丝不苟的性快感指南——这可并不是奥维德的《爱的艺术》（The Art of Love）那样的作品，只是为了男人的欢愉而作——它也充分认可，女人的性需求也需要得到满足。于是，印度以这样或那样的方式，将男女之间的情欲关系提升到了一个西方社会闻所未闻的层面上。的确，在某些印度教和佛教的教派中，仪式性的狂欢性交会被人视为通向觉悟的主要途径，它也是逃离墨西哥诗人奥克塔维奥·帕斯*所谓的"二

---

* Octavio Paz（1914—1998），墨西哥著名诗人、学者、小说家、翻译家，诺贝尔文学奖得主。代表作有《太阳石》《火种》《假释的自由》等。

元论陷阱"[5]的一种方式。

东方文明中的那些伟大宗教与基督教有着深刻的差异，这是因为，它们从本质上来说不是导向哲学或神学的。它们也没有基督教中的那种使命——这些宗教并不坚信它们是关于拯救全人类的绝对真理的持有者，因而，它们也就没有想去传教世人的那种历史迫切性。与此相反的是，这些宗教对这个世界和人类在其中的地位的信仰，形成了一些极为复杂的伦理体系，在其中，思想观念被进一步仪式化。这些宗教也完全是非历史性的。也就是说，它们的信仰只会产生个人的，而非历史的后果；这些宗教信仰的目的是让个人在此世获得幸福（印度教、道教和儒家皆是如此），或者让他们避免和逃脱痛苦,其中最极端的一种方法就是（比如，在佛教中）摒弃任何形式的自我意识。他们也不像基督徒和穆斯林那样有强烈的传教需求。这就意味着，与伊斯兰教和基督教不同，这些宗教中的厌女症在很大程度上是其内在固有的。但是，道教、儒家思想、印度教和佛教又与基督教和伊斯兰教有着一个共同点，那便是它们都存在着深刻的二元论，在这种二元论之中，即便世界不被视为肉体与精神、自我与自然、一与多、生与死、男性与女性、存在与非存在之间的相互冲突，它也会被视为永存于一种紧张的抗衡状态之中。

除了儒家思想——与其说它是一种宗教，还不如说它是一套礼仪和伦理准则——之外，这些东方宗教与基督教和柏拉图主义者有一个共同的信念，也即，感官世界从根本上来说是一种幻觉，它阻止人们去达到一种更高的存在状态。但与基督教有所不同的是，这些东方宗教认为，通过践行某些特定的仪式，可以在这个世界中消灭二元论。然而，尽管在东方，身体也被视为实现这一目标的一种障碍，但身体本身并不会被视为是邪恶的，而在基督教中，这种身体的罪恶是我们从神性恩典中远离和堕落的标志。东方宗教中不存在任何可以与西方宗教中的"罪"相等价的概念，这一点使得17世纪那些来印度和中国传教的第一批传教士的工作进展得极为艰难。即使在这些信仰的最具有禁欲主义的表达中，即使佛教和印度教的传统都产生了很多圣人和高僧，他们宣誓摒弃尘世生活，进而去过一种沉思内省和剥夺了肉体享乐的苦行生活，那种西方所理解的清教主义也并不存在。尽管有些学者认为，东方的禁欲主义与其中的厌女症密切相关，但是，这种关联对女性地位的影响究竟如何也仍然饱受争议。

在印度人的认知中，女性是作为一种有性欲的主体而存在。从《爱经》到密宗仪式，印度的性爱观把女性看作一位积极的性事参与者，男人和女人的目的都是为彼此带来欢愉。无独有偶，在古代中国人的眼中，男女之间的性关系也不是被罪恶或羞耻所主导，而是出自控制欲望和激情的需要。在儒家的《礼记》中，有这样的记载，丈夫们一直被教导，"故妾虽老，年未满五十，必与五日之御"[6]。从一定意义上来说，这是为了达到一种两性之间的阴阳平衡，它似乎与那种在西方发展起来的厌女观点——竭力否认女性存在自然的性欲——恰好截然相反。然而，无论印度和中国的古代文明在承认女性存在性欲这件事上达到了何种进步程度，这也都不能保护女性免受种种贬抑与轻视。

孔子（前551—前479）的儒家思想主导了古代中国的思想2000余年，它构建了一套复杂的伦理体系以及一套管理社会关系的严格的礼仪制度。这是一种父权制制度，在这种制度中，家庭内部的关系反映的既是宇宙的秩序也是国家的结构。在历史上的大部分时间里，古代中国都是施行一夫多妻制的社会。直到1912年，随着皇权统治的覆灭，一夫多妻制才最终被宣布为非法。古代中国有一个庞大的中产阶级群体,这个阶级的大多数男人都有三到十几位不等的妻妾。那时还有一些豪华的娱乐场所,可供富人狎妓。虽然按照儒家的学说,家庭要始终以平衡和秩序为宗旨,丈夫应照顾妻子和妾室在经济上和性方面的需求,但在其他方面,女性仍然受到轻视。正如中国古代诗人傅玄在诗中所言:

> 苦相身为女,
> 卑陋难再陈。……
> 垂泪适他乡,
> 忽如雨绝云。……
> 情合同云汉,
> 葵藿仰阳春。
> 心乖甚水火,
> 百恶集其身。*7

从她们很小的时候起,女性就会与男性完全隔绝开来。男女之间,哪怕是偶尔的身体接触也是要避免的,因为人们认为,这会激起情欲。孔子没有说身体是邪恶的,只是说身体是危险的。8 根据《礼记》中的记载†,"男人和女人之间不能直接手把手地将东西交给对方。如果男人要递给女人某件东西,她应当用竹托盘接过来"9。想参加公共庆典的女性,必须随身携带一个可折叠的屏

---

* 摘选自西晋时期文学家、思想家、政治家傅玄(217—278)的《豫章行苦相篇》。

† 《礼记》中这部分原文可能是:"男女不杂坐,不同椸枷,不同巾栉,不亲授。"(《礼记·曲礼上》)此处稍有差异,故根据英文原文翻译。《孟子》中也有男女有别、不能亲相授受的说法,即"男女授受不亲"。

风,以避免被外人看见芳容。[10] 按照中国古代的传统,女性不能参与公共事务。公元2世纪的政治家杨震*曾这样写道:"她们会给社会带来混乱,给朝廷制造事端……有辱皇室尊严……所以,妇人不得干涉朝政。"[11]

中国古代的大多数女性,甚至是上层阶级的女性,似乎都没有受过多少教育,仍然是目不识丁者居多。就像在古希腊的雅典城一样,只有身为交际花的官妓才会读书识字。中国古代女性的教育通常都局限在手工缝纫、刺绣雕花和演奏乐器方面。即使是那些受过教育的女性,也不无例外地要学习这些技艺,比如,女性学者兼历史学家班昭(约49—约120),她父亲是朝廷中知名的大学者,他曾主张,女孩子至少要接受初级的教育,这样一来,她们长大后才能更加意识到自己的从属身份。她们生来的命运就是做一个顺从的妻子、能诞下子嗣的母亲。那些生下儿子的妾室,可以取代没有生子的正室。

在中国古代,女性之美的评判标准总是会强调要端庄贤淑、温柔纤纤、娇小可人,最好还要有一双玲珑玉足。从10世纪开始,这种对畸形审美的追求,就随着缠足的兴起而愈演愈烈了。从很年幼的时候开始,女孩子脚上外侧三个脚趾头就会被掰弯,即反向弯向脚踝,再用布条将其紧紧包裹起来,以便形成人们交口称赞的"三寸金莲足"。德国考古学家海因里希·施里曼曾于19世纪晚期游历中国和日本,据他的观察:

---

* 杨震,生年不详,约卒于124年,东汉著名大臣,嫉恶如仇,屡次谏安帝。这段话的原文可能出自杨震写给皇帝的一篇上书《上疏请出乳母王圣》:"阿母王圣,出自贱微……扰乱天下,损辱清朝,尘点日月。……《易》曰:'无攸遂,在中馈。'言妇人不得与于政事也。"(《后汉书·杨震传》)此处为保持语义连贯,根据英文原文翻译。

在当地人的眼中，一位满脸痘痘、牙列不齐、头发稀疏，但脚只有三个半拇指长的年轻女孩，要比欧洲人认为的惹人喜爱但脚有四个半拇指长的女孩好看一百倍。

施里曼观察到，裹脚直接导致女性残疾，她们的脚背被强行掰弯，这让她们走起路来"像母鹅"一样蹒跚地踱着步。[12] 受缠足影响的主要是上层阶级的女性和一些官妓。直到1949年中国革命胜利和中华人民共和国成立以后，这项厌女且伤害极大的致残举措才被彻底废止。*

同样，在印度，宣扬女性性欲的情色作品和一系列降低女性社会地位的性别歧视举措相伴相随。公元前5世纪的印度史诗《摩诃婆罗多》（*The Mahabharata*）就视生女儿为一大不幸，它还宣称"女人是罪恶的渊薮；因为，她们都是轻浮之人"[13]。2000多年以后，这种情形依然没有扭转，而且，随着科技的发展进步，印度的父母现在就更加容易避免生出女儿来了。尽管产前的性别筛查是违法的，但是，仍有人使用这种方法来提前确认胎儿的性别；而一旦人们发现胎儿的性别为女，他们通常就会直接堕胎，这导致印度的男女性别比例越来越失衡。2001年的印度人口普查结果显示，在六岁以下的儿童中，男孩与女孩的人口比例为1000∶927。[14]

印度女性也鲜少会接受正规的教育，除非她们是在寺庙工作的圣妓。杜布瓦神父曾这样指出：

---

* 此处疑似有误，20世纪民国成立后就已经剪辫子、放小脚、兴女学了。虽未杜绝，但20世纪后中国已经少有女性裹小脚。

> 这些在寺庙工作的圣妓是印度境内唯一可以学习唱歌、阅读和舞蹈的女性。这些技能才艺只有她们能够习得，也正因此，其他女性对这些才艺深恶痛绝，以至于每一位有德行的女性都会认为，连提起这些才艺都是对她们的一种侮辱。[15]

据传，位于印度坦焦尔的布里哈迪希瓦拉神庙*曾容纳过大约400名圣妓。[16]这种卖淫与教育之间的关联，一直都是女性在受教育领域取得进步的主要阻碍，这种情况一直延续到了19世纪后半叶。尽管英国政府也颁布了一些禁止拉皮条客和利用场所来卖淫的法律，但这些法律都会受到地方当局顽固的抵制，因此，这项圣妓习俗一直保留下来并存续到印度独立之年†才被彻底废止。[17]

《摩诃婆罗多》清晰地表明，印度教历来对经期中的女性尤为忌讳。在某些情况下，若经期中的女性触碰到男性，她就会遭到鞭打。婆罗门也不能吃那些被经期女性看到过的食物。[18]从中世纪往后，印度社会中便兴起了养童养媳的陋俗，这就意味着，因生育而死亡的年轻童养媳的人数会增加。在印度，寡妇们也不好过。寡妇们一般被禁止再婚（尽管《摩诃婆罗多》中有一些例外再婚的情况发生），人们期望她们能一直生活节俭、永远悲痛下去，睡在地上，每天只吃一餐。正如一位历史学家所言，"寡妇们形容枯槁，就像是宴会上的幽灵一般"[19]。《摩诃婆罗多》中

---

* Brihadisvara Temple，又称罗阇罗阇希瓦拉（Rajarajesvara）神庙，是一座供奉湿婆的神庙，印度现存最高的神庙，1987年成为世界遗产。

† 1947年8月印度独立。

还讲述了这样一个故事，一些英勇的女性跳进了她们死去丈夫的火葬柴堆，她们宁愿选择和她们的丈夫一同赴死，也不愿在没有丈夫的情况下独自过活，这种习俗被称为殉夫，梵文中为"suttee"或者"sati"，字面意思是"贞洁的妇人"。然而，有时候，即使寡妇并不想殉夫，她们也会被强迫着跳进她们丈夫的火化柴堆里自焚。例如，在1780年就有这么一个例子，马瓦尔（Marwar）部落首领的64位妻子被迫一一跳入了该首领的火化柴堆，这些活生生的未亡人就这样和她们已故丈夫的尸体一道，被熊熊的大火所吞没。

在这种轻蔑女性的背后，似乎隐藏着在西方广为人知的那种二元论，也即，女人是自然，而男人是精神或灵魂。

> ……让男人知道，女人是感官世界之网的延续者。她们是自然的耕地，是物质……而男人则彰显为灵魂；因此，务必要让男人列在万物之首，而万物只能紧随其后。[20]

尽管这种理念类似于柏拉图对世界的二元划分，也即，将世界划分为形式或理念的世界和多变的感官世界，但这并不意味着对女性的轻视就是因为她们是物质的代表。佛教中的物质性和感官性在男性和女性的身上就都得到了充分的体现，并且，佛教还可以将它们转化和提升到一个更高的存在境界。在佛教中，身体未被加以拒斥，相反，它主张，人的身体通过情欲之道可以参悟真理。

印度的这种矛盾的女性观困扰着欧洲人，尤其是与印度文化有着最长久接触和最切近地打交道的英国人。英国人对于印度这样公然颂扬女性的情欲感到大为震惊，与此同时，他们也震惊于印度社会中存在的极端轻蔑和歧视女性的情况。到了19世纪，杀害女婴的行为在印度已经被定为非法，当地的英国殖民政府也采取了一些措施来努力制止殉夫的陋习，即使是寡妇自愿跳进丈夫的火葬柴堆跟随他一同赴死，英国殖民当局也会努力地加以干涉。在穆斯林进入印度后的12世纪，这些殉夫习俗也曾因违反伊斯兰法律而被禁止，但这在当时，根本无济于事。后来，即使在英国人的统治之下，禁止殉夫的法律也并没有取得完全成功，这种殉夫的习俗并没有完全消失。印度最后一次报道的殉夫事件，发生在2002年8月的中央邦，有一位65岁的寡妇被活活烧死。此外，尽管1856年就通过了《寡妇再婚法》（Widow Remarriage Act），但它也并没有彻底消除根深蒂固的禁止寡妇再婚的印度传统。另外，在英国的殖民统治之下，印度女性受教育的情况也没有取得明显的进展：例如，1939年的数据统计显示，在当年，只有2%的印度女性上过学。[21]

尽管传统的印度女性观有其自身的种种矛盾，但它与维多利亚时代的英国和美国对女性的看法，还是形成了鲜明的对比。在印度，对女性性欲的颂扬与社会上对女性地位的诋毁始终相伴相随，而在西方，女性社会地位和政治地位的稳步提升却伴随着对她们性欲的日加否认。这种否认女性性欲的观点在维多利亚时代中期达至顶峰，那时的医学专家竟然会自信地宣称，女性根本就没有性欲。毫无疑问，这在印度教徒看来似乎是荒谬至极的，同样，在维多利亚时代的绅士们看来，印度人认为可以通过男女交媾的方式来获得涅槃的真理也简直是不可理喻的。

在欧洲和北美洲，18世纪的启蒙运动和一系列革命运动彻底改变了政治局面及社会关系。然而，无论是新建立的美利坚合众国，还是法国大革命后建立的国民议会，都没有将男性享有的各项权利扩大到女性身上,女性依然被剥夺了选举权。而在接下来的一个世纪中,选举权的范围将会不断扩大到各个经济阶层的男性身上。但是,女性毕竟不能永远被排除在政治和社会权利之外。托马斯·潘恩(1737—1809)撰写的小册子《常识》(*Common Sense*)曾极大地鼓舞了北美殖民地的人民抗击大英帝国的统治,这本小册子也为女性的权利摇旗呐喊。1775 年,也就是在潘恩撰写《常识》这本书的前一年,他如此哀叹道:

> 即使在那些被公认为最幸福的国家中,(女性)在处理她们的财产和物品时,也会受到欲望的约束;法律剥夺了她们的自由和意志;她们是公众舆论的奴隶,舆论以绝对的影响力支配着她们,它把无伤大雅的行为失范判处为罪恶;社会上到处都是法官,他们既是暴君,同时又是诱惑者……即使人们对女性的态度和法律发生了一些变化,那些根深蒂固、压迫女性的社会偏见依然存在,它们日复一日、每时每刻都在困缚着女性。[22]

在 1792 年的巴黎,作为国民大会的一员,潘恩主张女性应该享有选举权,但这项提议遭到反对、未予通过。同年,玛丽·沃斯通克拉夫特(1759—1797)出版了《为女权辩护》(*A Vindication of the Rights of Woman*),这本书被誉为"女权主义的独立宣言",它也是"第一次基于强有力的道德体系为女性解放而展开的持久辩护"。[23]《为女权辩护》出版以后,其作者玛丽·沃斯通克拉夫特被人形容为"穿着紧身衬裙的鬣狗",此外,由于她对法国大革命的支持——1792 年,沃斯通克拉夫特曾在巴黎旅居过一段时日——英国人民对她充满了质疑并抱有公然的敌意。沃斯通克拉夫特还被人称作"来自法兰西共和国、无信仰的亚马孙人"[24]。她的基本论点也很简单明确：既然男性可以拥有权利，那么，女性也应该拥有权利。其他的英国女性，例如玛丽·阿斯特尔，早在一百多年以前就在启蒙思想的启发下主张要实现女性的解放（详见本书第五章）。法国大革命给抽象的自由原则赋予了具体的政治表达，这鼓舞了沃斯通克拉夫特那一代的很多人，他们都希望，他们所希冀的平等理念和四海一家的想法，现在或许真的都能够转变成现实了。

玛丽·沃斯通克拉夫特是家中六个孩子之一，她父亲是一位有时很专断的农民，她母亲则对她的大儿子过度溺爱，玛丽形容她母亲是一个"头脑拎不清且心性软弱"之人。玛丽·沃斯通克拉夫特在做了一份不愉快的家庭教师的工作之后，发表了一篇题为《关于女儿们教育的思考》（*Thoughts on the Education of Daughters*，1787）的论文，在这之后，她又发表了一本叫作《玛丽，一部小说》（*Mary, A Fiction*，1788）的小说。为了追求作家的事业，玛丽·沃斯通克拉夫特搬到了伦敦城，并融入了当地激进派人士的圈子。在这里，她遇见了托马斯·潘恩、诗人威廉·布莱克、政治哲学家威廉·戈德温和化学家约瑟夫·普里斯特利。曾经做过家庭教师的经历，让沃斯通克拉夫特对上流社会女性的生活方式怀有强烈的敌意，她看到那些贵妇成天都在费心打扮她们自己，尽追求一些在她看来完全微不足道的东西。她自己则选择走上了一条截然相反的道路，事实上，沃斯通克拉夫特成了典型的波希米亚式女权主义者，她不注重自己的外表，常常头发蓬乱就出门示人，穿着黑色精纺长袜。这种打扮让她的一位朋友很是反感，她称沃斯通克拉夫特是一个"不修边幅的哲学家"[25]。

《为女权辩护》的一个重要主题是，沃斯通克拉夫特对那些她认为花费大把时间在镜前梳妆打扮的女性进行批评。这为后来许多女权主义的作品奠定了批评基调。事实上，在书中，沃斯通克拉夫特对她所认为的女性轻浮行为流露出了鄙夷，尤其是她对于追求容貌之美的女性的鄙夷，这和那些男性厌女作家所写作品中的厌女倾向几乎毫无二致。沃斯通克拉夫特这样写道："根据当今社会的调整和变化，享乐已成为女性生活中的主旋律；若这种情况再持续下去的话，我们几乎不能够指望像这样虚弱的生物还能做成些什么事。"她这无疑是在复述哈姆雷特对于女性的谩骂言辞并表示赞同。她对女性的各种抱怨，与那些厌女者们历来的怨声载道也如出一辙。沃斯通克拉夫特的言辞也十分刻薄，以至于近期一位研究她著作的权威专家都不得不为难地为她的立场进行辩护，以免她被人误解为"对女性缺乏同情心"。[26] 事实上，沃斯通克拉夫特接受并内化了一种二元论的观点，也即，认为对身体的忠诚侍奉是精神和道德低下的标志。她断言道，只要女性还沉迷于身体上的享乐，那她们就会被人视为低人一等——当然，照沃斯通克拉夫特的观点，若女性被如此评判，那也是她们罪有应得。沃斯通克拉夫特还提醒道："如果女性还是一味地任意妄为，没有放弃那类使容貌变美的诉求，那么，她们也就证明了，她们自己的头脑的确没有男人那么聪明。"[27] 多亏了勒内·笛卡尔（1596—1650）的著作，那种旧有的身心二元论又在哲学上获得了新的力量。在他的理论中，存在的确证完全取决于人的思维，正如笛卡尔的这句名言令人信服地揭示的那般："我思故我在。"沃斯通克拉夫特对此深以为然，她认为，这就意味着身体是非理性的，因此，它就远不如头脑——这种二元划分自柏拉图以来一直为人所熟知，它也是厌女者们最喜欢援引的一种观点，因为在他们眼里，女性就等同于非理性的身体。因此，从这种观点中容易得出的结论便是,那些过分注重化妆和打扮的女性,肯定在思维智力上不如那些花费大量时间来阅读哲学著作的女性。

在《为女权辩护》一书中,沃斯通克拉夫特还特别强调了理性的重要性。她认为,正是理性使我们得以成为人之所是,并建立了"人类区别于兽类的先天优越性"。因此,她认为,如果女性想要提高她们自身卑下的地位,那么,接受教育就显得至关重要。这种教育会把她们培养成为理性之人,而不仅仅是男人的玩物和时尚的奴隶。唯有理性能够将女性从她们的虚荣和罪恶的泥沼中拯救出来。理性的女人会憎恶恶习、蠢行,甚至憎恶卖弄讥诮的淫词秽语。一旦有了理性,女性将是纯洁的、谦逊的,她甚至会避免与其他女性过于亲密频繁的接触。沃斯通克拉夫特认为,这种女性间的亲昵很是叫人"恶心"。在她这种一板一眼的理论之中,有理性的女人开始变得越来越像贞洁的女人一样,而贞洁的女人是维多利亚时代对女性的典型刻板印象,只不过在沃斯通克拉夫特这里,有理性的女人会受到良好的教育而已。

那么,这么说来,沃斯通克拉夫特作为"第一位主要的女权主义者",她自身也是一位厌女者吗?尽管沃斯通克拉夫特对女性的批评与那些传统的厌女者有相似之处,但她所持的理论依据和那些厌女者是有所不同的。在《为女权辩护》一书的结论部分,她如此声称:"在某种程度上,女性有许多她们特有的愚蠢——比如,有悖于理性训令及疏忽大意等罪恶——但这些都是源自无知或者偏见。""男人们出于各种动机,会想方设法地让女性保留住这些愚蠢之处……"但是,与传统厌女者有所不同的是,沃斯通克拉夫特认为,女性的这些愚蠢行为并非基于女性自身的固有本性,而是由于她们所受的教育,或者说,正是教育的缺失导致了这些愚蠢。沃斯通克拉夫特继承了洛克的理念，她认可人类几乎完全是被社会力量所塑造的产物。所以，她认为，只要能消除灌输无知和偏见的社会力量，就可以使女性成为"理性的生物和自由的公民"。或者，就像伯特兰·罗素所说的那样："人生来无知，而非愚蠢；他们是通过受教育而变得愚蠢的。"[28]沃斯通克拉夫特觉得，这句话也同样适用于女性。

最后，沃斯通克拉夫特所信仰的大多数理想都让她自己失望了，或者说，是她没能够顺利实现它们。残暴血腥的法国大革命带来的惊天转变让沃斯通克拉夫特感到大为震惊。她还疯狂地爱上了一个叫吉尔伯特·伊姆利的美国人，而伊姆利正是她警告女性要严加提防的那类男性。于是，她在《为女权辩护》一书中所鄙夷的那种代表了女性软弱的激情，最终也吞噬了她自己，在她的情人抛弃了她和他们尚在襁褓中的女儿之后，她试图自杀了结。后来，沃斯通克拉夫特和她的老朋友威廉·戈德温结婚了，并与他建立起了一种幸福且富有成效的婚姻关系。但是，不幸且具有讽刺意味的是，她在生下她的第二个女儿之后，因产后败血症而在痛苦中死去，她这位女儿的名字也叫玛丽·沃斯通克拉夫特（1797—1851）。一位牧师曾经冷酷无情地评论道，沃斯通克拉夫特的死，对女性来说，是一个有益的教训，因为它"通过指出女人的命运和她们易患疾病的脆弱身体，有力地表明了两性之间存在差异"[29]。沃斯通克拉夫特的这位同名女儿，后来与激进派的诗人珀西·比希·雪莱结了婚，并写出了杰作《弗兰肯斯坦》（*Frankenstein*）。[30]这位玛丽还见证了1848年在纽约的塞内卡福尔斯举行的第一次妇女权利大会。这次大会发起了争取女性选举权的运动，还提出了许多她母亲沃斯通克拉夫特早在50年前就已经提出的社会改革方案。在玛丽·雪莱去世后的一个世纪里，无论是美国的各大医学院和各所大学,还是英国的一些大学,包括剑桥大学在内,都开始陆续向女性开放。

然而,不可忽视的一个事实是,玛丽·沃斯通克拉夫特依然在厌女症的历史中占有一席之地,这也正说明了她的思想遗产自相矛盾的本质。虽然她在极力宣扬女性解放的必要性,但她同时又认为,这与女性的一些传统品质,例如美丽与激情等,是不相兼容的。如此一来,她实际上又延续了在很多方面对女性都极为有害的那套旧有的身心二元论。不幸的是,沃斯通克拉夫特思想的这一矛盾方面,后来又被英美两国好几代的女权主义者所继承,她们会认为,倡导女性的政治和社会权利就意味着,要看轻或彻底否认女性天性中对情欲方面的追求。因为,她们声称,这些都是男人发明出来的,目的就是为了操纵女性,以满足他们男性自己的性享乐。20世纪70年代早期,那些鼓励烧掉文胸的女权主义者,都是沃斯通克拉夫特女权思想的直接继承人。而不幸的是,这项举措及此种立场,使得当时的很多女性都疏远了女性的解放运动。

在18世纪的西欧和北美,人们的智识和政治观都发生了转变;而在19世纪,这些地区的物理环境也发生了变化。这些变化对女性的生活所产生的影响,将不同于以往的任何时刻。人类在科学领域中,尤其是在生物学和化学领域中不断开拓,取得了突破性的非凡进展,此外,工业革命的开始也标志着社会取得了相当大的智性提升和技术进步。但是,人类在其他领域不懈努力所取得的进步,并不一定就意味着女性解放事业的进步,厌女症的故事将会清楚明了地说明这一点。

工业革命将农村地区的大量人口吸引到正在不断扩张的城市之中,他们以廉价的劳动力为工厂提供其所需要的人手,这便摧毁了一些古老的乡村产业,这些产业曾雇用女性来从事纺织、酿造、烘焙、制作黄油和其他传统手工业工作,这曾经让女性能够养家糊口。工业革命以后,在城市极度拥挤的贫民聚居区中,一个新的阶级——工人阶级诞生了。工人阶级的工资很低,而且他们通常食不果腹。到了1861年,在英格兰和威尔士——它们被称为英国工业革命的锅炉房——有将近300万名15岁以上的女性在外工作,她们占女性总人口的26%。其中,只有279人从事的是文职人员的工作。其余的绝大多数女性都是受雇于工厂或是去当家庭女佣。[31] 与男性一样,女性此时也成为"拿工资的奴隶",她们的从属地位更是被这样一个事实而突显——平均而言,女性的工资所得大约为从事相同工作的男性工资的一半。到了19世纪中叶,英国的男纺纱工每周挣14到22先令,而女纺纱工所得仅约为5先令;在美国,在棉花厂工作的男工每周挣1.67美元,而女工每周所得仅为1.05美元。同样,在法国,男性印刷工的工资是每天2法郎,而女印刷工的日工资只有1法郎。[32]

除了工作环境糟糕之外,女性工人还不得不继续肩负起她们生物学上的职责,即她们还要在恶劣的条件下经历多次妊娠。工人阶级的女性,用爱尔兰改革派社会主义者詹姆斯·康诺利的话来说,是"奴隶中的奴隶"。尽管此时,避孕套的生产制作取得了进步,但绝大多数的工人阶级女性仍然无法获得它们。避孕措施仍然掌握在男性手中,这通常就意味着,即使有一些可用的避孕措施,它们也没有被使用。

在19世纪英国的城市和工业城镇的广大贫民区中,男性和女性都遭受着这种道德上的堕落,而这在历史上是很少见的。在当时,贫民区的穷人被视为一个单独的群体,贸贸然进入他们的领地，就好比是在探索"最黑暗的非洲内陆"。1851年，小说家查尔斯·狄更斯（1812—1870）在距离大英博物馆几百码[*]的地方，深入一处贫民窟，他发现："10个、20个、30个，谁能数得清他们呢！男人、女人还有孩子，大多数人都赤身裸体，他们成群地挤搡在地板上，就像一块奶酪上爬满的蛆虫。"[33] 20年后，一位到伦敦贫民窟走访的法国人曾这样报道：

> 十分钟内至少有三次，我看到人群聚集在门口，被打架所吸引，尤其是女人之间的吵架。其中有一个女人，她满脸是血，眼里噙着泪，明显是喝醉了，她正试图冲向一个男人，而群氓只是围观看热闹，还哈哈大笑。于是，就好像这阵骚动只是一个信号似的，附近"小巷"的人们也一齐涌到这条街上来了，有穿着破衣烂裳的孩童，有潦倒的贫民，还有站街女，仿佛一条装满人类的阴沟突然就将它自己呈现在你面前一样。[34]

也许贫穷不会直接制造厌女症，但过往的经验表明，贫穷往往会强化厌女症。在男性失去工作，或未能为他们的大家庭提供养家糊口之资，或是在他们遭受到其他日常性的羞辱时，作为"奴隶中的奴隶"，工人阶级的女性通常就会首当其冲地承受来自男性的愤怒暴击，充当他们挫败情绪的发泄桶。那些像著名的《伦敦劳工和伦敦穷人》（London Labour and the London Poor，1851—1862）的作者亨利·梅休这样的中产阶级观察家，他们也曾走进贫民窟，目睹情况并报道说，在贫民窟，殴打妻子

---

[*] 码，英美制长度单位，1码约等于0.91米。

和强奸的现象是如此普遍，以至于它们都被人忽视了。这种情况一直持续到了20世纪。1902年，美国作家杰克·伦敦（1876—1916）曾伪装成一名工人，潜入到伦敦东区进行调查，彼时，那里聚集了大约100万穷人。杰克·伦敦如此报道：

> 殴打妻子是婚姻中的男性特权。这些男人穿着引人注目的黄铜铁靴，把他们自己孩子的母亲打得鼻青眼紫。殴打妻子时，他们会首先将她击倒在地，接着，他们继续用穿着铁靴的脚践踏在她身上，就像西方的种马践踏响尾蛇一样……这些男人在经济上依赖他们的雇主，而这些女人则在经济上依附于她们的男人。所以，结果便是，女人挨了男人本该给予雇主的拳打脚踢，而她们对此却什么也做不了。[35]

除非发生了谋杀案件，否则，此类的殴打罪行很少会引起当局的注意。在人满为患的糟糕条件下，人们胡乱地睡在一起，通常不论性别、年龄或关系，有时四人或五六人共用一张床，有时候一张床上挤揉着更多的人。

贫民窟的女性经常要靠卖淫来维持生计。1841年，伦敦的总人口为200万，其中估计有5万是妓女。她们中的大多数人都因性病而严重破相和毁容。1866年开展的一项调查发现，在受访和接受检查的人中，超过76%的人都感染了性病，并且，所有的被调查者都患有某种致使人的身体衰弱的疾病，其中最常见的疾病是天花。[36] 稍微幸运一点的女性，是那些在妓院里谋到了容身之所的人，她们至少可以得到衣食来蔽体和果腹。伦敦某家妓院的一位老鸨，人称威利特妈妈，曾吹嘘说，她总是"把她那些女孩们的臀部洗得干干净净，并用漂亮的（衣物）把她们打扮得标致体面；当她将她们送出去的时候，她并不关心是谁带走了她们，因为她们个个都像香氛一样干净好闻，像雏菊一样清新可人"。法律也极其蔑视这些女性。新门监狱的一位访客曾惊恐地报道说："那里关押了近300名女性，犯各种罪的都有，一个牢房里挤了120个人，没有可供睡觉的垫子，所有人几乎都是赤身裸体，全部都喝得醉醺醺……她们耳之所闻，皆是可怕至极的侮辱咒骂。"[37]

中产阶级的传教士试图努力拯救"堕落的女人"。据估计，截止1837年维多利亚女王登基时，宗教宣传册协会（Religious Tract Society）已经印发了五亿份小册子，旨在试图说服妓女放弃风尘业的生活方式。在随后的几十年中，这一类型的小册子更是如洪水般袭来，但这并没有取得显著效果。[38] 贫困使得大多数女性不得不从事风尘业，此外，维多利亚时代与性道德有关的深刻的二分法也为这些妓女提供了稳定的男性客户群，对这些男性来说，"体面的女性"——成为他们妻子的女性——被有效地抑制成为无性的女人了。性是专为"堕落的女人"或滥交的穷女人而准备的，她们被视为比人类稍逊一等。性欲是一种主要困扰着男性的不幸冲动，偶尔，他们的妻子也会有义务来帮助他们释放一下性冲动。在这个时代的闺闱观念中，中产阶级的妻子们履行房事时一般仰面躺着，心里头想着英国*或美国——这得取决于她们自己身在何地。厌女症的观念具有二元对立且矛盾冲突的一面，也即，它会因贫民窟中女性的滥交而将她们贬斥到低于人类的非人范畴，而与此同时，它又会将中产阶级女性的地位提升到

---

* lie back and think of England，维多利亚时代母亲们教导新婚女性与丈夫履行房事时常用的短语，这一表达也暗示着"为国家而生育"的爱国主义。

超越了人类的"家中天使"（Angel in the House）这一地位，这主要得归功于人们认为女性与生俱来就是无性的。威廉·阿克顿医生是那个时代最杰出的医学专家之一，根据他的说法，好妻子"会向她的丈夫投怀送抱，但这主要是为了满足丈夫的需求，而且，要不是出于母性的渴望，好妻子宁愿不被她丈夫关注"。这是因为，根据阿克顿的观点，"大多数女性（真该为社会而感到高兴啊）并没有因为任何形式的性欲而受到太多精神困扰"。阿克顿还警告说，享受性快感会导致女性患上子宫癌或陷入精神失常等。[39]

尽管大多数的医学权威承认女性在性交过程中会体验到一些性快感，但他们还是认为，女性流露出任何的性兴奋或失控的迹象，都将是令人担忧的道德堕落或精神失常的体现，这可能诱发疯癫和其他疾病。在这一时期，无论是在英国还是在美国，性行为都在接受"科学"的研究细察，它们还被分为可接受和不可接受的范畴。科学提供给人们一种看待世界的客观方式，其研究对象也包括人体和人类行为。但是，在这种新型的、被认为是科学的"疾病"范畴的划分背后，往往潜藏着一种熟悉的道德观念。选择与自己同性别的人做爱变成了一种叫作同性恋的疾病。在性欲方面，尤其是在女性的性欲方面，与"疾病"的概念相伴随的，常常是一种强烈的道德谴责。例如，纵欲并享受性的女性很容易被人归类为色情狂，并会被贴上"危险、变态和性失控"的标签。[40]而在古希腊和古罗马社会，女性历来也被认为比男性拥有更强烈的性欲，因此，必须注意提防她们的肉欲，因为它很容易就会失控。梅萨利娜的命运就是一个很好的例证。根据古代社会遗留下的（也是充满仇视敌意的）资料来源（详见本书第二章），梅萨利娜是罗马皇帝克劳狄乌斯的年轻妻子，而她的性欲最终导致她成了妓院里的一名妓女。但从18世纪后期开始，女性"过度"的性欲开始被认为主要是一种生理上的失调，而非道德上的失范。到了维多利亚时代，这种观念认为，女性的纵欲已经发展到了一种完全是疾病的状态，而且，它经常伴随着各种相互矛盾的症状。

预示着女孩未来成为女人时将面临麻烦的一大迹象无疑是手淫，这是维多利亚时代的一种癖好，它在美国也一直持续盛行至20世纪50年代。人们认为，男性的手淫已经够糟糕了，但女性的手淫更甚，如若不加以控制的话，它就会动摇整个社会的存在根基。毕竟，女性手淫是通过专注于她的阴蒂，这样一来，女性就会忽视她的阴道，而事实上，她也会反抗她作为孩子的生养者这种生物学和被预定的性别角色使命。于是，女性手淫被视为一种令人不安的"男性化"倾向的迹象，它会导致各种有害后果，其中就包括女同性恋、女色情狂和许多可怕的疾病，诸如子宫出血、子宫下垂、脊髓刺激、痉挛、容颜憔悴、消瘦和心脏的功能性障碍等等，不一而足。1894年，《新奥尔良医学及外科杂志》（*New Orleans Medical and Surgical Journal*）得出的结论是："无论是瘟疫、战争、天花，还是类似由诸种邪恶暴徒组成的群氓，他们对人类造成的伤害，都不会比手淫的恶习造成的影响更具有灾难性，这是因为，手淫是毁灭文明的因由。"[41]很显然，接下来要做的就是对症下药、采取严厉的措施，而且越早行动越好。

对此种行为将会采取何种措施来进行干预，下面是一个典型的例子。《新奥尔良医学及外科杂志》上还报道过这样一则故事。一名九岁小女孩的母亲怀疑这个小女孩有手淫的习惯。于是，妇科医生A. J. 布洛克对小女孩进行了身体检查。医生触摸了她的阴道和小阴唇，但这个孩子没有任何反应。医生还报告说："而

215

当我触摸到阴蒂时,她便双腿张开,脸色变得苍白,呼吸也变得短促,身体因兴奋而抽搐痉挛起来,还发出了轻微的呻吟之声。"医生最后给定的解决处方是:实施阴蒂切除术。[42]

1867年,《英国医学杂志》(*British Medical Journal*)就曾详细描述了维多利亚时代的妇科医生艾萨克·贝克·布朗对病人实施该手术的全过程。

> 医生会使用以下两种工具:一把钩状的镊子和一块烙铁。布朗医生在阴蒂切除术中经常会使用到钩状的镊子,而烙铁在手术中会被用来切开组织……用镊子以常规的方式夹住阴蒂,然后再将烧得炽热的电烙铁的薄边贴着阴蒂的底部移动,直到这一器官最终被切除。接着,女性私处两边的小阴唇也会以类似的方式用热烙铁来回锯切掉。在切除阴蒂和小阴唇之后,手术就快要结束了,这时候,需要医生使用烙铁的背面,锯掉大阴唇和外阴其他部位没有被热烙铁利落切除的表层部分。这些手术用具在女性的私处前后来回地修剪打磨,直到这些部位被有效地毁坏,达到布朗先生使用剪刀进行手术时同样的效果为止。

布朗医生如此醉心于他的阴蒂切除术,他还声称自己曾用这种方法治好了由手淫引起的各类"女性疾病",例如,忧郁症、歇斯底里症和色情狂,等等。1866年12月,布朗医生还因为他的这项工作而获得了《泰晤士报》歌功颂德的热烈宣扬。[43]但《泰晤士报》的报道也在医学界引发了一场争论。许多医学界的同行人士一开始只是对媒体会宣扬如此令人不齿和反感的话题感到不安。也有其他医学同行指责身为皇家学院成员的布朗是个江湖庸医。但当时的教会迅速为布朗进行了辩护。坎特伯雷的大主教、英国圣公会的负责人以及约克的大主教都在极力颂扬布朗所做的工作。

尽管最终阴蒂切除术在西方遭到了反对，但医学界对女性手淫的威慑力还是心有余悸。那位对年仅九岁的女孩进行了阴蒂切除手术的布洛克医生，称手淫是一种"道德上的麻风病"。值得庆幸的是，布洛克是最后一批实施此类手术的美国医生之一。[44]然而，时至今日，针对女孩和女人的生殖器残割仍然很常见，在有些地区它甚至是种例行常规，比如在非洲的某些人口以穆斯林为主的地区。此外，在阿拉伯半岛和亚洲的一些地区，人们也会践行这种做法（详见本书第八章）。

人们也就丝毫不奇怪，为什么一种文化在某种程度上将女性奉为无性的"天使"来崇拜，而与此同时，它实际上又会贬黜女人的天性。这种文化还会滋生出追捧幼女的狂热，似乎就更不难理解了。对维多利亚时代的绅士们来说，没有什么会比在草地花丛中嬉戏的漂亮小女孩更具性诱惑的了，那是一派天真无邪的画面。凯特·格林纳威是这一时期最成功的画家之一，她被人形容为是一位"温柔、戴眼镜、身着黑衣的中年女士"[45]，她毕生都致力于创作一些含蓄而温馨的水彩画，画中描绘的都是腼腆的小女孩嗅着花朵，或是渴望地凝视着育儿室的窗外。厌女症很少会以如此险恶的形式表现出来，它代表着男人完全无法与成年女性建立起正常的两性关系。于是，这种深刻的性欲分离便不可避免地找到了另外一个出口——狎童。因为，崇拜女孩天真的反面，一直都是对女人的贬损和羞辱。伦敦城中儿童妓院的数量表明，维多利亚时代的绅士们并不满足于对绘画中描绘的多愁善感的小女孩的痴迷。为法国报纸《费加罗报》工作的一名记者曾这样报道，仅在一个晚上,他就发现约有 500 名年龄在 5 岁到 15 岁之间的女孩在伦敦城时尚的西区招揽卖淫,她们作为站街女来回穿行在皮卡迪利广场和滑铁卢广场之间。一位老鸨曾宣扬她的妓院是这样的一处隐秘所在,"你可以在这里幸灾乐祸地谛听女孩们的哭喊声,而且确信无疑的是,这里除了你自己,绝对没有任何人能听到她们的哭诉"[46]。

维多利亚时代的男性无法在性欲层面上与成熟的女性建立正常的关系,这一点在该时代的文学作品中表达得最为明显。维多利亚时代的文学作品中,最为著名的场景要数查尔斯·狄更斯的小说《老古玩店》(*The Old Curiosity Shop*)中的小耐儿之死,这也绝非巧合。对女性自然性欲的否定也意味着,这一主要文学时期的作品中,几乎完全没有表现男女之间情欲关系的内容,这种情欲保守的状态,在英国文学史上还是第一次出现。这一领域的内容完全被留给了色情作家和音乐厅内的舞台表演。这种现象之所以出现,其根源实际上是在维多利亚时代以前,基本可以追溯到 18 世纪中叶。在当时,小说《帕梅拉》的成功反映了正在崛起的中产阶级的理想,也即,品德高尚的女性战胜了粗野兽欲的男性。1801 年,"抑恶扬善及弘扬宗教与美德协会"(Society for the Suppression of Vice and the Encouragement of Religion and Virtue)在英国创立,自此,它对文学问题始终保持着警惕,以确保没有任何作者会僭越好品味的标准边界,这种监管逐渐被定义为,文学中不能提及一些身体的机能,特别是带有性功能的字眼。17 年以后,托马斯·鲍德勒(1754—1825)出版了第一部《家庭版莎士比亚集》(*Family Shakespeare*),在它的内容中,所有粗鲁、下流或明显涉及性的部分都被删减掉了。维多利亚时代的人的所作所为表明,他们不仅喜欢残害女性的身体,还喜欢肢解文学。

查尔斯·狄更斯是维多利亚时代最伟大的小说家，也许也可以说，他是英国文学中最伟大的小说家。在狄更斯所创作的大约15部长篇小说和许多短篇小说中，他都没能成功塑造出一位在性方面表现成熟的女性角色。《大卫·科波菲尔》(*David Copperfield*)也许是狄更斯最伟大的小说，当然，这也是他最具自传性质的作品。在这部作品中，维多利亚时代的人们在女性身上所寻求的那种孩童般的天真本性，在小说主人公的第一任妻子朵拉的形象刻画中得到了最为充分的体现。科波菲尔娶她是个错误，只因为她与他的母亲克拉拉非常酷似，都很虚弱、无能且幼稚。这部小说揭示了如女孩般天真的理想女性形象背后的残酷现实，这一理想只会制造出对女性的蔑视，酿成她和她伴侣的不幸。[47]

维多利亚时代的厌女症不仅造就了充满孩子气的女人，也让我们钦佩这类高贵的女性，因为她们行事只受利他主义的驱使。在维多利亚时代经典的小说文本中，例如，在夏洛特·勃朗特的《简·爱》(*Jane Eyre*)或是乔治·艾略特的《米德尔马契》(*Middlemarch*)中，这些女主人公的唯一使命就是自我牺牲，通常这都是为了提升她们丈夫的幸福或是促进他们的事业。对男性而言，这些女性的角色主要是一种精神上的贤内助。通过女性所树立的纯洁典范，她提升了男性更为粗糙、更肉体化的本性，因此，他可以领会更高尚的情感。这无疑是白人女性的重担，为了肩负起这一重担，女性要以否认她人性中的重要组成部分——她的性欲——为代价。例如，在艾米莉·勃朗特的杰作《呼啸山庄》(*Wuthering Heights*)中，当希斯克利夫和凯瑟琳之间的情欲关系被描绘成充满激情的欲望时，它会被人认为是邪恶的，而且，其后果也是灾难性的。

对性关系和性欲望的描绘，从受人尊敬的文学作品中被驱逐了出来，进而转入地下，这为后来色情小说的登场做了铺垫，并使其流行一时，这些内容也公然装饰着众多的男性杂志。1857年，发明了一个新词来描述这类内容素材——"色情作品"，它的字面意思是指关于娼妓或卖淫的作品。但是，有关性的内容也使得工人阶级音乐厅内的舞台变得活跃了起来，在那里，男女之间永无休止的斗争仍在继续上演，它们以多愁善感、好笑和淫秽的歌曲、滑稽短剧及个人吟诵等形式来加以表达和庆贺。

虽然维多利亚时代的女性被期望要超越她们天性中的某些方面，但她们也被期望要依照女性的既定命运来顺从自然。比如，分娩的痛苦便是这些既定方式中的一种。长期以来，基督徒一直教导世人，由于夏娃所犯下的罪，这种分娩的苦痛便是施加于所有女性身上的一种惩罚。250年之前，在国王詹姆士六世执政时，有一位叫作尤法妮·麦卡莱恩的女性，她在生产时由于实在无法忍受分娩的痛苦，便请求助产士阿格尼丝·辛普森给她一些能够缓解痛苦的药物。国王听后勃然大怒，还将她给活活烧死了。我们不禁要问，难道不正是在这位国王的授权之下，《圣经》才被翻译成英文，以便让包括女性在内的所有人都能清楚地了解上帝的真言吗？《圣经·旧约·创世记》中清晰地记载着，上帝这样对夏娃说："又对女人说……我必多多加增你怀胎的苦楚，你生产儿女必多受苦楚……"（第3章第16节）以防还没有表达得很清楚，所以，《圣经·旧约·以赛亚书》（第26章第17节）中又重复说道："妇人怀孕，临产疼痛，在痛苦之中喊叫……"

人们认为，《圣经》即圣言，是上帝亲自开口，说了这些话。因此，当一位名叫詹姆斯·扬·辛普森（1811—1870）的苏格兰医生提出一项倡议,指出要终结孕妇受苦楚这一上帝命定之事时,它在社会上引发了轩然大波。在辛普森还小的时候,他听过一段栩栩如生的描述,说他母亲是如何在生他时差一点就死掉了。后来,在他成为一名产科医生后,辛普森又目睹了女性在分娩时的痛苦,于是,他便开始寻找治疗的方法来帮助女性缓解这种痛苦。1847年,他为一名骨盆收缩的临产孕妇注射了乙醚,以此来帮助她缓解分娩时的苦痛。辛普森发现,即使在女性完全失去知觉的情况下,她也仍然在经历宫缩。后来,他发现氯仿具有麻醉特效,于是开始使用它来帮助女性分娩。

可以想见,辛普森在布道坛上遭到了人们严厉的谴责。麻醉的氯仿也被人称作"撒旦的诱饵,表面上它显然是在赐福女性;但最终,它将会使整个社会变得冷酷无情,并让上帝再也无法听到人们在遭遇困难时所发出的诚恳深切的呼喊求救声"。苏格兰的加尔文主义教会向其爱丁堡的医务人员办公室分发了很多小册子,并警告说,辛普森的工作将会毁掉人们对上帝的敬畏,并会导致社会的全面崩溃。[48]

还有一些攻击行为,来自辛普森的医学同行,其中的许多人都认为,辛普森本不该干涉"这份由天意安排的自然分娩过程"[49],然而,这些攻击对辛普森的声望都没有造成什么长期的影响。辛普森去世时,有超过三万人来参加他的葬礼,其中的绝大多数都是女性。截至那时,维多利亚女王本人也已经在她生产最后两个孩子时使用过麻醉药物,以使自己暂时昏厥,减轻一些分娩痛苦,这才最终让批评者安静了下来。这的确为这位现状的坚定捍卫者在改善女性命运的斗争中赢得了受人尊敬的一席之地。

随着19世纪的稳步推进,女性的地位在西欧和北美等地日益成为法律、政治和科学上持不同观点者的斗争战场,一些基于上帝的设计或是自然的命定的厌女论点也将会越来越频繁地被各方加以运用。19世纪伊始,法国便通过了一揽子的立法计划,它们以彻底的镇压遏制了女性的权利,其程度无可匹敌,直到20世纪90年代后期塔利班组织接管阿富汗政权时,才得以被超越。1804年,《拿破仑法典》(Le Code Napoléon)的颁布直接推翻了女性在大革命时期所取得的种种立法进步,比如,大革命时期曾通过法案赋予了女性离婚的权利。根据拿破仑的观点,"丈夫必须享有绝对的权力,并且,他有权对他妻子说:'女士,你不可以上剧院,你也不可以接待像这样或那样的男人,因为,你所生的孩子必须都是我的'"[50]。这部法典的颁布,使拿破仑的观点"女人就应该安于女红编织的本分"具有了法律效力,这也让他可以自由安心地在欧洲的各大战场上浴血奋战。然而反讽的是,正是在这个欧洲战场上,这位伟大的将军将会被彻底打败。

1857年,在《拿破仑法典》颁布仅50多年后,英国的女性终于赢得了与丈夫诉讼离婚的权利。这是一次程度有限的胜利,因为,一个男人只需要证明他的妻子犯了通奸罪就可以诉讼离婚,但是,这些受委屈的妻子要想诉讼离婚,她们就必须证明她们的丈夫犯有"乱伦通奸罪、重婚兼通奸罪、强奸罪、鸡奸或兽交、通奸再加上非常残忍的一类罪行,如果其丈夫只是犯有通奸罪,妻子仍是没有资格诉讼离婚的……"。但是,在接下来的30年时间里,进一步的法律得以颁布实施,这赋予法官以权力,在丈夫殴打妻子的情况下,给予女性分居的权利,并强制那些抛弃妻子的丈夫支付她们赡养费。1870年通过的《已婚妇女财产法》(The Married Women's Property Act)巩固了妻子的经济独立性,它也拒斥了沙夫茨伯里勋爵提出的那类反对意见,他曾感叹这部法律"与充满诗意的婚姻观念全然相左"[51]。然而,在那些最贫困的女性中，婚姻状况的改善则要缓慢得多。正如杰克·伦敦曾在伦敦东区的贫民窟里所观察到的那样，那些被残忍对待的妻子并不会向当地警局报案，告发她们的丈夫，因为她们在经济上完全依赖她们的丈夫，要是丈夫被投进了监狱，这些妻子在没有丈夫所得收入的情况下也无法继续生存下去。

许多人会认为，利于女性的离婚法改革对文明造成的威胁，将与女性手淫带来的影响一样巨大。因为，它严重挑战了男女之间"天然"就不平等这类厌女观念。根据有影响力的《星期六评论》(*Saturday Review*)的报道，"妻子的通奸，永远都要比丈夫的出轨问题更严重"[52]。男女之间的天然差异就证明并解释了他们在这类问题上受到的不同对待和承担责任上的差别。这一论点逐渐取代了基于神权的厌女论点，因为基督教在科学的进步面前遭到了一次智性上的大溃败。这种观点只是单调地重复，偶尔可能也会有一两种变体形式，其目的旨在反对主张让女性接受教育和参与选举的变革运动。

根据这种观点，女性"天生的脆弱"会使她们不适合接受严格的智性教育。一位当代的哲学家还曾这样警告说，要是女孩的大脑受到过度的训练，那么，她们就会变得胸部平平，无法生育出"发育良好的婴儿"。[53]夏娃难道不正是因为知道得太多才遭受到惩罚的吗？教育可能会带来太多关于"世界上散布着大量卑鄙、邪恶和苦难的知识。女性无法在不失去其美丽和鲜活的情况下学习和掌握它们，而美丽和鲜活才是她们生活中必须保有的使命"[54]。很显然，写出这些话的作者并没有访问过伦敦东区的贫民窟，他也没能亲眼看到女人的美丽和鲜活是怎样在她丈夫的黄铜钉靴之下被作践的——当然，在这位作者眼中，如果女性正在阅读莎士比亚或柏拉图的著作的话，那么，她的美丽和鲜活可能也是不足够的吧。

传统的厌女者也并不是唯一会搬出自然或上帝这套理论，来证明女性与男性有所不同的人。女性权利的倡导者也使用了同样的推理逻辑。但是，当然，女性权利的倡导者争论的前提是，他们认为女性的天性使得她们生来就比男性更为优越，而不是比男性更低劣。不管是那些反对将特许权利扩大到女性身上的人，还是那些主张将特许权利延及女性之人，他们都使用了这套女性天性中的"他者性"（Otherness）观念来推进他们各自支持的事业。例如，在英国，首相威廉·格莱斯顿（1809—1898）就反对女性拥有选举权，因为，他曾这样说道，让女性参与政治将会"侵犯她们天性中的精致、纯洁、优雅与高尚"。而与此同时，改革派人士则会主张说，通过将投票权扩大到更多男性身上这种举措，政府实际上是在将权利"赋予大部分的罪犯、放纵无节制者、不道德和不诚实的人"，这是因为"那些最邪恶的分子"，即男性，"已被纳入到参政的选举投票大厅中，而那些最优秀高尚的人"，即女性，却被"拒之于投票的门外"。[55]

为赢得选举权而进行的斗争是错综复杂的。它也非常清楚地向我们揭示了，不仅有些女权主义者对男性的不赞成，镜像映射出了厌女者对女性的蔑视，而且，一些女性对其他女性的蔑视，也与男性对待女性的蔑视态度遥相呼应。也正是维多利亚女王这位女士本人，带头起来反对主张女性权利的大军。在写给她丈夫阿尔伯特亲王的传记作者的一封信中，女王这样写道：

> 女王最渴望招募所有那些能写会道之人来加入她的国家队伍，以便审查这种疯狂、邪恶的"女性权利"的愚蠢行为，还有随之而来的所有可怕后果，她那可怜而虚弱的同性别人

士目前正热衷于此道，忘记了女性所特有的每一丝情感和举止礼仪。[56]

女王还说，应该狠狠鞭打某位叫安伯利子爵夫人*的女士一顿，她竟胆敢在斯特劳德的机械学院公开宣读一篇支持女性投票权的文章。从女王到其下一阶层的许多女性都反对改变现状，她们强调，目前的情况对某些女性而言似乎也不像对其他阶层女性那样具有压迫性。在随后的几年中，这也是主张女性权利的活动家将面临的一种旷日持久的障碍，因为她们最激烈的反对者其实是女性自身。

然而，在这个革命的时代，北美创立了一个新的国家，那里的进步理念是一种经济、社会和文化上的迫切需要，它可能会撼动并破坏传统的厌女症所依赖的许多前提假设。东北部新英格兰地区的第一批欧洲殖民者也给美洲带去了基督教传统，在这种传统中，女性被认为是诱惑和罪恶之渊薮。而与此同时，新教改革又培养了另一种看待女性的观点，也即，将其视为有价值和值得尊敬的贤内助。只需回想一下以下这一事实，便可以想象出早期北美殖民地的生存环境有多么恶劣了。"五月花"号上的那批朝圣先辈，携带了共计18位家眷，而在美洲新大陆上度过了第一个冬天后，他们的妻子中只有5位熬过了冬天，幸存了下来。女性是开拓边疆的重要人力资源，她们与她们的男人一起劳作。在这里，性过失犯罪也会受到严厉的惩罚，通常是遭到鞭刑和黥刑，但对男性和女性犯罪者都会施以同等的惩罚。我们已经在前述章

---

* Lady Amberley（1844—1874），英国妇女参政论者，英国子爵约翰·罗素的妻子，哲学家、思想家伯特兰·罗素的母亲。

节中提及并了解到,在17世纪后期的新英格兰地区,猎巫狂热迅速蔓延开来,但是,对巫术的信仰在北美殖民地这里很快就受到了人们的质疑。其结果便是,即使相对这里的少数人口而言,在同样的几十年中,与欧洲相比,在新英格兰地区因被当作女巫而受到谴责和惩罚的女性人数也要少得多(详见本书第四章)。

清教徒对身体表现出的敌意与传统厌女者如出一辙,他们都谴责女性装扮自己。关于这个古老而熟悉的主题,有着一系列相关的早期小册子,其中最具影响力的要数科顿·马瑟(1663—1728)牧师的著作,他在波士顿的北部教会(North Church)当了40多年的牧师。(他也曾是大力支持巫术信仰及猎巫运动的人士之一。)他的著作题名为《贞洁贤德女士的品格》(The Character of A Virtuous Woman),它重新审视了常见的那套陈词滥调,将爱装扮与罪恶或道德有亏相等同:"贞洁贤德的女士特别不喜欢的一种美,便是人为化妆之美。"除了脸部和手以外,贞洁贤德的女士会将她们的全身都好好遮盖住,否则,那将"会在男性观者中燃起他们的欲望之火,正因为这个原因,即使是天主教的作家,也会同样义愤填膺地斥责过度暴露身体的女性"。[57]

然而,马瑟牧师一方面小心翼翼地使他的劝告和警告看起来温和,一方面也不时赞美女性。他严厉谴责那些让女性受到一系列"侮辱伤害"的男人,骂他们是"变态且阴郁的坏男人"。只有坏男人才会声称,"所有的女人都不是好人"。"如果有如此邪恶的男人……否认你是理性的动物,那么,反驳他们的最好方法,便是证明你们自身是有宗教信仰的人……"[58]有时候,他似乎也替男性谴责女性而感到羞愧,就像他替女性化妆打扮她们自己而感到羞愧一样。马瑟对女性受教育的大力倡导也表明,相比女性历来在欧洲的社会地位，她们在美洲新大陆已经受到了更高程度的尊重。

在美国革命期间，托马斯·潘恩曾大力倡导女性权利（见前文相关章节）。这一传统被美国第二任总统约翰·亚当斯（1735—1826，总统任期1797—1801）的妻子阿比盖尔·亚当斯（1744—1818）所继承。她在1777年时宣称："凡是女性在其中没有发言权的法律，我们都不必受其约束。"

18世纪的平等原则和追求幸福的权利被顺理成章地载入了美国宪法。对那些想要向女性仍然常常受到的政治和社会歧视宣战的人而言，这就为他们提供了一个重要的理论参照点。因此，作为这种种歧视根源的传统厌女观念，便不可避免地受到了质疑。人们从智性、政治和社会各方面都对厌女症保持了警觉。

甚至在女性权利实现之前，美国的民主对女性地位的有益影响也是显而易见的，尤其是对诸如亚历西斯·德·托克维尔等访问美国的人而言。托克维尔是法国的自由派贵族，他在1831年至1832年期间访问了美国八个月。1835年，托克维尔出版了他的代表作《论美国的民主》（*Democracy in America*）。托克维尔指出，相比法国和英国的女性，美国的女性受教育程度更高、思想更为独立，这一差距有时甚至令人感到惊讶。"我经常会对她们的侃侃而谈和快乐无畏感到惊讶不已，几乎可以说是感到极大的震惊，"他如此写道，"美国的年轻女性竟然可以越过自由交谈中的重重阻碍，如此有条不紊地组织她们的思想和语言。"[59]

他继续写道，在欧洲，男人更多是在奉承女人，但背地里，他们又会暗自鄙视女性，而在美国，"男人很少恭维女人，但他们每天都表现出对女性的高度尊重"。托克维尔观察到，在美国，强奸是死罪，而且，"年轻的未婚女性也可能会独自一人出行，她们可以无所畏惧地独自外出，踏上一段漫长的旅程"。托克维尔在美国的游历促使他提出了有关男女关系的最为重要的问题：民主"最终真的会影响男女之间的极端不平等吗？似乎直到今天，这种不平等都是建立在人类的本性之上的"。即使是在又一个新千年的伊始，在一些发展中国家，这个问题也是一样的振聋发聩。在这个新千年中，西方世界将其政治和社会治理模式输出到其他社会文化中，而在这些社会文化中，人们仍然对两性平等的观念怀有敌意。早在1835年，托克维尔就曾自信地预测了最终的答案会是什么。他相信，民主"会提升女性的地位，并且会使她们逐渐达成与男性并驾齐驱的完全平等"。[60]

不过，托克维尔游历美国的大部分时间都是待在美国的东北部地区，他在施行奴隶制的南方各州中游历的时间则相对较少。而在美国南部各州，男女之间想要实现平等的前景，就像非裔美国人和他们的白人主人之间的那类平等前景一样，似乎遥遥无期。奴隶制就像贫穷一样，虽然它不会直接导致厌女症，但它肯定会给厌女症的发展和兴盛提供机会。至关重要的一点是，奴隶制的施行还消除了所有保护女性免受性剥削的法律屏障。"从第一位非裔美国女性被她的美国白人主人强奸的那一刻起，"法律学者莱昂·希金博特姆曾如此写道，"它所传达的信息就再清楚不过了——在这种法律看来，非裔美国女性奴隶就不被视为人，因而，她们甚至都没有掌控她们自己身体的权利。"[61] 由于奴隶制的存在，黑人被视为白人奴隶主的财产，非裔女性也经常只是被当作生育机器，来生产出更多的奴隶财产。

根据历史学家贝弗利·盖依-谢夫塔尔的观点："在奴隶制施行期间，对黑人女性的性剥削，就像削弱黑人男性奴隶的男子气概一样，都具有毁灭性的后果。"[62] 索杰纳·特鲁斯*曾是一个奴隶，她活跃于早期的女权运动中。特鲁斯曾有13个孩子，她作证说，她的大多数孩子都被当作奴隶卖掉了。[63]

早期的女权主义者看到了奴隶制和厌女症之间的相似之处，因为，就像奴隶一样，女性也被视为男性的私人财产。事实上，奴隶制和厌女症之间确有其渊源，这很好地体现在了柳克丽霞·莫特（1793—1880）的案例之中。莫特是一位贵格派的废奴主义者，1840年在伦敦举行的废奴主义会议上，当作为废奴主义者的莫特想要发言时，她却因其女性身份而被排除在了会议之外。正因此，莫特决定进行组织动员，以谋求女性的权利。八年之后，在纽约州边远的塞内卡福尔斯地区召开了第一次妇女权利大会，这次大会便是由莫特和伊丽莎白·凯迪·斯坦顿（1815—1902）牵头组织的。她们一起宣称道："一切男女皆生而平等，我们认为，这是不言而喻的真理。"次年，也即1849年，美国的第一批女医生获准执业行医。20年以后，怀俄明州成为第一个赋予女性投票权的现代政治实体，从而在政治、社会和性别史上都创造了历史。[64] 当然，这时距离《美国宪法第十九条修正案》的正式通过，还需要50年的时间，届时，它将会使女性的选举权扩大到美国的每一个州。

在英国，经验主义哲学家约翰·斯图亚特·穆勒（1806—1873）是一位坚定的女性权利支持者，他也是《妇女的屈从地位》（*The Subjection of Women*）一书的作者。1867年，穆勒曾试图在下议院的一项立法提案中加入一项条款来授予女性投票权，当

---

* Sojourner Truth（1797—1883），非裔美国废奴主义者、妇女权利活动家。她最著名的演讲为《我不是女人吗？》（"Ain't I a Woman?"）。

然，在当时，他的这一提议条款也会限制女性的教育资历。但此举还是失败了，正如1879年法国社会主义大会争取女性政治权利的尝试惨遭失败一样。

穆勒是最早将所谓的"白板假说"应用于政治和社会政策的人士之一，这种假说认为，所谓的"人性本质"并不存在，种族和个人之间的所有差异，都是由后天的环境造成的。穆勒认为，人们相信一些与生俱来的固有差异——包括男女之间的差异——这其实是阻碍社会进步的一大主要障碍。

穆勒的反对者终将会证明，穆勒是对的。随着经验主义者支持女性平等的论点慢慢积聚着能量，它的强烈反对者则越来越多地依靠自然的推论来驳斥这种他们认为是离奇古怪的观念。难道大自然没有让女性比男性在体力上更虚弱吗？难道她们没有更小的脑袋瓜吗？就像查尔斯·达尔文曾指出的那样，因此可见，女性的大脑"进化程度比较低"。[65] 她们不是还要来月经吗？当时的科学分析水平从下例中可见一斑：在1878年的整整六个月时间里，《英国医学杂志》刊载了一系列的辩论，它们围绕的主题竟然是，经期中的女性是否可以通过触摸火腿而使它腐臭变质。[66]

这种对女性选举权的强烈反对，也从哲学上表现了出来。在厌女者中，从来就不缺少哲学家，这种现象自柏拉图开始，便一直如此。在19世纪，厌女症主要是体现在一些德国思想家中，在卢梭（详见本书第五章）和伊曼努尔·康德（1724—1804）的影响之下，厌女症以反对经验主义的形式出现，并且它还帮助创造了浪漫主义运动。颇具讽刺意味的是，浪漫主义者竟然是站在厌女症的邪恶缔造者这一边的，因为，至少在普遍流行的思想看来，"浪漫主义"一词似乎散发着一种女性友好的光晕。但是，事实上，浪漫主义者（在诗歌和哲学中都是如此）之于女性解放，就如同白人扮黑脸歌舞团*之于真正的民权运动一样。

根据康德的观点,最深刻的知识是独立于经验的(也即,本质上是直觉性的知识),这对世界进行了半神秘性的、泛神论的阐释。康德的这种观念变成了反理性主义者的观点,他们拒斥理性的智识,并将意志提升为最终实现这个世界之意义的手段,他们认为,世界就是由若干本质组成的。女人被赋予了某些品质,而男人被赋予了其他一些不同的品质。对康德来说,女人的本质即是美,她在生活中的唯一职责就是负责美,就像一位优雅端庄的插花师那样。而男人是思想家,最好不要用男人的劳作与苦恼去打扰女人,就让她不受干扰地独自优雅即可,她对男人的苦恼也是了解得越少越好。在追随康德思想的阿图尔·叔本华(1788—1860)的哲学思想中,女人不过是一个长大了的孩子罢了,她仍是一种发展受阻的生物,因而天生只适合照顾男人。叔本华是《作为意志和表象的世界》(*The World as Will and Idea*)一书的作者,他是佛教徒,也信奉魔法和神秘主义。他是一位动物爱好者,终生未婚,也是一位彻头彻尾的反民主人士。叔本华认为,"女人的存在,主要就只是为了人类物种的繁衍绵延"。毫无疑问,他对弗里德里希·尼采(1844—1900)的影响,是他对思想史最为重要的贡献。[67]

对尼采而言,就像对叔本华来说一样,唯一的现实就是意志。尼采崇拜拿破仑和英国诗人拜伦勋爵(1788—1824)。相比于钦佩拜伦——现代意义上第一位文学名家,尼采崇拜拿破仑似乎是更显而易见的一种选择。但是,拜伦所体现的正是尼采所笃

---

* the black and white minstrels,即黑脸歌舞团(minstrel show),起源于 19 世纪初的美国,由白人将脸涂黑扮演非裔美国人,表演歌舞、娱乐节目,涉及对黑人的刻板印象和种族歧视。该表演形式随着民权运动的发展变得不再流行。

信的"超人"（Ubermensch）。这一德语词在英语里通常会译为"Superman"。尼采笔下的"超人"，无视传统的惯例，藐视盛行的道德标准，他正是权力意志的具象化身。在拜伦的生平事迹中，这种权力意志就演变成了对女性的权力掌控——所以，拜伦又因被人称为当代的"唐璜"*而闻名于世。[68]

"男人的幸福在于：我意愿（I will）。女人的幸福在于：他意愿（He wills）。"尼采在《查拉图斯特拉如是说》（*Thus Spoke Zarathustra*）中这样写道。书中还有这样一句话："女人的一切都是个谜，而且，女人的一切问题都有一个解决办法——使其怀孕。"在没有生养超人的孩子们的时候，她要致力于"为战士提供消遣"。"其余的一切，"尼采宣称道，"都是愚蠢的。"在《权力意志》（*The Will to Power*）一书中，关于女性，尼采这样写道："结识那些脑子里空空如也，只会起舞作乐、胡言乱语且穿着华衣丽服的女性尤物，是多么棒的一种享受啊！"

尼采对权力和暴力的种种幻想，都属于一个病态的隐居士的幻想，而他对女性的蔑视实则正是害怕女性的男人对女性所持的那类蔑视。[69]他将心目中的理想女性描绘成举止轻浮、脑袋空空的女傻瓜，这类女性其实是卢梭和叔本华的观念生出来的女儿，她是天真与无知结合的产物，她与维多利亚时代的"家中天使"也密切相关。但这类女性的直系后裔此时还远未诞生，后者将在阿道夫·希特勒的脑海中被描摹刻画出来。在20世纪，她将以纯种的德国少女的形象出现，并成长为希特勒心目中优等民族的无性母亲。

凭借对希特勒的影响，尼采可能一直是19世纪中最具影响

---

* Don Juan，西班牙语中浪荡子、花花公子的同义语。

力的厌女者，但他显然并不是最出名的那一位。这份不可置疑的"殊荣"，我们必须归给另一个男人，此人的身份即使在现在，也仍然像在100多年前一样神秘莫测。在当时，此人便一举获得了此后一直让他闻名于世的那个绰号——开膛手杰克，现代第一个连环杀人犯。像诗歌一样，一个时代的谋杀案也可以很直观地表现这个社会所隐藏的最为深刻的恐惧、欲望和执迷。以这种方式来看的话，要是说起维多利亚时代的厌女症的具体体现，那就再也找不出比开膛手杰克的谋杀案更令人毛骨悚然、更有说服力的表达了。仅在1888年8月至11月期间，开膛手杰克就犯下了五起谋杀案。此时，距维多利亚女王庆祝她登基50周年仅过去了一年时间。此时的大英帝国正如日中天，而当时的英国也是世界上最自信和最强大的国家。然而，开膛手杰克对五名工人阶级的妓女实施的卑鄙肮脏、恶毒残忍的连环谋杀，终将震撼和动摇这座日不落帝国的都城，这些谋杀案无疑是给大英帝国递去了一面布满血痕的镜子，而从中映照出的，正是整个英国社会对女性根深蒂固的可怖仇恨。

当然，维多利亚时代的人们，对于施加在女性身上的暴力行为也并不陌生，因为，当受害者都是下层阶级的女性时，人们可能会选择性地忽略掉这种暴力，而事实上，受害者中的大多数人也的确都是底层女性。当暴力的现实不足以满足人们的幻想时，色情作品则为其慷慨助力，它们激发了维多利亚中产阶级绅士们的暴力幻想。在开膛手杰克犯下连环谋杀案的同一年，无名氏的《我的秘密人生》(*My Secret Life*)随即出版。这本书共有11卷，据称是一位沉迷于玩弄妓女和底层女性的已婚绅士的性事自传。在又一次的眠花宿柳之后，他觉得自己好像感染上了梅毒，于是便回到家中的妻子身旁，但他的妻子拒绝与他同房。

但我还是跳上了床，我强迫她仰面躺倒在床上，并将我的阳具刺进了她的体内，它一定是因为感染而变得如此僵硬了，而且，我也很粗鲁暴力地对待她，因为她一直大声哭喊着说，我把她给弄疼了。"别那么用力——你到底是想干什么！"但是，在当时，我就觉得，我可以用我的阳具杀死她，于是，我不停地来回抽动，根本不顾她对我发出的诅咒。当我干她时，我也恨死了她——就是她榨干了我的精气，让我虚弱不堪。[70]

上面这段描写如此强烈地表达了对女性的蔑视，这种蔑视导致了一种精神性的谋杀，阳具被男人当作他们的致命武器。与这位绅士相对照，开膛手杰克似乎还要缺乏想象力一点，他也更加直截了当一些，因为，他杀人时使用的是一把真实的刀具。但是，也正是开膛手使用刀具的方式，向我们揭示出了厌女症是多么千变万化，它像变色龙一样，可以不断地改变其外在的表现形式。而这一次，它的形式正好契合了此时新科学范式的大获全胜，因为此时的科学已经越来越普遍地取代了旧有的宗教，成为对性行为中对与错的范畴分类的绝对裁定者。这种对错划分并不是公然的道德分类，而是更倾向于医学上所使用的词汇。开膛手杰克以人们能想象到的最直接和最残酷的方式应用了这种医学范式：他将女性贬损简化成了一些只适合解剖用的动物肢体标本。

在开膛手杰克的系列谋杀案中，五个死去的受害者分别是：玛丽·安·尼科尔斯，于8月31日遇害；安妮·查普曼，于9月8日遇害；伊丽莎白·斯特赖德，于9月30日遇害；凯瑟琳·埃多斯，她与查普曼同一日遇害；还有玛丽·简·凯利，她于11

月9日惨遭杀害。[71]所有这些受害者都是在伦敦东区白教堂地区一带的街道、廉价旅馆和酒吧打工谋生的站街女，也都是酗酒者。所有这些遇害的女性，都与她们的丈夫分了居。她们这些人也都在拼命地挣扎着谋生，以求能活下去。*

在这些凶杀案中，凶手的一贯作案手法都是，在这些女性受害者掀起裙子准备和凶手做爱时，用力勒死她们。勒死受害人之后，凶手再将其放倒在地，先割喉两次，然后再开始他真正的"杰作"。通常，人们会说，凶手是在肢解残害他的受害者。但实际上，凶手真正在做的事情近似于医学上的解剖，而且，主要集中在解剖女性的私密耻骨部位。凶手切除了受害者的子宫，用刀刺进她的阴道，并且／或是切除掉她的部分阴道。（在斯特赖德的那次谋杀中，凶手显然是被人打断了计划，因为，他并没有进展到切除子宫这一步。）另外，凶手也会取出受害者的内脏。其解剖的目的，便是从里到外把女性的身体器官暴露个干净。这些谋杀案中最糟糕的一例案件，要数玛丽·凯利案，她死在了她租住的肮脏昏暗的小出租屋内。《帕尔默尔报》(*The Pall Mall Gazette*)的一名记者曾跟踪报道过此案，当记者发现凯利时，她的身体就好像是"一具可怕至极的蜡制解剖标本似的"[72]。凯利租住的房屋，要比开膛手在街上作案时更为安全，也不会被人打扰，所以，凶手便在这里将她彻底地解剖了一番。根据警局外科医生托马斯·邦德的尸检报告[73]，凯利的两只乳房全都被切除了，一只放在她的头下面，另一只放在了她的右脚边。在凯利的头下，还发现了她的子宫，以及她的肾脏等器官。她的外阴和她的右大腿

---

* 感兴趣的读者，可以参阅海莉·鲁本霍德所著《生而为女："开膛手杰克案"女性被忽视的生活》(*The Five: the Untold Lives of the Women Killed by Jack the Ripper*，2019年)。

骨被剔除了全部生肉。她的面部也被破坏得面目全非、难以辨认。凯利腹部的肉也被割了下来，放在了床头柜上。她的一只手还被凶手故意推入了她那空荡荡的腹腔内。凯利死时，已怀有三个月的身孕，但案件的报道中都没有提及她腹中的胎儿何在。开膛手解剖完毕、离开凯利的小出租屋时，还故意将凯利的大腿拉伸到向外大张着，这显然是一个非常淫秽色情的性姿态。同样，开膛手杰克的其他所有受害者在被人发现时，穿着的裙子都被撩了起来，暴露出她们的私处。然而，最具有讽刺意味的一件事是，维多利亚时代的人们还曾因为将他们家中的桌腿都包裹住而名声在外，据说，这是因为他们认为裸露的桌腿极具性挑逗性。但是，维多利亚时代的人们却并没有将开膛手杰克的连环谋杀案归结为性犯罪。

就像中世纪晚期和现代早期的猎巫狂热一样，开膛手杰克的连环谋杀案也告诉了我们，在社会对女性的看法背后，还潜伏着怎样的威胁。例如，一名46岁的寡妇曾写信给伦敦的一家报纸说，像她这样"受人尊敬的女士"根本就不必害怕，因为，凶手杰克"尊重并保护那些受人尊敬的女士"。[74]诚然，这也是伦敦西区上流社会中相当多的人所持有的观点，这种观点认为，那些"坏女人"只是得到了她们罪有应得的惩罚而已。维多利亚时代的主流观点是，好女人是无性的存在，因此，女性这一性别的性欲全都是"疾病"的征兆，这便导致了生殖器残割的实践后来流行了起来，人们将其作为手淫恶习、歇斯底里症、女色情狂和其他"女性"失调症的一种治疗方案。妓女通常被人称为"堕落的女人"或是"享乐的女儿"，因为，维多利亚时代的厌女症认为，这些妓女之所以从事卖淫活动，不是由于她们经济上的窘迫与生活中的绝望，而是由于她们无法控制住自己的性欲。所以，开膛手杰克将这种厌女症的观念发挥到了一种精神变态却又合乎逻辑的极致地步。像开膛手杰克这种变态之人会相信,正是由于"堕落的女人"患有性病,所以,他才会对她们进行手术式的解剖,将她们像任何其他患病的标本一样,里里外外地彻底裸露,呈现在世人眼前。[75]

在猎巫运动的狂热中,厌女症主要是通过教会这个强大的机构来加以运作的,而在开膛手杰克的连环谋杀案中,厌女症是从极端精神变态的个体层面呈现出来的。然而,很不幸的是,我们接下来将迎来的20世纪,为厌女症的这两种形式的滋生都提供了肥沃的土壤。

第七章

超人时代的厌女症

当我们身处于后人所谓的历史中时，一个时代与另一个时代之间的划分，很少会是泾渭分明的。如今，我们可能会很果断地将我们的现代世界与维多利亚时代的世界区分开来，尤其是在对待性的问题上，然而，我们却忘记了，正是那些维多利亚时代的男人，帮助塑造了我们的20世纪，以及它看待和对待女性的方式。西格蒙德·弗洛伊德（1856—1939）、查尔斯·达尔文（1809—1882）和卡尔·马克思（1818—1883）都是19世纪出生的人，他们给我们遗留下了很多宝贵的思想，但这些思想的影响，要在接下来的20世纪中才能完全地显现出来。这三位的思想都对厌女症的历史产生了（有时甚至是深刻的）影响。在马克思和达尔文那里，这种影响一开始并不是很明显。但毫无疑问，就弗洛伊德的思想而言，其影响是体现得最为明显的。

到了20世纪初，强调个人平等和自主自治的启蒙运动的理想，似乎在整个西欧、美国和支持认同他们理念的旁系国家都已经深入人心。与此紧密相关的还有进步的理念，它也牢牢地在西方世界中生根发芽。这种进步理念似乎远不只是一个理论想法，它似乎也逐渐变成了现实。历史上出现了一段空前的工业增长期和经济扩张期，它给人们带来了普遍繁荣的希望。在欧洲、北美，以及民主政体盛行的各个国家中，女性的权利也被毅然提上了政治议程，其中就包括女性的选举投票权。1893年，新西兰成为世界上第一个授予女性选举权的国家。丹麦、芬兰、冰岛和挪威也紧随其后。1917年，俄国的十月革命也赋予了俄国女性这一权利。第二年，也即1918年，在经历了20世纪最漫长，有时也颇为艰辛和激烈的妇女参政运动之后，英国将投票权授予了30岁以上的女性；十年之后的1928年，英国才将这一女性可投票的年龄降至21岁。在美国，1920年8月，女性投票权也被写入《美国宪法第十九条修正案》。与此同时，女性日益成为劳动力市场中越来越重要的一个组成部分。从此，公共领域不再是全男性的自留地了。现在，中产阶级的女性有了接受高等教育的机会，并且，她们也开始投身于那些一直被认为只适合男性的职业。

在厌女症的历史上，女性每取得一次进步，就会遭到强烈的反攻炮轰，这不是新鲜事了。这种强烈的反攻炮轰一般会表现在以下几个不同的层面上：科学、哲学和政治领域。如果说这些反对之声都有一个共同的目标，那么，它们就是想力图证明，男人对女人的蔑视是天经地义的。古老而久远的偏见，即使它没有再次得到加强巩固，也必须拿出来重新考量和加以确认，好叫男人们安心，并让他们相信，无论男女平等和女性权利取得了何种进步，男女关系中的某些方面是永远都不会改变的。

这一点在弗洛伊德的作品中表现得十分明显。毫无疑问，他具有非凡的影响力，用英国诗人W. H. 奥登的话来说，弗洛伊德现在变成了"大众舆论气候的整体风向标，在他的指示下，我们过着各自不同的人生"[1]。弗洛伊德的著作是对两性心理差异的第一次广泛而又详尽的"科学"审察。在研究男性和女性的天然感知差异时,弗洛伊德试图找到精神分析上的根源。其实在早年间,他更倾向于强调男孩和女孩发育中的相似性,而不是差异性。在其思想发展的某一时期,弗洛伊德甚至认为男孩经历过"子宫嫉妒"(womb-envy)的阶段。[2]然而,随着年事渐长、思想逐渐成熟,弗洛伊德却发展出了一种二元论的观点。正是在20世纪20年代,弗洛伊德公开了他关于男人和女人的更为著名的论断。

如果仔细加以研究,人们便会发现,弗洛伊德的一些研究结果,其实与非洲的巫医所持的观点很是相似。即使披着科学那崭新锃亮的白大褂来发表这些声明,也无法掩饰二者之间令人瞠目结舌的相似之处。首先让我们来看看弗洛伊德对女性阴蒂的大肆攻击。在1925年写就的一篇论文中,弗洛伊德认为,因为阴蒂可以勃起,所以阴蒂是女性性态中的"男性化"因素,而对阴蒂进行的自慰,则是一种"男性化的活动"。弗洛伊德声称:"消除阴蒂性欲是培育女性气质的必要前提。"[3]女性气质是通过一种类似"政权更迭"的形式来达成的:阴蒂将"它的敏感性,同时还有它的重要性,一并移交给了阴道"。

在西非尼日尔的多贡部落,人们相信,每个人天生同时拥有男性和女性的灵魂。为了让女孩充分实现真正的女性气质,就有必要切除她们的男性灵魂所在的身体部位,即阴蒂。同样,男孩也必须经受割礼才能去除他们隐藏在包皮中的女性灵魂。[4]正如在本书前述章节中所见,一些维多利亚时代的医学专家也会主张实施阴蒂切除术来治疗所谓的"女性疾病"。试问,古派老旧的非洲神话、维多利亚时代的阴蒂切除术和西格蒙德·弗洛伊德的主张,这三者之间究竟存在什么本质的区别呢?也许就只有一点不同,那就是,弗洛伊德强调要对女性进行精神上的阉割,而不是实施身体上的残害。他还声称，只有当女性放弃从这类"男性化"活动中得到的性快感时，她们才会发展出真正的女性气质。这里的性快感指的就是阴蒂快感，因为它是一种纯粹的快感，无关生育和繁衍。这种性享乐上的自私是男性的专属特征，因此，如果女性要成长为有女性气质的完全的女性，她就必须摒弃这种自私性的享乐，因为女性气质就意味着，女性要为了更高的目的进行自我扬弃与自我否定，这种更高的目的便是阴道繁衍后代的职责。我们可能不禁会问，什么事可能会促使一个小女孩放弃她的阴蒂快感呢？弗洛伊德这样写道，女孩们会"注意到她们的兄弟或玩伴的阴茎，因为它无比醒目，而且，比起她们自身那小得可怜且不显眼的性器官，阴茎的比例也更大，于是她们会立刻认识到，阴茎要更为优越，从那一时刻开始，她们就沦为了阴茎嫉妒的受害者"[5]。很显然，至少在弗洛伊德看来，尺寸大小无比重要。他的这种解读最终决定了男人看待女人的方式，并为厌女症提供了另一重解释：

"这种种情况的结合，便导致了两种可能会有的反应，这两种反应可能会被固定下来，和其他因素一起永久地决定着男孩与女人之间的关系：他要么对这个残缺不全、遭到阉割的女性生物抱有恐惧心理，要么就对她生出心满意足、洋洋自得的轻蔑态度。"根据弗洛伊德的观点，他认为，这不仅解释了为什么男人会鄙视女人，还解释了为什么女性自身也会生出对自己性别的轻视，自觉"在一个如此重要的方面低男人一等"。[6]因此，弗洛伊德的这一理论便预示着，厌女症不是一种反常现象，实际上是一种正常和普遍的反应，因为，男女双方都对"残缺不全、遭到阉割"的女性抱有相同的看法。

弗洛伊德对女性发育的描述不仅与非洲的巫医遥相呼应，也与亚里士多德的一些观点不谋而合。大约在 2200 年前，亚里士多德将女性视为"残缺不全、遭到阉割"的男性，他还认为女性是一类无法实现其全部发展潜能的生物（详见本书第一章）。与亚里士多德一样，弗洛伊德的理论出发点也是如此，首先假设男性才是性规范的标尺，其他人都要以此为标准来衡量自身。在这个基础上便建立起了二元论——正常的男性与反常的女性。随着时间的推移，这种二元论在弗洛伊德的思想中愈发深化。最终，他还使用它来不断重复许多旧有的针对女性的偏见，当然，这一次，这些偏见是打着科学的幌子来证明它们是正当合理的。[7] 弗洛伊德认为，女性气质的生成主要取决于将关注从阴蒂的性行为转移到阴道性交。他的这一理论可被视作为"女性的角色应仅限于母亲一职"这种偏见进行的"科学式"辩护，而这一点，在当代的纳粹宣传中得到了最为强劲的体现。

到了 1929 年，当弗洛伊德开始撰写他后期的重要作品《文明及其不满》（*Civilization and its Discontents*）时，男性已被等同于文明自身，而女性则是文明的反对者，是一种被阴茎嫉妒所驱动的敌对、怨恨和保守的力量。弗洛伊德得出的结论是，女性的性欲是一块"黑暗的大陆"——这是一个意味深长的隐喻，因为它将女性与非洲人相提并论，坚决地将她们排除在一直被认为是"男人的事务"的文明领地之外。[8]

在《两性解剖学差异所导致的若干心理后果》（*Some Psychical Consequences of the Anatomical Differences Between the Sexes*）中，弗洛伊德承认自己关于女性性欲的理论只是基于"少数研究个案"。在小规模的数据上建立起庞大的理论，并不能算是好的科学实践。在很多领域内，大小非常关键，科学研究也是如此（即某一理论所依据的事实样本的规模大小）。尽管缺乏足够的证据，弗洛伊德还是一心想要推进他自己的理论观点，这只能充分说明他的自我（ego）的大小，而不是女性性欲的本质。

"当我无法从我自己的角度来理解某人时，"弗洛伊德写道，"我总是觉得，这很怪异，也不寻常。"[9] 这样的言论导致一些人将弗洛伊德置于尼采的"超人"传统之中。那些"超人"都是疯狂自恋怪，在他们伟大的男性自我面前，所有的一切都将变得微不足道。[10] 当然，弗洛伊德的性别二元观非常契合这一传统，尽管它并非源自同样的非理性、浪漫主义的信条。尼采视女性为真理的敌人，而弗洛伊德则视她为文明的敌人。

在20世纪，尼采思想传统中关于男女两性的本质二元论，为哲学以及后来政治上对女性的强烈反对，提供了一个主要的思想基础。1901年秋天，弗洛伊德结识了他的一位在当时还鲜为人知，却非常重要的坚定支持者。此人名叫奥托·魏宁格，他是一名21岁的维也纳大学毕业生，他向弗洛伊德提交了他计划进行写作的《性与性格》（*Sex and Character*）一书的大纲。弗洛伊德看了这份大纲，但觉得印象平平，他还这样评论说——很讽刺的是，他自己也有使用小规模样本进行研究的习惯——"这个世界需要的是证据，而不是思想。"弗洛伊德告诉这位年轻人，他还需要花上十年时间来为他的理论来收集证据。这样的工作任务是有违魏宁格的天性的。不管怎么说，他自己也没那么长的寿命可活了。[11]

无论从哪方面来讲，奥托·魏宁格（1880—1903）都可以说是一位才华横溢的大学生，他18岁时就会说八国语言。他深受叔本华和尼采思想的影响，也就是说，魏宁格继承了他们对女性深恶痛绝的传统，并且还在他1903年出版的《性与性格》中将厌女传统在哲学上发挥到了极致。在该书中，魏宁格的厌女二元论呈现出了一种近乎神秘的特质。他认为，文明中的每一项积极成就都与男性——尤其是雅利安男性——紧密相关，女性则是文明的对立面。魏宁格还将这种性别对立推向了极致，他否认女性有人性，并将她们贬低为无足轻重的存在："女性不存在，也没有本质；她们是否定、负面，她们什么都不是。"[12] 魏宁格这句话让人想起了柏拉图对物质和形式、对易变且短暂的感官世界和理念世界所做的二元区分。女人是物质，而男人是形式。声称女人没有"本质"也就意味着，在最高层次的纯粹形式中，女性并不存在，因此，对魏宁格来说，她的实际物质存在便也是无足轻重的了。

魏宁格在哲学层面上再次重复了人类堕落的神话。"因为物质本身什么都不是，它只能通过形式来彰显其存在"，也就是说，男人对女人的欲望便是，"男人通过女人这一物质材料来行动"。女性就是"性欲本身"。根据魏宁格的观点：

> 世界的二元性是无从理解的：这是人类堕落的情节，是一个原始之谜。它将永恒生命捆绑在易朽的存在之上，又将纯真置于罪疚之中。

当魏宁格写道，女人把男人束缚在易朽的物质上，永恒的形式世界退化成了瞬息万变的凡俗尘世时，柏拉图、《圣经·创世记》和原罪的教义在他的思想中就融为了一体。他得出的结论便是，女人是导致人类堕落的手段，所以，"只有女人自身才是罪孽"[13]。

魏宁格本人虽是犹太人，但正如他作品中不时流露出的那些厌女特征一样，他自身的反犹主义比起那些非犹太人不遑多让，尽管对于反犹主义之中所有粗俗的东西，他都会极力地撇清关系，例如，他也不赞成那种鼓吹要对犹太人实施"实际上或理论上的"迫害的观点。魏宁格还在女人和犹太人之间进行了一番比较。他认为，就像女人一样，犹太人"没有任何的天赋可言"。犹太人和女人的相似之处，还体现在他们"都具有极强的环境适应能力"和"骨子里都缺乏原创性的思想"这两方面。事实上，"就像女人一样，犹太人自身也什么都不是，但他们同时又可以自我塑形，成为一切其他的存在"。因而，魏宁格认为，女人和犹太人都"心怀二意"（double-minded），这让他们从来都不会真正地相信任何事情，正因如此，他认为女人和犹太人也都是完全不值得信赖的。[14]

魏宁格还认为，经验主义者是可鄙的。这也丝毫不奇怪。他断言，真正的雅利安人才不会建立一种基于任何肤浅感官证据或是需要通过实验才能验证理论的思想体系。魏宁格也鄙视英国人，因为英国人依赖被他斥为肤浅的经验主义哲学思想。

《性与性格》一书的终极目标，正如作者在书的开头部分所指出的那样，是要解决女性解放的问题。这一问题让魏宁格满是忧心和焦虑，因为他认为，这是对人性概念的一种威胁和挑战。在结论中，他再次回到对这个问题的探讨上，并哀叹新西兰赋予女性投票权无异于赋予低能者、儿童和罪犯以投票的权利。他将女性解放与卖淫以及犹太人的有害影响联系在了一起。所以，他会得出与公元4世纪基督教苦修者们相似的观点，并以"性交是不道德的"来作结全书，也就不足为奇了。

1903年，《性与性格》出版后没过多久，奥托·魏宁格就自杀身亡了。本来这本书在他在世时很少受到关注，即使受到了关注,也都是一些负面的评价。但是,这个年轻人的早夭,给他和他的著作都笼上了一层悲剧性的神秘光晕,而且,他的思想观点也很快就在维也纳圈子中引发了狂热崇拜。根据性学家伊万·布洛赫的观点,那时候,即使是异性恋男性,也开始"惊恐万状地诋毁并远离女性"[15]。魏宁格的影响还蔓延到了法国、德国、英国和美国。例如,在美国,魏宁格的作品就深受著名的文艺批评家福特·马多克斯·福特的赞颂,他曾宣称,男人的生活中"出现了一种新的福音"[16]。

魏宁格也影响了其他一些思想家,比如同是维也纳人的哲学家路德维希·维特根斯坦。此外,魏宁格还给近来的一些女权主义者留下了颇为深刻的印象。杰梅茵·格里尔[*]就曾在《女太监》(*The Female Eunuch*)一书中盛赞魏宁格的作品。她认为,魏宁格的这些女性理论仅仅只是基于他在身边所观察到的一些现象,但是,他的这些观察又十分细致和准确。在这一点上,我们也可以说,格里尔延续了女权主义思想中一项悠久的传统,它与传统的厌女症一样,有着一些共同的假设,包括对一些女性化行为方式的蔑视,例如,对过多关注美貌的鄙夷。

然而,魏宁格在厌女症历史上的真正重要的意义却还体现在别处。从思想的层面而言,他生动而有力地凝聚了传统的犹太-基督教和希腊哲学思想中对女性的主流蔑视态度。更为重要的一点是,魏宁格身上集中体现了一种既反犹又厌女的世界观。这种世界观在另一位年轻人身上找到了最为强烈的共鸣。他不时地逡巡在20世纪之交维也纳的各家咖啡馆和各个街头,并最终吸收

---

[*] Germaine Greer(1939—),澳大利亚著名作家和学者。她于1970年出版的社会学著作《女太监》是女权主义运动中的一个重要文本。

了这座城市充满偏见和仇恨的各类恶臭瘴气。此人就是臭名昭著的阿道夫·希特勒（1889—1945）。

希特勒与叔本华、尼采及魏宁格这三位哲学家都有着显著的相似之处，这不仅体现在他们的思想层面上，而且也体现在他们的生平之中。以上这四位男性，都是一些与社会疏离而且在性关系方面没有安全感的男人，（而且，据我们所知）他们都从未与女性建立过成熟且稳固的亲密关系，也从未拥有过安稳的家庭生活。与他们的这种孤立感相随的，是他们对自身命运的一种压倒性的坚定信念。在他的著作出版之后，魏宁格曾这样宣称："现如今，摆在我面前的人生，只有三种可能——上绞刑架、自杀，或是一种我连想都不敢想的光明未来。"对他的这番话，希特勒肯定能感同身受。他们的厌女症都是基于对女性的恐惧（也可能是出于对两性亲密关系本身的潜在恐惧），而这种厌女症也与其他的偏见紧密相连，尤其是反犹主义。[17]套用一句哈姆雷特的话来说就是，很少有偏见会单独出现，它们都是成群结队地一齐现身的。在上个世纪之交的维也纳，整个社会环境中都弥漫着一股致命的反犹主义气息。[18]在魏宁格的思想中，女性的解放、卖淫和犹太人都是紧密联系在一处的。他写道，女性解放运动"只不过是想要获得'自由'、摆脱母职的束缚；总体而言，这一实践结果终将表明，这只是一种从母职转向卖淫的反叛，它的目标只会是妓女的解放，而不是全体女性的解放"。魏宁格声称，只是因为宣传这些的犹太人太过狡猾，我们才会"在它面前俯首屈服"，并且看不清女性解放运动的本来面目。[19]

希特勒重申了魏宁格的这些观点，并谴责说女性的权利只是"犹太知识分子所发明创造出来的一个短语"[20]。在希特勒那极度扭曲的观点之中，犹太人、妓女和现代女性，都是反对母职和

"条顿"文明的险恶阴谋的重要组成部分。

1908年，19岁的希特勒怀着一颗有抱负的艺术家之心，来到了维也纳学习绘画，但他未能成功进入梦寐以求的维也纳美术学院。于是，在他充足的闲暇时光里，希特勒经常给他的朋友奥古斯特·库别兹克讲解卖淫的种种罪恶，后者曾一度是希特勒的室友。希特勒偶尔也会带着库别兹克游览这个城市的红灯区，这进一步激发和加强了他关于性和道德堕落的斥责论调。后来，他将卖淫的大肆蔓延以及自由主义思想的传播，都归咎到了犹太人身上。有一回，当钢琴专业的库别兹克带一个女人回家，想要给她上钢琴课时，希特勒大发雷霆。他告诉他的朋友，女性根本无法从这种学习中受益。[21]与魏宁格对待性一样，希特勒也提倡要禁欲（就像他自己禁酒且不吃肉食荤腥一样）。同样，希特勒也反对男性的手淫。希特勒的另一位朋友说希特勒"对女性不太尊重，但他对男女之间的关系，则抱有非常严肃的禁欲态度"[22]。希特勒心目中的理想女性，用他自己的话来说，是"敏锐、可爱、天真幼稚的小东西——温柔、甜美且愚蠢"[23]。多年以来，关于希特勒的性欲，流传着各种谣言，大多耸人听闻。在希特勒的自传《我的奋斗》中，他痴迷于对女性、犹太人和梅毒的描绘。此外，在与希特勒有关系的六名女性中，有五名最后都自杀了，这其中，就包括他23岁的侄女格莉·劳巴尔。希特勒对这位侄女有着病态的嫉妒和占有欲。"我叔叔就是个魔鬼。"[24]劳巴尔曾经这样说过。1931年9月，劳巴尔最后被人发现时，已经饮弹死在了希特勒慕尼黑的公寓中，她的头部被从希特勒的手枪发出的子弹所击穿。几乎可以肯定的是，希特勒自己是个无性恋者，虽然他似乎也能从一些年轻漂亮的女性的陪伴中获得一些乐趣，但他的行为表明，他对女性普遍怀有一种极大的恐惧。[25]他喜欢将广大群众的可塑性称为"女性化的",这表现出了希特勒对被他的宣传演讲煽动起来的群氓和拿来与这些群氓相比较的女性的双重蔑视。非常可悲的是,希特勒会在20世纪的历史中,留下他那顽固的厌女偏见和种族歧视的血腥印记。

随着国家社会主义运动的兴起,纳粹党从中应运而生。希特勒也从一个有着狂热思想的街头流浪汉,摇身一变成为一个权力在握,能将这些狂热思想转化为政治现实,个人也不乏领袖魅力的首领,尽管这一转变过程充满了血腥杀戮与暴力恐怖。从其诞生开始,纳粹党就是一架充满了厌女症和种族仇恨的强有力的机器。它诞生于一种全男性的文化当中——纳粹党的成员,基本都来自战壕、啤酒馆、准军事组织和由前德国士兵组成的退伍军人协会,他们对德国在第一次世界大战中的战败感到痛心疾首,并怀着满腔的愤怒。在纳粹对战士和"超人"的狂热崇拜之中,也还有一种很明显的同性恋特征。(这在纳粹党最初的准军事组织的冲锋队中体现得尤为明显。)希特勒本人对女性的蔑视态度与这个羽翼渐丰的纳粹党对待女性的普遍态度异常地吻合。在1921年国家社会主义德国工人党举行的第一次全体会议上,该党党员一致通过了一项决议,"决不接纳任何女性进入党的领导高层和管理委员会"[26]。

更广泛地来说,纳粹主义的厌女症是一个根深蒂固的悖论的体现,它与许多遵循原教旨主义和保守派的运动都有相似之处,主要包括伊斯兰教、基督教和正统派犹太教近来催生出的一些运动。国家社会主义一方面对现代性怀有强烈的敌意,另一方面,它擅于利用技术进步所带来的好处。要是没有技术上的进步,它根本就不会发起战争,也无法维持其统治地位。对纳粹分子来说,没有什么会比20世纪20年代解放后的女性身上体现的现代性更令人担忧和更明目张胆了，她们穿着高跟鞋、涂抹着口红并抽着香烟。在1918年到1933年期间，德国发展出了一种现代享乐主义文化，夜总会遍地开花、夜夜笙歌，好莱坞的电影风靡一时，社会上的性实验也猖獗地盛行。

纳粹分子将女性严格地排除在他们的权力机构之外，他们的长期目标也是要将女性彻底地从公共生活中排除出去，但这些举措，其实都未能阻止大批女性去支持希特勒这位刚刚崭露头角的重要煽动者。正如希特勒自己都承认的那样，女性在他的政治生涯中"发挥了不可小觑的重要作用"[27]。一些女性甚至将他当作新的弥赛亚式的救世主来崇拜。[28]从某些方面而言，国家社会主义所遵循的，也是其他保守派政党所颂扬的"儿童、厨房和教堂三步走"这一战略路线。一开始，德国女性大力支持这些更加传统的右翼政党。但是，在1932年11月的大选中，投票给纳粹的女性人数竟和男性一样多。[29]女性支持者对希特勒的成功起着至关重要的作用，考虑到后来在德国所发生的事情，这无疑是历史最大的讽刺之一。然而，这也不足为奇，而且很好理解：在一个充满不确定性、社会快速变革的共产主义革命盛行的年代，希特勒的宣传内容让很多德国女性感到宽慰和安心，这是因为，他一直在强调家庭和家族的永恒价值。正如一首感伤的纳粹时期的诗歌所表达出来的那般：

> 母亲啊，你们的摇篮
> 是一支在沉睡的大军
> 随时待命为胜利而战，
> 它们永远不会空荡荡。[30]

大多数女性可能都没有认真对待这种对母职的军事化宣传，因而，她们也就不可能从纳粹党直接将摇篮与战争联系起来的邪恶隐喻中，预测出即将到来的一些事情。但希特勒对这二者之间的关联可是严肃以待。德国女性是他的战争机器生产线的重要组成部分。然而，纳粹的政治宣传设法掩盖了残酷的社会现实，因为它唤起了人们对业已逝去的纯真岁月的一种阿卡迪亚式的幻想，也即，人们认为，昨日的世界是一个淳朴简单得多的年代，那时的女性更加纯洁，她们甘愿为人母，也没有不正当的社会或政治上的野心。纳粹党内最臭名昭著的两位厌女者要数尤利乌斯·施特莱彻和纳粹冲锋队的头目恩斯特·罗姆，他们都帮助推动和宣传了"德国母亲"这一感伤到让人腻烦的伟大形象。毫不奇怪，这两个人都过分迷恋他们自己的母亲。施特莱彻曾主编过周报《冲锋报》(*Der Stürmer*)，其内容骇人听闻，在发行的高峰期，这份报纸的发行量曾接近 100 万份。它将反犹主义与对恶魔般的犹太人强奸无助的德国少女的暴力和情色描绘结合在了一起。施特莱彻的这种过激行为，甚至让一些纳粹分子自己都感到尴尬不已，他们希望能查禁《冲锋报》。但希特勒则容忍了施特莱彻和他那些执拗的痴迷，也许这是因为，它们与元首自己反复做的一个噩梦相似：一个赤身裸体的德国女人被铁链捆缚着，她无法动弹，孤苦无助，这时，一名犹太屠夫从她的后面悄悄爬到了她身上来作恶，而在梦中，在一旁瞠目旁观的希特勒，却无法上前去拯救她。[31]

1923 年，根据战后协定占领了莱茵河的法国军队雇佣了一些黑人士兵，施特莱彻对此进行了强烈的抗议。他写道："当莱茵河上的一名黑人士兵糟蹋了一位德国姑娘时，我们这个民族就永远地失去她了。"[32] 他还认为，哪怕犹太男人和德国女性之间只有过一次性交,这也会导致这位德国女性无法生下一个"纯雅利安血统的后代",因此,施特莱彻积极参加各种活动,主张立法禁止种族之间的通婚(此举最终取得了成功)。

厌女的文化都建立在类似这样的纯粹幻想之上,即认为其他种族的人通过种种陌异的形式来强奸或诱惑"他们自己种族中的女性"。在纳粹和宗教法庭裁判官的幻想变体中,恶魔犹太人对纯种雅利安少女的变态所为,就如同魑魔对女巫所做的勾当一样。它再次重复了一种普遍的厌女症式的变态迷恋,将一些被视为对男性安全至关重要的东西,比如荣誉,与女人的美德联系在了一起。在纳粹的那套意识形态中,保有德国女性的美德,就等同于保存了整个种族的纯正血统。更为恐怖的一点是,这种变态病理还发展成为一种社会政策。纳粹颁布法律禁止德国女性与其他"劣等"种族的人——例如犹太人或斯拉夫人——发生性关系。在战争期间,在德国男人严重不足的情况下,成千上万的波兰劳工被雇用到德国的农场里干活,来帮助那些孤苦伶仃且无疑常会感到沮丧绝望的德国妻子和寡妇们。从后来社会对德国秘密警察部门盖世太保的各种谴责中,我们得以了解到,即使在一名德国女性被一名波兰劳工强奸这种情况下,女性也要受到公开的惩罚。她的头发会被剃光,人们会召开针对她的公开批斗大会。犯强奸罪的男人也会被绞死,不管这种通奸关系是不是出于自愿。而与此相对,当德国男人和波兰女人发生性关系时,盖世太保就算注意到了,也会睁一只眼、闭一只眼地放任不管。[33]

希特勒将女性在现代社会中的地位问题,看作是由"愚蠢"的两性平等观念直接导致的一个后果。在希特勒眼中,现代女性要为"家庭前景的惨淡没落"而负责。因为没有孩子,所以,她们犯了"有悖于自然"的背叛之罪。"但是,现在,德国男性又需要德国女性了。"一本国家社会主义的宣传小册子这样写道，"但他们想要的，不是那类只顾自己享乐的肤浅的玩物，那种女性只会用俗气廉价的华装丽服来装扮自己，她们从外表上看起来珠光宝气，其实却是徒有其表，内心空洞且单调乏味。我们的对手试图让我们的女性屈从于他们的邪恶目的，他们为女性描绘的是一种外表华丽光鲜而内里实则轻浮不堪的生活，他们还将大自然所赋予女性的真正本职形容为奴隶般的苦役。"[34] 按照纳粹党专家们心中的理想女性的形象，真正的德国女性应该拒绝涂抹口红、穿高跟鞋和涂指甲油，她们应该更倾向于选择成为那种自然原始的挤奶女工。他们还认为，只有当男性和女性之间的自然差异得以重新恢复时，女性才能再次获得幸福。纳粹党的"哲学家"阿尔弗雷德·罗森伯格则声称，女人的思维方式是"感性抒情的"，而不是像男人那般"系统有条理"。还有一条纳粹标语口号，它如此宣称："女人势必要从女性解放中解放出来。"

希特勒承诺，他会"废除那种不正确的思想，即认为个人如何对待自己的身体是每个个体自己的私事的这种想法"[35]。这可是国家的头等大事，而且，国家也知道它要用德国女性的身体来做些什么。希特勒还如此宣称：

> 如果说，在过去，自由派知识阶层女性运动的纲领中包含着许许多多出自所谓"思维"的章程准则，那么，现在就可以说，我们国家社会主义的女性运动的真正纲领只有一条，那就是：生养孩子。[36]

希特勒的这番话直接呼应了尼采的那则著名宣言——应对女人之谜的终解是使其怀孕。希特勒身上所反映的是那些神秘主义的厌女者们——例如叔本华和魏宁格——对母亲的固着[*]。这点对德国女性造成的一个实际后果便是，1938年，无子女在法律上被重新认定为可以离婚的一个理由。此外，堕胎、避孕药及其他节育用具随即遭到禁止。至少，在这种情况下，我们可以放心地说，希特勒坚决地站在了20世纪围绕生育权的争论中"支持生命权"[†]的一方。

希特勒治下的德国会根据"女性的生育成就"而授予她们以荣誉勋章，也即颁发"母亲十字勋章"，它效仿的是那些奖励给战斗中的英勇男性的十字勋章。[37]在希特勒对战后世界的构想中，还包括这样一项法律，该法律将强制规定，所有未满34岁的单身或已婚女性，要是还没有达成生育四个孩子的指标，就必须与纯血统的德国男性进行交配。要是男性是已婚状态，那么，他将会被免除此项交配义务。根据纳粹党卫军精英部队的头目海因里希·希姆莱的观点，"尼采的超人可以通过繁殖培育来获得"[38]。因此，纳粹设想中的未来德国，是一个巨大的种马牧场，它能够为希特勒的各个部队源源不断地送上可充当炮灰的新生投炮手。从种族上而言，血统纯正的那类"种马"无疑将会被称作"受孕助手"。但很不幸的是，纳粹统治下的厌女症并不局限于这类对德国女性贞洁的一贯痴迷，也不仅仅是重复这种对母职的感伤多愁却自私自利的幻想。与这些令人作呕的幻想形成鲜明对比的是残酷的现实，在第三帝国统治期间，纳粹分子对犹太女

---

[*] mother-fixation，也译"母亲固恋"，即所谓的恋母情结。事实上，叔本华自小就与母亲约翰娜·特罗西纳不投缘，他不认为母亲爱他的父亲和自己，他也反感母亲的交际花行为，1814年5月，叔本华彻底与母亲决裂，离开魏玛。

[†] 在欧美围绕生育权和堕胎权的争论中，主要对立的两派分别自称"支持选择权"（pro-choice）和"支持生命权"（pro-life）。前者支持堕胎合法，主张女性生育自主，后者严厉反对堕胎，主张保护人类胚胎的生命权。

性施加了残忍无道的暴行，历史上再也找不出比这更为骇人的对照了。

在寻求解决"犹太人问题"并采取种族灭绝的最终方案时，纳粹分子将所有的犹太人都置于一切正常人的道德规范之外。一些学者持反对意见，他们认为，反犹主义并没有按照性别来区分它的受害者。例如，辛西娅·奥兹克*这样写道："那些死于犹太人大屠杀的受害者们，他们并没有被当成男人、女人和儿童来看待，他们仅仅是犹太人。"[39] 然而，当迫害被施加于某个遭到仇恨的特定群体时，该群体中的女性首先会被单独挑出来遭受特别的羞辱和残忍的对待，历史事实也几乎总是如此。当社会中的种族或宗教仇恨被释放出来之时，潜藏的厌女症通常就会浮现出来并猖獗到无法无天的地步。

1938年3月，纳粹德国吞并奥地利。在希特勒率领的德军大举入侵奥地利时，他们对奥地利的犹太人发起了一系列残忍无道的野蛮迫害。在维也纳一处叫作韦灵的富裕近郊社区，纳粹命令犹太女性穿上她们的皮草大衣，还给她们分发了很小的毛刷子，强制命令她们去擦洗街道。硫酸经常会被投放进她们用来擦洗街道的水桶里，来当作恶作剧玩笑。接着，当这些女性跪在人行道上擦洗街道时，纳粹士兵们会在一大群围观者的欢呼声和讥笑声中，将他们的小便尿在她们的头上。[40] 就在几年之前，这座城市出了一个否认女性存在的魏宁格，它也养育了希特勒自身那极端恶毒的厌女症和反犹主义，而今，它竟又目睹了那些极端幻想背后令人作呕的可悲现实。这一切都发生在维也纳这座城中，想来竟也有种怪诞的巧合，不禁让人唏嘘不已。谁能料到，尼采

---

* Cynthia Ozick（1928— ），犹太裔美国作家。代表作有《披肩》(*The Shawl*)等。

的"超人"竟然沦为了冥顽偏执的酒馆恶霸!

三年之后,当纳粹的战争机器又大肆侵袭波兰和苏联的领土时,种族灭绝的行径就变成了一种普遍的现象。大批的犹太男人、妇女和儿童被围捕,并惨遭屠杀。在对各处犹太人聚居区进行大清洗的过程中,犹太男性在被屠杀之前,通常都会被剥去外衣,直至腰胯部剩下一条短裤,挽留着生而为人的一丝尊严。可犹太女性就连这点好运都没有了。她们经常会被扒个精光,然后像牛畜一样被赤身裸体地赶到大街上,遭受着人群不断的嘲讽和羞辱。我们之所以会了解到这一事实,还得归功于德国士兵,他们经常会对此类事件进行拍照留念,要么是将照片寄回老家,要么是为了记录下历史性的时刻。拍摄于1942年10月14日的两张画面粗糙的黑白照片便很好地说明了这一点。照片都摄于波兰一个叫作米佐奇的犹太人隔离区。第一张照片所抓拍到的是,16名赤身裸体的女人挤搡在一处,由两名德军士兵看管着。成堆的衣物散落在她们周围的矮草丛中。照片中还有三个孩子——一个是妈妈怀里抱着的婴儿,另外两个都是小女孩,她们的手被身旁年长的女性牵着,这些年长女性很可能是她们的母亲或姐姐。我们可以推测,这些女性的年龄在二十五六岁到四十岁出头之间。她们中的很多人,都试图遮掩住自己的胸部,徒劳地想要保留一点最后的卑微尊严。她们显然都感到很冷。她们正被分流着赶往死亡前线。第二张照片,大约拍摄于第一张照片之后的几分钟,照片中显示的是一堆杂乱无章地堆砌在一处的赤条条的雪白尸体,照片中还有一个活着的女人,她背对着镜头,匍匐在地,用手肘支着地面想直起身来,她紧挨着身旁一个小女孩的尸体,而一名德国士兵站在她身后的不远处,正俯视着,用他的步枪瞄准这个活靶子,准备一枪结果她的性命。[41]在欧洲东部地区，在纳粹掌权的各个地方，这样的场景将一次又一次地重演。这种残暴杀戮被德国士兵视为无比寻常，以至于那些参与杀戮的士兵都很乐于将它们拍照记录下来，以便与他们的家人、妻子和女友分享，就好像它们是在度假时拍摄的纪念照片一样。

即便是在纳粹集中营的各种恐怖惩罚之中，犹太女性也经常会被单独挑选出来，遭受特别的羞辱和虐待，此外，她们还要经受可怖怪诞的"妇科"实验。在德国的拉文斯布吕克集中营里，卡尔·克劳伯格教授对这里的女性都做了绝育实验。还有一位臭名昭著的纳粹军医约瑟夫·门格勒，他将数百位犹太女性和吉卜赛女性作为他的实验对象，将化学物质注入她们的子宫以阻塞她们的输卵管。[42]那些年轻一些的女性，会被迫进入集中营里的妓院，这些妓院专门为纳粹警卫提供性消遣。[43]纳粹士兵把公开展示裸体当成了一种工具，只为对这些女性进行持续不断的性羞辱。它也被当作一种筛选淘汰机制的工具。在奥斯威辛这个臭名昭著的死亡集中营中，新来的女性里，要是有谁被发现怀孕了，那么，这名女性在进入集中营之初就会被引导到左侧，并最终被分流到毒气室中处死。对那时的犹太女性来说，孕育着的生命已经成为她们自己的死刑判决书。直至大屠杀的最终阶段，我们都能看到，在纳粹惨无人道的种族灭绝的阴谋计划中，谋杀和屠戮已经变成了一道工业程序，这是史无前例的第一次，而即便在此时，厌女症也仍然占有一席之地。

与纳粹主义和其他形式的法西斯主义有所不同，社会主义及其从卡尔·马克思的思想中发展而来的意识形态，从一开始就非常支持女性的解放。马克思主义者的目标是要消除两性差异，而纳粹分子则认为，这些差异是内在本质性的，既不可或缺又不可消弭。

在19世纪中，早期的社会主义者坚定地支持女性的权利。马克思和弗里德里希·恩格斯（1820—1895）都对女性地位的现状展开了尖锐的批判，他们都认为，这是财产私有制社会的发展所直接导致的后果。在马克思和恩格斯所做的这类分析中，父权制和女性受压迫都是私有财产关系的直接后果。恩格斯认为，"一夫一妻制是随着一种性别臣服于另一种性别后才出现的"[44]。此外，男女之间的关系为阶级斗争提供了一种原型，马克思主义者认为，这种阶级斗争是历史变革的主要推动力。只有在置女性于臣服地位的财产关系被废除之后，女性的全面解放才能够实现。而反过来，这又证明，废除财产关系只能通过社会主义革命这条唯一的途径来实现，即推翻资本主义和资产阶级的统治，让无产阶级取得胜利。

马克思主义思想的哲学框架，在很大程度上要归功于18世纪的经验主义者。和那些经验主义者一样，马克思主义思想也深信，是社会环境和条件造成了人们在性格和才能上的差异，这包括阶级、种族和性别差异，等等。女性受压迫是"一个历史问题，而非生物学上的问题，这一问题应该是历史唯物主义需要加以关注和进行分析的问题，它的解决需要通过政治革命来完成"[45]。马克思主义思想接受了白板假说，认为人的意识是由社会存在而决定的。马克思主义者们坚信，只要为这张白板提供了适宜的经济条件，他们就可以自行塑造出全新的男性和女性，这样一来，困扰人类几个世纪的社会关系中的旧有分歧将不会再表现得如此明显。

能将这些信念付诸实践的机会，首先出现在1917年的俄国。当时，国际妇女节期间的一次示威游行引发了一系列的政治动荡，接着，在六个月之内，这些政治动荡直接导致了俄国的沙皇统治被推翻，此后，由弗拉基米尔·列宁（1870—1924）领导的布尔什维克政府开始上台执政。列宁宣称："如若不能实现女性的全面自由，那么，无产阶级也就不能实现它的全面自由。"[46] 新政府在女性的问题上迅速采取了行动，在上台之后的几个月内，就颁布了相关的法律，宣布男女之间绝对平等。俄国女性接着便获得了投票权，也被赋予了与丈夫离婚的权利。1920年，这个叫作苏维埃社会主义共和国联盟的新国家宣布了堕胎合法——它是第一个这样立法的现代国家。在那个时候，布尔什维克已经变成了苏联的共产党。人们相信，若女性想要从"每天要劳力费神1000件无关紧要的细琐之事"中解脱出来的话，唯一的途径就是让她先从家庭中"解放"出来，接着，再作为无产阶级的一员，加入"大规模的社会主义经济生产的大军"。[47] 由于家庭等同于女性的"奴役"，因此可以废除它。大型的公共食堂、托儿所、公用厨房和洗衣房等设施纷纷在苏联建立，为的就是将家庭的私人世界废除掉，让人们融入到充满新型社会秩序的公共世界之中。受鄙视的资产阶级被视为自私、奢靡和热爱虚饰的代名词。从某些方面来看，这有些类似于柏拉图所构画的理想国（详见本书第一章）。在理想国之中，女性作为护卫者，可以被纳入精英统治阶层，但是，这一点的达成是以否认人类性欲中的某些重要方面——例如，对美貌的热衷与喜爱——为代价的。

当然，就像柏拉图在《理想国》中所描绘的那样，男性和女性具有不同的生物学功能，因此，他们在解剖学上也存在着差异，但从行为和心理学方面来看，这些差异相对而言都无关紧要。女性要是试图强调性别差异，或是想要让人们关注到性别差异，这种行为充其量也只能招致人们的反对。

民族主义这一主要出现在20世纪的现象，曾引发了如此众多的战争和地区冲突。但不幸的是，这些战争和冲突还告诉我们，这绝非罕见。民族主义是历史上最易引起分裂的势力之一，它还与种族主义、宗教中的宗派主义和部落主义重叠交织在一起。有时候，它已经发展到了种族灭绝的地步，就像1994年春季在卢旺达所发生的种族大屠杀*那样。在被仇恨的群体中，女性通常会受到更加残忍的对待，她们会遭受由于厌女症而生出的特殊蔑视。此外，她们在被残忍杀害之前通常还会遭到性虐待和强奸。在这类二元对立的世界观中，被憎恨的群体即代表着"他者"，而属于那个他者群体中的女性，通常则被视为"他者性"中最为可鄙的一面。也就是说，女性是他者性的女性化形式。

人类过去100年的历史，无疑是一部令人沮丧绝望的残酷暴行的编年史。这些暴行都是在这种极具诱惑力的、将世界简单划分为"我们"和"他们"的二元对立的意识形态影响下所犯下的。从1937年的南京大屠杀，到2002年印度的穆斯林大屠杀，莫不如此。1937年12月，日本军队在中国当时的首都南京城犯下了种种滔天的罪孽。2002年3月，在印度的西部地区，印度教的民族主义者对穆斯林施行了残忍的大屠杀。在这些丑陋暴行中，脆弱的女性不仅受到了厌女症式的偏见对待，同时，她们还遭受到了始终伴随厌女症的民族主义所激发出来的种族仇恨或宗教仇恨。在这些针对女性的攻击和伤害中，随处可见一些怪诞至极的残忍肢解暴行，这种对女性肉身的肢解无疑带有性意味，所

---

* Rwandan genocide，又称卢旺达内战，发生于1994年4月至6月，是卢旺达的胡图族对图西族及胡图族温和派实施的有组织的种族灭绝大屠杀，共造成了80万到100万人死亡，占当时卢旺达总人口的八分之一以上。

以就连普通的男性看起来都已经变成了杀人如麻的开膛手杰克，而且，他们的人数还如此之众。在各类仇恨汇集的时候，那些通常被正常人视为只有精神病才会做出的极端变态行为，变得可以为人所接受了。当然，战争默许了诸如杀戮这类社会通常强烈谴责的惨绝人寰的非人道行径。因此，从某种意义上来说，那些强奸女性，剖开怀孕女性的子宫以便撕碎她们腹中胎儿的日本士兵和印度的民族主义者肯定都认为，他们的所作所为在战时是得到批准和许可的。而且，不仅如此，在他们各自的文化之中，必定也深埋着这种对女性的极端蔑视。在战争期间，日本军队蹂躏了成千上万的韩国女性，她们又被官方称作"慰安妇"，即强迫卖淫的一种委婉说辞。而日本军队的士兵对女性的称呼则更是既直接又轻蔑：她们直接被叫作"厕所"。在南京城，没有人知道被日军士兵强奸的中国女性的确切人数——这些被强奸的女性，还会被他们活活肢解并最终残忍杀害——但目前有一份数据显示，受日军迫害的中国女性的人数高达八万人。日军在南京所犯下的滔天罪恶，不禁让人想起杀害女性的连环杀手"开膛手杰克"等人的残忍暴行。例如，日本兵把女性受害者的尸体随意遗弃在大街上，还故意让尸体叉开双腿，并用竹篙、棍棒、瓶子和其他尖锐物品刺进她们的阴道。[48]

历来，战争中的强奸都很少被定性为犯罪，所以，女性开始发起运动抗议，力图纠正这种不公正的现象。[49] 1993年，在维也纳举行的联合国人权大会上，强奸和其他形式的性暴力都被认定为战争罪。接着，在北京和开罗召开的进一步讨论会，也重申了这一声明，并就一般的女性权利问题展开了新一轮的协商讨论，尽管在会议上，来自梵蒂冈教廷和穆斯林国家的一些代表在某些议题上也提出了相当多的反对意见。毫无疑问，这些会议的召开代表我们在道德上取得了一些进步，但几乎可以肯定的是，它所产生的实际效果也将是十分有限的。

实际上，这里的问题在于战争本身的性质：人类社会中最重要的一条道德禁令就是反对杀害人类同胞，但是，它在战时会被公然地移除。这一点所造成的恶果，我们已经尝到了。它从未像在 20 世纪的全面战争中所表现的那般突出，这些战争近乎消灭了整个社区和族群，而这也不仅仅是纳粹分子和极权主义国家所为。当这种骇人听闻的侵犯普通人类尊严的杀戮行径都被容忍和认定为合法时，战争中的强奸被人们忽略不计，也就不足称奇了。实事求是地说，如果想要废除掉战争期间的强奸，唯一的方法便是取缔战争本身。

尽管人类已经进入了第二个千禧年，但是，据目前看来，取缔战争似乎仍然是极不可能之事。而且，事实上，随着民族主义和其他二元对立的意识形态的不断兴起，人们在种族、民族或宗教层面非人化地对待被他们视为仇敌的群体，强奸暴行，以及在性问题对女性的贬损，反而得到了怂恿和鼓励。

第八章

身体政治

20世纪60年代,关于身体的政治进入了国家政体(body politic)领域。

在过去的几千年岁月中,对身体——女性的身体——的严加控制,一直都是许多由男人开创的宗教、社会、政治学说及制度的一个核心关切点。如果现实不是一直这样的话,那今天也就没有必要写一部关于厌女症历史的书了。然而,在某些男性的精神意识和内心深处,一想起有关女性的话题,他们仍旧会对女性产生极端情感——要么是恐惧,要么是痴迷。将女性非人化,无论是通过颂扬,还是通过贬低,(广义上而言)始终是一个政治问题。也就是说,围绕身体的各类政治学,并不是在20世纪60年代才被发明出来的。但是,直到20世纪中叶,女性自身才有权决定如何去定义关于她们身体的政治学。这时,科技上的进展和女权主义的复兴结盟,共同将这个议题前所未有地推到了公共领域。

20世纪上半叶,在西方和发达国家,女性赢得了政治、法律和各项社会权利。在接下来的几十年里,这场奋力抗争将会逐步转移到一个意义更为深远的领域——女性能够自主掌控自己的生育权。因为随着科学技术的日新月异，节育技术也变得越来越多样，越来越安全可靠，而且易于被广大女性所获得。这是一场关于争夺女性身体内部最终掌控机制——生育周期——的战斗。对一个女人来说，这是最为重要的权利，也是实现真正自主的关键所在。厌女症剥夺了女性的这一自主权；女性的从属地位源于缺乏这一自主权。随着性革命在西方社会轰轰烈烈地展开，厌女症将遭遇它最为可怕的噩梦。同样，在对这项挑战的各种激烈恶毒的反对声中，厌女症也是从不会缺席的。

女性可以在没有怀孕风险的情况下发生性行为，这一想法让根植于犹太-基督教传统的西方文明感到深切的焦虑不安，这与他们眼中女性的天然职责相悖。犹太-基督教传统从本质上而言是极度厌恶女性的。在英国，圣公会教堂谴责避孕性行为是"可怕的异端"[1]。在20世纪初期的美国，家庭规模越来越小，到了1900年，一名女性平均大约生育三个孩子，而在1800年，女性平均会生育七个孩子。针对此种现象，社会上的道德批评也越来越强烈。有一些女性自身会基于这种道德立场而反对采取避孕措施。伊丽莎白·布莱克威尔——美国第一位获得医学学位的女性——认为，为了"放纵丈夫的性欲而违抗自然、采取避孕措施，一方面根本不能确定是否有效，另一方面，它对女性而言是极为有害的"[2]。西奥多·罗斯福也曾抨击说，使用避孕套是道德上"堕落"的表现。他还宣称，使用避孕用品的女性是"整个种族的罪人……她是所有健康的人民理应蔑视与憎恨的对象"[3]。从这番话中，我们可以看出，后来纳粹在他们的运动宣传中所使用的那套标语式的修辞，目的也无外乎是想让女性都成为挺着孕肚的家庭主妇，将她们统统捆缚在厨房无休止的劳作中。

伴随着生理疼痛和心理痛苦的怀孕与分娩，曾被认为是上帝对人类的惩罚的一部分，其他惩罚还有终生劳作与死亡，它们都被认为是由夏娃邪恶的好奇心招致的恶果。如果消除了怀孕的威胁，那么，女性就会为了享乐而发生性关系，并会对她们的母职责任弃之不顾，因而，她们将会变得和男性一样自私自利或是比男性更为自私。要知道，那种认为女性在性方面贪得无厌的想法古已有之，而且从未在历史上消失过。此外，这种想法也是男性焦虑的一大根源。他们甚至认为，家庭乃至整个文明都将会因此崩溃。对某些人来说，他们的思考逻辑就是这么简单粗暴。这便使得有些人认为，女性对有效节育的要求，远比对选举投票权的要求更具有威胁性。20世纪后半叶，除了没有有效的节育权之外，女性取得的平等还算差强人意。教会和国家中反对节育要求的人也都乐于看到这一现状继续维持下去。他们可能会赋予女性投票权，但绝对不会赋予女性决定自身生育命运的权利。

然而，只要节育方法仍然原始、不够可靠且不够完善，或者人们不好意思采用节育措施——它们在人类历史上也一直都是被如此对待的——那么，主张女性拥有生育权便始终不会对社会支配女性构成任何严重威胁。这种情况一直持续到1955年，这一年，避孕药被发明了出来。在此之前，男性或多或少拥有对是否使用避孕套的决定权，这是那时最常见的避孕工具。当然，从理论上而言，女性可以拒绝与不戴套的男性发生性关系，但是在实践中，男性会为了自己的性享乐而欺凌、强制、胁迫或以其他方式迫使女性就范。如今，一些男性仍然在这样做。但是，当避孕药在20世纪60年代初被广泛使用时，这就意味着，在人类历史上，女性第一次可以无须征询性伴侣的意见，自行选择是否要对她们的生育能力加以控制。

旧有的男性支配体制及其各种厌女理论,不仅仅是财产关系的一种反映,它也依赖于让女性在生理层面上屈从于男性,在没有或拒绝采取节育措施来控制女性生育能力的情况下,这种屈从便能维持下去。这种父权制系统取得了非凡的成功(在世界许多地方仍旧如此),它给予了男性性自由却剥夺了女性的性自由。正如哲学家伯特兰·罗素所言,"男性占支配地位,他拥有相当多的自由,而受苦的女性则完全臣服于男性,以至于让人觉得,似乎女性的不幸根本无足轻重"[4]。20世纪60年代,避孕药的出现第一次威胁到了这个古老的父权制的等级制度体系,开启了人类两性平等的未来愿景。

从历史传统上来看,女性解放运动因为害怕得不到上层阶级的支持而有意回避争取两性平等的权利。事实上,对20世纪初期的节育倡导者们而言,相比两性在性方面的平等,他们更关心控制人口以及控制穷人出生率的问题,他们将穷人日益增长的人口视为危害社会稳定的一大因素。[5]如果女性权利的倡导者主张男女之间在性的问题上平等的话,她们通常强调的是,男性需要尊重他们强加给女性的一夫一妻制婚姻的道德观。她们坚定地遵循着基督教的道德传统——通奸的丈夫和通奸的妻子都是罪人。这一传统在2000多年前曾吸引众多女性。将两性平等的观念理解成女性也能够像男性一样在性关系上滥交混乱,这既是对传统社会规范的蔑视,也是对某些生物学事实的蔑视。所以,女性解放运动也害怕这一点会让她们好不容易才取得的成果沾染上波希米亚式激进主义的污点。但是,随着避孕药的出现,现实情况有所转变:从生理上而言,只要女性愿意,她们也可以像男性一样随意发生性关系而不必担心怀孕。与男性一样,是否拥有选择权始终是衡量女性是否取得了进步的关键所在。在避孕药被发明后的15年里，有2000万名女性通过服用避孕药行使了这一选择权，另外还有1000万名女性使用了宫内节育器（IUD）来避孕。[6]

厌女症试图通过从定义上限制女性的"真实"角色，并确保她们被束缚于这一角色之中，从而将女性非人化。在西方文明中，就这种强加的限制性规定而言，没有什么机制或机构能比基督教会产生过更大的影响了。但是，到了20世纪中叶，基督教会的这种影响力在西方大部分地区已经大为削弱了。18世纪以降，天主教会——可能比历史上任何其他机构都更多地形塑了男性看待和对待女性的方式——在知识领域的力量不可逆转地衰退了。天主教会一开始便从宗教改革中看到了威胁，却没有注意到启蒙运动和随后的科学革命给它带来的挑战。但其聪明之处就在于，天主教会并没有直接对现今科学的世界观做出严肃的哲学回应，反而以一种过于简化的方式逃避眼前的现实状况。在这场为了让女性安于本分的战争中，教会最有效的宣传武器便是圣母马利亚，此时，她突然在人间显现（apparition）。马利亚曾多次在葡萄牙、法国和爱尔兰地区的农家女孩和男孩眼前显现，让孩子们大为惊讶。从19世纪开始，大约发生了200多次这样的事件，教会只证实了其中的少数事件，例如在法国南部卢尔德地区的圣母显现。这每年能为天主教会吸引数百万信徒。据说，圣母马利亚是由于现代世界缺乏信仰而倍感苦恼才显现的，她所传布的福音是：只有唱诵《玫瑰经》才能拯救人类。这类目击圣母马利亚显现的事件都发生在教宗庇护九世于1854年宣布圣母马利亚无玷受孕的教义之后，这一教义颂扬马利亚是唯一没有沾染原罪而受孕的人类女性，后来成为天主教信仰的关键教义之一。面对科学革命带来的挑战，教会的回应却是依靠群众感性上的轻信，宣称这些教义超越了人类理性可理解的范畴，并且高于理性。正是基于这一立场，教会才将攻击矛头对准了女性的避孕和堕胎行为。

也许教会的确已经在知识进步的争论中败给了科学，但是，它仍然对数百万信徒有着巨大的道德影响力，尤其是在一些发展中国家，这种影响直到今天依然强劲。教会利用自身的影响试图阻止女性采取节育措施，然而，我们知道，在最贫困的一些国家中，拥有这类节育措施对于摆脱贫困和被压榨剥削的循环陷阱是必不可少的。"这种被称为节育的反常做法在美国造成了严重的破坏性后果，"奥维尔·格里斯神父——天主教耶稣会的会士，也是教规法典和婚姻生活方面的权威专家——在1944年时写道，"若继续放任其以现有速度发展，我们美国人民不久之后就会灭亡了。然而不幸的是，大多数美国人对这样一种令人作呕的恶习的有害影响居然漠不关心。事实上，我们看到，将避孕定为犯罪并对它进行系统谴责的机构，只有我们天主教会。"[7]格里斯神父还争论说，即使对女人来说生育有一定的死亡风险，但"以这种违背自然的方式——使用避孕工具——来执行婚姻中一项必需的行为"，无疑是罪恶的。[8] 20世纪60年代早期，数百万女性天主教徒想要通过避孕措施来限制家庭人口数量，尤其是在美国，为了响应她们的呼吁，教会成立了教宗委员会，它的主要职责就是根据当前所掌握的科学知识来监管天主教在节育方面的知识教育。教宗委员会发现，教会禁止女性节育这件事并没有任何来自《圣经》的权威解释，也没有神学或哲学上的因由，或是任何自然法中的明文规定。[9]数百万的天主教夫妇终于松了一口气，他们期待教会往后可以对此采取一种更加自由的态度。然而，1968年，教宗保禄六世颁布了通谕《人类生命》*来作为对此事的回应。这份通谕重申了教会对避孕一事的否定立场：避孕药是邪恶的，它违背了上帝的律法。十年之后，教宗若望保禄二世再次宣布，《人类生命》是"天主教信仰中的一个基本教义"[10]。

在西方，许多甚至大多数天主教徒都对教会的禁令置之不理。对她们来说，无论多么痛苦，是否怀孕的决定都不会是一个攸关生死的问题。然而，不幸的是，对世界上最贫困地区的那些女性来说，节育往往真的是生死攸关的大事。在这些地区，女性对于自己是否怀孕的选择权，与她们能否让自己及家人摆脱贫困的前景直接挂钩。正是在这种背景下，教会内在且根深蒂固的厌女症对女性的人生造成了最大的伤害。教宗若望保禄二世在其任期内花费了大量时间来宣传一种教义，该教义告诉贫穷且目不识丁的女性，使用避孕套等于道德上的谋杀，她们每使用一次避孕套，都会使得基督在十字架上的牺牲成为"徒劳"。教宗若望保禄二世这样说道："没有任何个人境况或社会环境能够——或者将来能够——纠正由避孕行为所带来的道德败坏。"[11]此种态度背后潜藏的是这样一种假设：当涉及生育时，女性的自主同意是不必要的，此外，一旦女性受孕，无论是否是意外怀孕，她自己的意志也都是无关紧要的。与那些主导我们对待强奸的态度的观念相比，这一点的道德内涵就显得十分有意思。所有的文明社会都认为，男性必须征得女性的同意才能与她发生性关系。如果没有得到女性的同意就强迫她进行性交，这种行为必定是强奸，而强奸罪是一种严重的犯罪。但是根据教会的说法，在怀孕这个关键

---

* *Humanae Vitae*，副标题为"论节制生育"，是关于生育控制的预言性综述。这份教谕首先指出："在已婚人士与造物主上帝自由负责的合作中，最重要的是延续人类生命。"教宗保禄六世重申了天主教关于节育和堕胎的教导。

性的问题上，女性的同意是无关紧要的。因此，男性可以违背女性的意愿使其受孕，也无须征得她的同意。上帝那无可更改的律法始终凌驾于女性的意愿之上，女性的怀孕与否也决定了她们的命运。于是，女性的个人自主权就被彻底剥夺了。

在女性生命经验中最重要的生育方面，教会无视女性的同意，这在道德上无异于为强奸辩护。它再次提醒我们，深刻强烈的蔑视一直都是天主教对待女性的基本态度，也是几个世纪以来造成众多苦难的原因。在最贫穷的国家中，数百万最脆弱的女性要继续因此而受苦。在一些信奉天主教的国家中，教会阻挠政府开展计划生育的措施。然而，在人口增速超过了经济增速的一些地区，它们其实迫切需要这些节育工具。1980年，教宗访问了巴西这个世界上天主教徒最多的国家。多年以来，巴西严格奉行天主教教义，反对计划生育。在这里，堕胎是非法的，因为堕胎而被定罪的女性将会被判处6年到20年不等的刑罚。因此，数百万巴西女性不得不穿街走巷去寻找那些非法帮人进行堕胎手术的打胎者，或者用织衣针或衣架等尖锐之物来终止意外怀孕。据估计，在巴西，每年约有五万名女性因失败的终止妊娠手术而死亡。[12]然而，就在教宗若望保禄二世访问巴西两年之后，巴西政府突然改变了它以往的做派和立场，向联合国人口基金会寻求帮助，该组织旨在向最需要计划生育援助的贫困国家提供援助性的服务。但是，堕胎在巴西仍然是非法的，而且，因为堕胎而死亡的巴西女性的人数仍然要比其他原因致死的女性人数更多。当然，最痛苦的还是那些最贫穷的女性。因为巴西富有的精英阶层可以找到其他途径去堕胎，不必担心遭到当局的逮捕或是来自社会的侮辱唾骂。"我们的法律，就只是为了惩罚穷人。"巴西计划生育部门的负责人埃尔希玛·科蒂尼奥这样评论道。[13]

在努力限制最贫穷且最脆弱的女性使用节育工具这一方面，天主教会并不是唯一一个强大的、全球性的团体或机构。20世纪80年代，在罗纳德·里根总统领导下的美国政府就采取了这样一项政策，它拒绝资助向人们提供堕胎手术服务或堕胎相关信息的计划生育团体。这项政策是由一些来自原教旨主义派的新教机构的游说者们敦促政府达成的，自20世纪80年代以来，这些组织机构在美国的政治中发挥着越来越大的影响。它们是对女性在20世纪60年代和70年代所取得的成就的一种保守和宗教式的反弹的一部分（下文还将谈到这一点）。到了1994年的美国国会大选时，共和党的五分之二选票都来自基督教中的右翼人士。[14] 乔治·W.布什总统的核心拥护者都是一些基督徒中的原教旨主义者。布什总统重新确立了反对堕胎的政策，在对恐怖主义发表"战争"宣言*之前，他就已经向堕胎手术"宣战"了。2001年，就在布什总统上任的第一天，他重申了那条"禁言法案"（gag rule），即当局政府不会资助那些向人们提供堕胎手术服务及堕胎相关信息的团体。在世界上最贫穷的一些国家中，数百家女性健康组织不得不做出艰难的选择，他们要么放弃提供堕胎服务及相关咨询，要么失去来自政府的资助。阿马雷·巴达达是拒绝签署这项"禁言法案"的人之一，他是埃塞俄比亚家庭生育指导协会的一名工作人员。他说，由于他的拒签，他所在地区的54个计划生育诊所中，有44个可能会在2004年之前倒闭停业。这其中的每一个诊所，都曾为约500名女性提供过堕胎服务，

---

* 指的是2001年"9·11"事件发生后，在任的小布什总统于9月21日在国会发表的一次著名演讲。他声称要坚决进行反恐战争，"一定要报复恐怖主义"，其后续事件包括美国入侵阿富汗和伊拉克。

其中有一些女性必须步行6英里*路才能到达。巴达达经管的各个诊所日复一日需要处理的顾客的问题主要包括：强奸、包办婚姻和残割生殖器等。"根据'禁言法案'的规定，我可以为那些非法堕胎后流血不止的女性提供辅助治疗，但是，在她接受治疗之前，我被禁止告知她这次治疗会有哪些风险。"巴达达先生在受访时这样说道，"我们想些什么、说些什么，这些不应该被控制。"巴达达最后总结道："美国的此项举措正在将大量的女性逼到那些非法实施堕胎手术的人手中。"[15]

截至1999年，在大多数的中美洲和南美洲国家，堕胎是非法的。除非是在强奸、乱伦或其他一些孕妇的生命受到威胁的情况下，堕胎才会被允许。同样的堕胎限制法令也适用于大多数的非洲国家，以及中东和南亚地区的大部分国家。1983年，在以信奉天主教为主的爱尔兰共和国，一项反堕胎条款被写入了该国的宪法之中。[16] 由于种种此类的堕胎限制法令，据世界卫生组织估计，每年约有七万名女性因为不安全的堕胎手术而死亡，还有成千上万的女性会因此遭受严重的术后感染，或是因为手术不规范而失去生育能力。[17] 这就意味着，每年因为被剥夺了生育权而不幸死亡的女性人数，与16世纪和17世纪欧洲猎巫高峰时期每年惨遭杀害的女性人数相当，甚至有更多。像那时一样，基督教的厌女症是绝大多数不必要的苦难最直接的幕后推手。

天主教会反对堕胎的立场与最严厉的基督教批评者——原教旨主义的新教徒——的立场相同，这听上去似乎颇有讽刺意味。事实上，即使你发现所谓的"支持生命权"的反堕胎运动会将历史上的诸多统治者置于同一阵营，也没必要感到惊讶，因为

---

* 英美制长度单位，1英里约为1.61千米。

这些人都曾在各自的国家中实施过禁止堕胎的政策。他们的共同点是根植于厌女症的一种信念，也即，女性的选择权——女性自主权的一个基本方面——必须被剥夺和摧毁，以实现他们所追求的"更高一等"的宗教、道德或社会目标。

在20世纪的美国，争取女性选择权的运动一直是最艰苦卓绝且富有争议的斗争之一。这种斗争在20世纪80年代和90年代激起了厌女症的强烈反攻，在其表现得最为狂热的时期，这种反攻直接导致了针对计划生育诊所发起的多次袭击，以及对医生和医护人员的谋杀。

对反堕胎运动的意识形态辩护主要源于基督教的厌女症传统及其基本教义——女性的从属地位、公认的劣等性，是上帝对她导致人类堕落之罪恶的审判（见本书第三章和第四章）。然而，即使是天主教会，也并不总是像当前这样对堕胎零容忍。在1588年之前，天主教会一直遵循并信奉亚里士多德的生育理论中的主导观点：男胎会在受孕后的第40天"获得灵魂"，而女胎在受孕后的第60天才会拥有灵魂。因此，在某些特定情况下，堕胎可以在这段时间之内进行。然而，就在这一年，教宗西斯笃五世颁布了一项法令，规定在受孕的任何阶段进行堕胎都是谋杀。1854年宣布的圣母无玷受孕的教义，进一步加强了教会的反堕胎立场，因为它认为，圣母马利亚从受孕的那一刻起，就被圣灵"赐予了灵魂"，从而成为唯一摆脱了原罪玷污之人。这就意味着，从那之后，她就具有了完全的人性。教宗庇护九世在1869年又重申了这一则教义。为了确保没有人会持有任何反对的立场，他在第二年又宣布了教宗无谬误（Papal Infallibility）这一教义。毫无疑问，随着女性对节育权和生育权的进一步追求，教会宣称堕胎是谋杀的力度也呈上升态势。女性的自主生育权继而变成了能够决定一个家庭自身命运的战场："……从夫妻结合的角度而言，已收集的一系列统计数据表明，在有较多人口的家庭中，父母实际上几乎不会离婚，而且随着孩子进一步长大成人，家中孩子的数量不断减少，父母还会继续生育繁衍……没有什么能比夫妻生育的众多孩子更能稳固他们之间的关系了。"[18] 博学多识的神学家肯定也会争辩说，如果一位妻子没有一个大家庭需要照顾，那么，她就会变得自私自利，专注于绯闻八卦，阅读危险的书籍，还会成天与一些狐朋狗友们混在一起。[19]

1955 年，苏联再次将堕胎合法化（堕胎合法曾在 1936 年被废止），大约在同一时间，堕胎在苏联的各成员国都成为合法之举。随后，堕胎的合法化也相继出现在了 1967 年的英国、1973 年的美国、1974 年的法国和 1978 年 5 月的意大利。然而，主要是在美国，支持选择权的通例却同时遭到了新教原教旨主义派和天主教保守派的激烈、狂热和暴力的反对。20 世纪 80 年代，当美国的堕胎数量达至顶峰时[20]，一个叫作"救援行动"的组织突然出现了，他们在提供堕胎服务的计划生育诊所外举行各类抗议活动。这个组织的成员大多为中老年男性。当一些女性走进诊所进行堕胎手术时，这些抗议者就开始唱诵《玫瑰经》；还有一些人则挥舞着遭到肢解、残缺不全的胎儿的模型或是照片。他们高呼叫嚣着"堕胎就是谋杀""不要杀死你的宝宝"，或是直接对着手术医生和医务人员大喊"婴儿刽子手"。他们还经常将堕胎与纳粹的犹太人大屠杀相提并论。数以百万的流产胎儿被他们比作纳粹政权统治下遭到大规模屠杀的犹太人。许多女性本就因为难以决定要不要终止妊娠而感到压力重重了，要是再暴露于这种充满恐吓和诽谤的猛烈谴责声中，对她们而言，无疑是痛苦不堪和极具创伤性的。

宗教当局，从教宗到其他当权神职人员，多年以来一直都谴责说堕胎是谋杀。几乎每一次，只要某位天主教神父在讲坛布道谈到堕胎时，人们都能听到诸如"谋杀"和"凶手"这些词源源不断地从他的口中喷涌出来。新教传教士在这方面自然也是不甘落后，这就像是一场大型的恶言漫骂竞赛似的，仿佛他们就是想看看，究竟哪个教会能够在堕胎和一些或真实或虚构的恐怖之间做出最骇人听闻、淫秽不堪和残忍无道的类比。新教和天主教的宗教权威机构都常常会在谈论女性堕胎权时，故意使用充满敌意的修辞，将其与犹太人大屠杀联系起来。这些抗议者使用的歇斯底里式的修辞话术，只是简单效仿了他们的先代导师曾树立过的榜样罢了，而他们对女性的口头漫骂，无疑是一种言辞激烈的仇恨言论。这其中的逻辑是我们无法规避的，因为若如他们所言，行使终止妊娠权利的女性以及帮助她们堕胎的医务人员在道德上都等同于那些杀人犯和集中营里的刽子手管理者的话，那么按照这一逻辑，他们就理应受到类似的惩罚——至少那些从字面意义来理解这种仇恨言论的人就是这么想的。

在这些人中，就包括一个名叫迈克尔·格里芬的人。1993年，在佛罗里达州彭萨科拉的一家堕胎诊所里，他射杀了那里的大卫·冈恩医生。格里芬此举也影响了后来的保罗·希尔。希尔是一位40岁且已有三个孩子的父亲，也曾是一名长老教会的牧师，他经常在堕胎诊所外面积极地参与各类抗议堕胎的活动，还透过诊所的窗户大声朝里面喊着"妈咪，请不要杀死我！"。希尔还上了电视，他在诸如《夜线》（*Nightline*）和《唐纳修脱口秀》（*Donahue*）上进行着类似的辩论，他把杀害堕胎医生的行为直接美化成杀死了希特勒。[21] 1994年7月29日，69岁的约翰·巴亚德医生坐在他的司机詹姆斯·H.巴雷特——一位退休的74岁

277

空军上尉——开的车里,同坐车中的还有巴雷特先生的妻子。当他们一行人的车刚停靠在巴亚德位于彭萨科拉的另一处堕胎诊所的停车场时,希尔用一把12号口径的霰弹枪朝他们开了火。他先射死了巴雷特,然后朝巴亚德医生的头部开了枪。希尔后来解释说,他是故意对准巴亚德医生的头开枪的,因为他知道,医生很可能出于防卫而穿上了防弹背心。巴雷特夫人也被打伤了,她惊恐地蜷缩在他们的车中,不敢动弹。

希尔自首后受了审,也被定了罪,最后被判处死刑。2003年9月3日,在他被处决的那天晚上,一大群抗议者聚集在佛罗里达州斯塔克的监狱外面。有些人坚决反对对希尔执行死刑,有些人声明自己是来声援希尔的,还有些人则是来支持女性选择权的。那些声援希尔的群众高举表达仇恨的标语,有些甚至是煽动谋杀的标语。"死了的医生就不能再杀害婴儿了",有一条标语这样写着。"杀死杀婴的刽子手,就是正当的杀人",另一条标语则这样宣称。有一名抗议者告诉《纽约时报》的采访记者,希尔已经为他们的反堕胎运动"提高了门槛"。他还说:"希望有一天,我也能有勇气成为像他那样的男人。"在希尔被处决之前的一次新闻发布会上,希尔谈到:"我相信,国家会封我为烈士的。"希尔的遗言是:"如果你认为堕胎是种邪恶的势力,那你就应该去反对这种势力,并且竭尽所能地去铲除它。"[22]

1993至1998年期间,那些遵循反选择权一方的暴力逻辑的人,也像希尔一样实施了行动,他们一共夺去了七名在计划生育诊所为人们提供堕胎服务的医生和医务人员的性命。2001年,在澳大利亚,"支持生命权"的恐怖分子也效仿了这些反堕胎者的袭击行为,在东墨尔本地区的生育控制诊所外面杀死了一名保安。当然,不管是新教和天主教会,还是主流的反堕胎组织,都迅速与此次谋杀撇清了关系，这也在情理之中。试问，一个声称支持生命权的组织机构，又怎么能被人们当成谋杀犯呢？不过，这一悖论实在是太明显了，除了那些宗教狂热分子之外，所有人都无法对此视而不见。然而，"支持生命权"的反堕胎运动针对堕胎诊所的医务人员和去诊所做手术的女性发出过很多仇恨言论，这些仇恨言论也招致了不可避免的道德后果。同样，新教原教旨主义派和天主教保守派也无法逃脱各自的道德责任，因为正是他们在用犹太人大屠杀的那一套修辞来形容堕胎手术，这些言论怂恿和刺激了那些凶手，让他们打着生命的名义去谋杀他人。别忘了，希尔就曾将杀死医生比作杀死希特勒。无独有偶，持同样想法的还有詹姆斯·C.科普，一名48岁的天主教徒。1998年10月，科普在他位于纽约市布法罗的家附近杀死了巴尼特·A.斯莱皮恩医生。2003年5月，他因谋杀而被定罪。在向法庭陈词时，科普就将"计划生育联合会"（Planned Parenthood）的创立者玛格丽特·桑格[*]比作希特勒，他还说，堕胎就是"犹太人大屠杀的后续行动。大屠杀并没有在1945年终结"。[23] 科普继续辩解道："在这场反堕胎运动中，我希望，在我之后的兄弟姐妹们都能知道，我们仍然可以在这种死亡集中营的外栏围墙上挖出一些洞口，好让一些婴儿能够爬出来，抵达安全之所。"[24]

婴儿（当然，科普指的应该是孕妇腹内尚未出生的胎儿）爬过扎满铁丝的围栏的形象既古怪又荒谬，但考虑到科普说话时的背景，这并非令人惊讶的幻想。"支持生命权"这类恐怖主义，

---

[*] Margaret Sanger（1879—1966），生于美国纽约，护士、性教育者、作家，美国妇女节育运动的先驱。桑格于1916年在纽约建立了美国首家节育诊所，并于1921年创立了美国控制生育联盟，后演变为美国计划生育联合会。

吸引的都是一群令人讨厌的偏执狂和与社会格格不入之人，这一事实便足以向我们揭示，厌女症和其他形式的仇恨之间有着紧密的联系。2003年6月，埃里克·罗伯特·鲁道夫被指控曾在1996年至1998年期间制造了四次爆炸袭击事件。这其中包括在佐治亚州的亚特兰大举办夏季奥林匹克运动会时，在奥运公园内发生的一起管道爆炸事件，它造成了一名女性死亡和数百人受伤。还有一例是在阿拉巴马州伯明翰的一家堕胎诊所外发生的爆炸，它夺走了一名休班时担任执勤警卫的正式警察的生命。鲁道夫还与亚特兰大市里一家同性恋酒吧发生的一起爆炸案有干系。鲁道夫是一个白人至上主义组织的成员，也是一名反犹主义者，他总是埋怨说，犹太人已经占领了这个世界。然而，即便如此，在某种程度上，鲁道夫还是他家乡北卡罗来纳州墨菲镇周边的民间英雄式的人物，他从小在那里长大，那里的许多人也都支持他的观点。该镇的一位居民据说曾这样声称："鲁道夫是一名基督徒，我也是一名基督徒，而他毕生都致力于反堕胎运动。这些就是我们的价值观。"[25] 约翰·A.伯特是一位著名的反选择权的活动家，因为在佛罗里达州的节育诊所组织暴力抗议活动，他曾多次遭到指控。1993年，冈恩医生一家被人杀害，这起谋杀案使得针对伯特的民事诉讼赢得了胜利，因为正是他怂恿凶手迈克尔·格里芬进行了此次杀戮行动。伯特也是恐怖组织"三K党"*的一名成员。2003年，他还被指控曾对一名少女进行了性侵犯。

很难想象，在美国最高法院对"罗诉韦德案"的裁决[†]规定

---

* Ku Klux Klan，美国白人极端种族主义组织。

† 罗诉韦德案（Roe vs Wade）发生于1973年，当时美国联邦最高法院裁定，孕妇选择堕胎的自由受到美国宪法的保护。2022年6月24日，美国最高法院推翻了"罗诉韦德案"，从此，美国女性的堕胎权不受宪法保护。

了美国女性享有堕胎权的30年之后，这种所谓的"支持生命权"运动仍然在积极运作着，试图推翻这一历史性胜利。它无疑是在逼迫女性回到需要用衣架和织衣针来终止妊娠的野蛮时代。这场运动中的一些人时常会诉诸恐怖主义，这提醒我们，像任何仇恨或偏见一样，厌女症也可能导致极端的暴力行径。人们总是很容易将那些打着"支持生命权"运动的名号而杀人的人简单地归为疯狂的极端恐怖分子。但是，正如教会领袖们所做的一样，将需要堕胎的绝望女性比作执行种族灭绝的纳粹分子，从理智上也说不通。然而，对那些决心要让女性处于从属地位的右翼宗教势力和保守派的代表人士而言，这种令人反感的类比，在他们将女性非人化的修辞术中是必不可少的。

  关于身体的政治学在非洲、亚洲和中东等地区产生了更为致命的恶劣后果，这些地区自19世纪以来就一直受到西方殖民统治的影响。但矛盾的是，这些恶劣后果往往是由西方世界挑战本土的社会实践而导致的，西方试图将他们认为更进步和更自由的价值观强加给殖民地社会。第二次世界大战之后，对殖民主义的反抗呼声四起。这种反抗通常采取的形式是捍卫殖民者所攻击谴责的当地习俗和传统。但不幸的是，这些传统习俗往往是对女性有害的，或者体现了当地的传统厌女观念。例如，在印度，英国殖民当局曾试图禁止当地女性殉夫，即烧死寡妇的陋习，但这些努力反而激起了当地人对英国殖民统治的强烈敌意（详见本书第六章）。在20世纪50年代的肯尼亚，英国政府曾试图禁止部落中流行的阴蒂切除术，但这一尝试直接导致了被称为"茅茅"*的

---

* 茅茅起义（Mau Mau Uprising），1951年在肯尼亚出现的反对英国殖民统治的武装组织及其发起的反殖民运动。

反殖民运动四起，而且，当地人对反殖民运动的支持也大大增加了。1962年，肯尼亚实现了独立，但在那里，残割女性生殖器的实践仍然盛行。

这种残害女性的做法同样在埃及盛行。1994年9月，在开罗举行的联合国人口控制会议就曾谴责埃及侵犯了有关身体完整的基本人权。1996年，两个小女孩因为阴蒂切除手术失败而流血致死后，穆巴拉克总统领导下的埃及政府便禁止了这一做法。但是，当地社会仍然强烈支持这种残害女孩的手术。"当我的女儿追着男人乱跑时，我应该站在旁边不管吗？"一位叫作赛义德·易卜拉欣的当地农民曾这样说道，"所以，即使那些异教徒医生说这不健康，那又如何呢？而且，他们说的就是对的吗？即使他们要判处我死刑，我也会给我的女儿行割礼的。在我们埃及，人人都知道什么是贞操。如果一个女人更加被动，那么这符合她自身的利益，也符合她父亲的利益，同样，这也符合她未来丈夫的利益。"[26]当地一个17岁的少年同样支持对女孩施行割礼，据报道，这位少年曾这样说过："要是禁止它的话，我们埃及的女人就会像美国女人一样狂野不驯了。"[27]据估计，在埃及，有80%到97%的女孩都经历过一定形式的生殖器残割。据埃及的女权主义者纳瓦勒·艾斯阿德*称，在全世界范围内，约有1亿女性遭受过生殖器残割，每年还有200万女性在接受这种手术，这其中也包括美国移民社区中的4万名女性。[28]然而，最强烈的对西方影响的反抗出现在中东地区，当地人强烈反对政府试图取缔伊斯兰女性佩戴面纱的传统做法。

---

* 原文为"Nawal Assaad"，此处疑有误，可能指纳瓦勒·萨达维（Nawal Saadawi）。

厌女症很少会被人当作一种历史的催化剂,但实际上,它在帮助确定人类事务的进程方面,有时甚至产生了更为深远的影响。我们可以毫不夸张地说,最终导致恐怖分子在2001年9月11日袭击美国的其实是一系列漫长而血腥的事件,它早在40年前就已经开始了。例如,有件这样的事情曾发生在阿富汗的一所大学中,当时,一名愤怒的男学生向一名年轻女学生的脸部泼洒了硫酸溶液,只因为她没有佩戴面纱。这名男学生叫古勒卜丁·希克马蒂亚尔*,他还将会煽动起一次反对阿富汗改革政府的叛乱,而这次叛乱首先是将苏联人,最终也将美国人卷入了一场反对宗教激进主义者的残酷战争中,至今,美国仍然在与之斗争。

从19世纪开始,当西方对阿拉伯世界的影响开始挑战穆斯林的传统社会习俗时,女性是否该佩戴面纱就一直是西方人、伊斯兰教改革者、伊斯兰民族主义者和宗教激进主义者激烈争论的焦点。这种争论经常引发革命、暴力和流血冲突等事件。在西方世界致力于统治和控制阿拉伯国家的各种努力中,西方一直将佩戴面纱视为伊斯兰文化落后和劣等的明证。而作为反击,那些与殖民各国做顽强斗争的人们则经常会利用这一习俗,把它当作保存穆斯林身份的重要手段,尤其是当穆斯林身份遭到西方在政治、经济和文化上的压倒性力量碾压时,就更是如此了。与此同时,尽管女性的健康幸福和社会地位本应被视为这场文明较量之战中的核心,但不管是哪一方文明获得了霸权支配地位,穆斯林女性都要被迫听令行事,不是服从佩戴面纱的强制

---

* Gulbuddin Hekmatyar(1949—),阿富汗政治家、军阀,古勒卜丁伊斯兰党的创始人和现任主席。20世纪90年代,曾两次出任阿富汗总理。

性规定，就是被迫揭开面纱。当然，西方世界对穆斯林女性地位和待遇的关注，通常是以不会干涉西方自身更为重要的统治目的为大前提的。

前后矛盾、反复无常，有时甚至是彻头彻尾的欺骗，这一直都是西方与穆斯林国家较量中的一部分策略。例如，1882年占领埃及的英国人一方面谴责佩戴面纱是埃及人落后的体现，并表示他们正在试图拯救埃及人于落后之中，但与此同时，英国人却削减了对埃及女孩接受教育的资金支援。[29]当美国中央情报局和英国一起在伊朗策划了一场政变并恢复了沙阿*的独裁统治时，伊朗1951年经济改革的各项努力在冷战的影响下随即付诸东流。1953年，在一场女性发挥了重要作用的政治起义之后，埃及脱离英国获得了独立。这使得埃及总统贾迈勒·阿卜杜勒·纳赛尔（1918—1970）上台执政。1956年，他赋予了女性有限形式的选举权。同年，就在纳赛尔将苏伊士运河国有化之后，英国、法国和以色列一道入侵了埃及。尽管纳赛尔的统治变得越来越独裁，但他仍然是一个受埃及人民尊敬的领导人，因为他被视为能够抵抗西方侵略的领袖人物。伊朗国王的情况则正好相反。1951年之后，宗教激进主义者发现，他们的国王将其颁布实施的现代化计划——其中就包括禁止佩戴面纱——作为一种向西方列强屈从的外交策略。这导致了1979年在德黑兰爆发的一场大规模的女性游行示威，这些伊朗女性主张她们拥有佩戴面纱的权利。同一年，伊朗又爆发了伊斯兰革命，这使得阿亚图拉·霍梅尼上台掌权。他对女性施加了更严格的限制，并将她们从公共生活领域中剔除了出去，其目的就是为了捣毁前国王统治下所取得的成就。

---

* Shah，波斯语古代君主头衔的汉译名，简称"沙"，表"国王"之意。

霍梅尼颁布的新法律中还包含这样一项规定：违反新着装规范的女性要被施以74下鞭刑。这种新着装规范要求女性出现在公共场合的任何时候都要佩戴好面纱。他们把伊朗女性贬低为"私有化的性玩物，只能供她们的丈夫全天候召唤和消遣"[30]。如果女性被指控违反了这些着装规范，她们就会遭受男性施加的暴力。如果她们被指控没有得体地遮盖住她们的头部的话，那么，宗教激进主义者的团伙就会当街袭击她们。法律体系遭到了彻底的篡改，并发展演变成一种明文法典式的厌女症。女法官遭到解雇，另外，除非得到男性证人的证实，否则女性证人不允许上法庭作证。此外，女性被禁止上法学院读书。女孩的适婚年龄从18岁降到了13岁。由于阿亚图拉是美国的政治敌人，他对女性采取的政策措施就会被对方当作伊斯兰文明野蛮的例证，也被当作另一个论点的证据，也即，西方有必要在中东地区施加更强大的威慑力量。然而，人们很容易忘记一个事实：西方支持沙阿的独裁统治，反对其民主派对手，这至少算是伊斯兰对西方世界发起强烈反攻的部分原因。

伊朗再往东边一点是巴基斯坦，在那里，类似的对西方化行为的反攻也正在如火如荼地进行着。1980年，在齐亚·哈克[*]将军的独裁统治之下，佩戴面纱的规定被强制执行。女性被宣称是"腐败的渊薮和起因"，而职业女性尤其受到人们的谴责，因为人们认为她们是道德败坏和家庭解体的罪魁祸首。新政权希望这些职业女性能早日退休，并承诺给她们发退休金。[31]这些声明给人一种似曾相识之感，它们与20世纪30年代纳粹党在德国的政治宣传遥相呼应，都旨在迫使女性回归到她们"正确合宜"的家

---

[*] Muhammad Zia-ul-Haq（1924—1988），曾任巴基斯坦共和国军政府总统。

庭因牢之中。同样，巴基斯坦政府的一位顾问主张，"除非是紧急的情况，否则女性绝不应该离开家门半步"。此外，巴基斯坦政府甚至到了不把强奸视为违法犯罪的地步。一位法律专家认为，要是女性在公共领域引人注目，那么，任何男人都不应该因为强奸她而遭受惩罚。也就是说，如果一个男人在公共场合看到一个女人后产生了性欲并强奸了她，那也是情有可原的，因为她从一开始就不应该出现在她家外面。如果确实发生了强奸行为，那么，一名女性需要有四名男性作证才能够将案件提交到法庭上。女性以及非穆斯林的证词都是不被认可的。巴基斯坦法庭中的这种厌女偏见是昭然若揭的，因为它首先就假设，任何提出强奸指控的女性在受到性攻击时，一定都是在她的男性监护人的控制范围之外，光这一点就会使她的指控受到质疑。

尽管齐亚将军独裁下的那个严苛残酷的政府垮台了，但其厌女症的遗产还是被继承了下来。2002年5月，一名26岁的女子在对其丈夫的兄弟提出强奸指控后被判以石刑处死。扎弗兰·比比来自毗邻阿富汗边境的巴基斯坦的偏远山区，在丈夫入狱服刑期间，她生下了一名女婴。她告诉法庭，她丈夫的兄弟贾迈勒·汗曾多次对她进行了性侵犯，不是在她家屋后的山坡上，就是在她家的农场里，这都发生在她独自一人时。然而，根据法律，法官竟做出了以下这样的判决：

> 这位女士刚刚在法庭上表示，是的，她曾与她丈夫的兄弟发生了性关系。这让法庭别无选择，只能对她处以最严厉的刑罚。[32]

而那位实施强奸的贾迈勒·汗先生呢？他不仅没有受到丝毫

制裁，还堂而皇之地从法庭上走掉了。一些致力于维护人权的工作者表示，哪怕真的废除了死刑，这位比比女士仍然会因为发生了非法性行为而面临10到15年不等的监禁惩罚。

可见，巴基斯坦的法院认为，强奸和自愿的性行为几乎没有区别。被关押在巴基斯坦监狱里的女性中，有高达80%的人入狱都是因为，根据法律，她们犯了通奸罪。[33]据报道，有很多年仅12岁或13岁的女孩也会遭到这样的定罪，要是她们被判定为与他人有了非法的性关系，那么，她们将遭到一次公开的鞭刑。[34]在女性指控强奸的案子中，几乎有一半的女性最终都会被法院判为犯有通奸罪。这里的法律似乎劝阻女性不要提出强奸指控，但是如果她们不这样做，且事后怀了孕，那么她们就可能会被判犯有通奸罪。就在扎弗兰·比比案引起媒体关注后的几周之内，在巴基斯坦另一边的印度旁遮普邦的某个地区，穆罕塔兰·比比（她与扎弗兰·比比无亲属关系）案又被媒体曝光了。穆罕塔兰·比比是在当地村委会的命令下遭到了一群人的轮奸，而起因竟然是她的兄弟被指控与一名高种姓的女性正在交往中。在公众举行强烈的抗议之后，警方控告了与此次强奸有关的六名男性。[35]国家向穆罕塔兰·比比支付了超过8000美元的赔偿金。[36]但通常而言，绝大多数此类案件都没有被媒体报道。

无论伊朗和巴基斯坦对待女性是多么残忍和压制重重，在那里所发生的事件都只不过是阿富汗即将发生的残暴事件的前奏。阿富汗或许是历史上第一个旨在从政治、社会和法律上践行一种极度残酷、令人恐惧的厌女观点的国家。

美国"9·11"事件发生以后，阿富汗给西方人留下了不可磨灭的深刻印象。因为那些劫持了飞机并将飞机撞向纽约世界贸易中心、五角大楼以及宾夕法尼亚州一块田地的恐怖分子，主要都是过去几十年以来宗教激进组织建立的训练营制造出来的产物。穆罕默德·阿塔一般被认为是劫持了那架美国航空11号航班飞机并撞毁世界贸易中心北楼的主谋。2001年9月11日上午9点前的几分钟，飞机撞向世贸中心北楼，让大楼在众目睽睽之下瞬时塌毁。此人在他的遗嘱中言明，任何女性都不得触碰他的身体，也不允许参加他最后的葬礼仪式。尽管这么说可能带有令人毛骨悚然的讽刺意味，但事实上，他犯下的非人道罪行，必然早已使他肉身的微粒，与成千上万死于坠机造成的火灾和大楼坍塌的女性的身体混在了一起。阿塔是一个厌女者并非巧合。厌女症是这些曾在阿富汗山区严格受训的恐怖分子世界观中必不可少的一个组成部分，正如厌女症也是这片不幸土地近期历史中的一个重要组成部分一样。

若说有一条贯穿阿富汗近代历史的主线可以与"9·11"事件中的恐怖袭击联系起来的话，那便是他们对任何试图将女性视为人类的观点的强烈抵制。自1959年实施改革的政府颁布法令，不再强制女性佩戴面纱以来，宗教激进主义者一直都处于抵制这一法令的中心位置。有时他们会与各种民族主义团体进行合作，有时他们也会与各种各样的部落联盟混杂在一起——这些联盟常定期联合起来对抗共同的敌人——直到最后他们也开始互相攻击。阿富汗女性在1964年赢得了投票权。在那个时候，阿富汗比大多数伊斯兰国家都要更为进步：在喀布尔等城市，政府也允许一些女孩去上学。尽管如此，绝大多数的女性仍然目不识丁。此外，那些敢于接受教育的女性也会面临着来自宗教激进派狂热分子——诸如古勒卜丁·希克马蒂亚尔等人——的种种威胁与暴力行径。作为圣战者（mujahideen），希克马蒂亚尔第一个令人难忘的行动是，他召集了一个团体，并指挥他们专门向未戴面纱就去学校上学的年轻女性的脸上泼洒硫酸。后来，他的手下又处死了喀布尔大学一名年轻的女学生，当被人发现时，她浑身赤裸、身体被一截两半，并被钉在了一间教室的两扇门上。[37]

直到1978年，反阿富汗政府的政变发生时，美国才真正开始关注到阿富汗。新政权那些旨在改善女性地位的改革遭到了强烈的抵制，而人们对宗教激进主义的支持却越来越多。这促使苏联在1979年底对阿富汗进行了干预。自那以后，美国便坚定地支持希克马蒂亚尔，当时的希克马蒂亚尔还是巴基斯坦宗教激进主义政权齐亚·哈克将军统治下的一个傀儡。在美国里根政府的领导下，数十亿美元通过巴基斯坦秘密特工部门流向了希克马蒂亚尔及其追随者们的政治团体。[38] 相反，更温和一些的圣战者却从未获得过美国同等程度的资金支援。1989年，苏联在一场血腥的战争后被迫从阿富汗撤了军，但是，外界一直对希克马蒂亚尔在苏联这次战败中的贡献存有争议。

被称为塔利班的运动组织是在苏联撤军以后的混乱中诞生的。随着塔利班将其统治从南部的坎大哈一路延伸并覆盖至北部的喀布尔，女性也被他们有计划、有步骤地驱赶出了公共领域。在一长串的法规法令中，塔利班厌恶女性的程度与纳粹的纽伦堡法律对德国犹太人的厌恶程度相当。例如，塔利班禁止女性上班和上学，禁止她们问诊时看男医生，禁止她们化妆打扮或是进行任何形式的装扮，禁止她们在公共场合抛头露面，除非有男性亲属的陪同，并且要从头到脚用布尔卡*——一种透明的黑色面纱，通常附在紧紧扣住头发的帽子上面——完全地遮盖住自己的身体。女性全身上下只有与眼睛齐平的地方有一个窥视孔，它

---

* Burka，即罩袍，是伊斯兰国家女性的传统服饰。

能够让一点点微弱的光线进入这座行走着的黑色棺椁之中。如音乐、舞蹈和任何形式的娱乐项目一样，电视节目也遭到塔利班的禁止。收音机里只会发出诵念《古兰经》的声音，还有一连串似乎永无止境的限制和法令，比如：

> 公共交通将分别提供男性专用和女性专用的巴士……女人和女孩不得在帕儿锥（一种黑色覆盖全身的罩袍）下面穿任何色彩鲜艳的服装……女人不能去专门为男人做衣服的裁缝店。女孩不得与年轻的男子交谈。违反这项法律者要立即与该男子结婚。女性不得在公共场合发言，因为她们的声音会激起男性的性欲。已经订婚的女性不可以去美容院，即使是为婚礼做准备也不行……禁止任何商家出售女性的内衣。[39]

不光是女性，男性也成为法律锁定的目标。他们得被迫蓄起胡子，戴一顶白帽子或是绑上白头巾。任何人都不得展示照片或拍照，即使是在婚礼等重大节日场合，也得禁止拍照。吹口哨是违法的，连水壶烧开了发出响声也不行。这种教条主义简直狂热到了不可理喻的地步。

但是，无论法律法规有多么荒谬和疯狂，塔利班都会以其阴森可怖的残忍方式去强制执行。在"教规督察部"（Ministry for the Promotion of Virtue and the Prevention of Vice）的保护伞庇护下，塔利班的道德警察在街道上四处巡逻。他们在喀布尔的一处街头袭击了两名女性，并用鞭子将她们打得昏死过去，而她们的罪行只是在黑罩袍下穿了双白鞋，这一行为被他们视为对塔利班旗帜的侮辱，因为塔利班旗就是白色的。另一名喀布尔的女性也在街上被当场抓捕并遭到了惩治，她的罪行则是涂了指甲油。

于是，她的手指就被警察当场砍掉了。女性会因独自外出而遭到塔利班警察的鞭打。两名被判犯了通奸罪的女性被人拖到喀布尔的体育场，那里业已成为一处公共的刑场。在一大群围观者面前，她们俩被当众击毙，子弹从她们的后脑勺穿过，快速结果了她们的性命。一位遭受过这类噩梦般经历的年轻女性表示："尽管这些法令法条看似是无缘无故被人成串地编纂在了一起，但其实它们都有一个特定的逻辑可循，那就是要灭绝阿富汗的女性。"塔利班组织，她这样写道，"试图从我身上偷走我的面孔——它想要偷走我们阿富汗所有女性的面孔"。[40]女性会时不时地发起反击。有位女性在喀布尔开了一家地下美容院。来她美容院的顾客们，总是来去匆匆、难觅踪影，她们就像密谋者暗中开展一些令人畏惧的革命行动似的。事实上，这就是试图在化妆打扮这件事上管制女性的最终后果。其他女性则会在她们的公寓里为女孩们开办学校、进行教学。她们会建议女孩们随身携带一些宗教类小册子，这样一来，要是公寓遭到了塔利班的袭击，手头的宗教作品总是个权宜之计，能够帮她们解围，也有望说服那些道德警察，女孩们只是在接受一些宗教训导而已。[41]

1996年9月，塔利班在占领喀布尔不久之后，便开始就帕儿锥罩袍上的窥视孔是否太大而展开了一次辩论。面纱和罩袍把女人的面孔变成了性器官，这还远远不够，他们还要不惜一切代价对女人的面孔加以丑化、否认和压制。现在，不仅是女人自身，而且一切与她有关的事物都被认为满载着她的性欲，特别是女性所穿的衣服，塔利班是不会触碰它们的。有这么一则故事，说是一位男性正准备和他的妻子及女儿逃离阿富汗。为了不让塔利班警卫搜查他随身携带的一些手提箱，他只需简单地告知他们："这是我妻子的手提箱，而那些是我女儿的。"如此一来，警卫便会退后三尺了。[42]这种对女性身体的害怕与恐惧，很少会被如此有力地表达出来，也从未如此直接和明晰地呈现出来。

塔利班被人比作全男性圣战士兄弟会，就像中世纪的十字军战士那样。[43]更近的一个类比是将塔利班与纳粹党的起源相提并论——纳粹党对待女性的政策主要是将她们驱逐出公共领域，赶进家庭的牢笼之中，因为纳粹认为，在那里女性才有望执行她们唯一真正的功能：繁殖生育。

塔利班和纳粹都是战争、幻灭感和绝望情绪的产物。塔利班最早是从巴基斯坦的难民营和全男性宗教学校中涌现出来的。在大量涌入这些学校的学生中，许多人都是孤儿，他们很少或从未与女性接触过。在塔利班组织中，这个全男性的宗教世界将发展并强化成一个对女性极具敌意的地方，这里培养出来的男性都极端地恐惧女性。

再者，塔利班和纳粹都吸引了一些长年被死亡与幻灭感所折磨的男人，还有那些饱受侮辱的男人。对那些加入了国家社会主义党的德国人来说，德国在第一次世界大战中的战败便是他们愤怒的催化剂；而那些加入塔利班组织的人愤怒的原因在于，他们的国家和传统落入了一群无法无天的、受到美国资助的强盗团伙手中，这是对其国家及传统的侮辱，更广泛而言，这也是对伊斯兰教的莫大侮辱，因为西方势力的影响已逐渐遍及整个中东地区。"一战"后，纳粹分子创建了很多可供聚集的啤酒馆，那里是全男性的领域，就像战壕中并肩作战的团队、退伍老兵团体和准军事组织等。对塔利班组织而言，宗教学校也为他们提供了一个类似功能的聚集地，在那里，他们的愤怒和沮丧能凝聚成一种意识形态，但这种意识形态中的厌女症是如此极端，它几近疯狂，根本不符合人类的理智。

与纳粹的全男性环境一样,在塔利班组织中会有很浓厚的同性恋氛围,这不足为奇。2001年末,塔利班组织垮台后不久,一位美国记者访问了塔利班组织的主要据点坎大哈。在一家有塔利班战士肖像照的照相馆里,记者惊讶地发现,照片中的一些男人竟描画着眼线。记者还了解到,这类现象并不少见,这些宗教激进主义穆斯林男性其实会做他们彻底杜绝女性去做的事情,例如,他们会给自己的手指甲和脚指甲涂上散沫花染剂。有些塔利班分子甚至会穿上高跟凉鞋,然后以一种矫揉造作的女性化步态走路。讽刺的是,这些"阴性化的塔利班分子"(Talibanettes)都能在首都被容忍,但这个国家却对化妆的女性施以最残忍的暴力,有时甚至是肢解。官方对同性恋者的惩罚则是用推土机碾压他们,将其活埋。[44]

当道德限制违拗人性时,虚饰伪善也就不可避免。

不幸的是,伪善仍然是西方国家与伊斯兰世界的关系的基本组成部分。直到"9·11"事件爆发为止,西方政府在很大程度上都忽视了塔利班侵犯人权的行径,以及他们专门针对女性而犯下的一些恐怖暴行。1997年2月,法国政府邀请塔利班政府的卫生部部长毛拉穆罕默德·阿巴斯访问巴黎。在阿巴斯受到法国外交部和国民议会议长接见的当天,阿富汗就有两名女性因犯通奸罪而在喀布尔遭到处决。"一位'卫生部部长',"一名阿富汗女性这样评论道,"竟然会禁止女性去医院工作。"阿巴斯使得女医生和女护士大量失业,并且,他还关闭了日托中心。阿巴斯无疑是一位"没有受过教育的毛拉",他甚至都不算是一名医生。法国的这次访问邀请使一些阿富汗女性感到绝望:"如果法国如此欢迎一位塔利布*，那就意味着，塔利班的宣传已经奏效了。"[45] 2001年5月，就在恐怖分子对美国发动"9·11"恐怖袭击事件的四个月之前，乔治·W.布什总统还曾祝贺塔利班政府，因为塔利班严格管制了鸦片生产，此外，美国当局还用4300万美金的支票补偿了塔利班政府的收入损失。[46] 一直以来，塔利班都在用这些经济支援为奥萨马·本·拉丹及其追随者们提供物资设施，而在不久之后，他们这些人将会在本·拉丹的带领下对美国及其盟友发动恐怖袭击。

从2001年10月开始，美国对塔利班组织展开了定点目标式空袭。这些空袭飞行员中至少有一名是女性，这稍稍令人欣慰。但最终这也只能算是杯水车薪，因为西方几十年以来所寻求的误导性政策从一开始就帮助建立了这些塔利班恐怖组织。

自塔利班垮台以来的这些年里，美国及其盟友一直致力于资助阿富汗女性的健康和教育计划，试图修复连年的战争和宗教激进主义对阿富汗医疗和学校系统所造成的毁灭性影响。一名联合国儿童基金会的官员在逃离塔利班政权一年之后，曾这样报道："阿富汗的产妇死亡率，已经到了灾难级水平。"1998年至2002年期间，仅在阿富汗的一个省内，就有64%的育龄女性死于与怀孕有关的感染并发症。[47] 教育女孩的一些项目和措施目前也在稳步展开，我们看到，偏远地区开设了一些临时学校，大城市里也重新兴建起了学校。然而，阿富汗社会依旧动荡不安，宗教激进主义的威胁也仍然猖獗。2002年末，在喀布尔南部的一些村庄里，有四所女子学校遭到了恐怖袭击。在其中一所学校附近还

---

* talib，指塔利班分子、塔利班组织中的成员个体，复数形式就是"塔利班"（Taliban）。波斯语中talib表示"学生"的意思，塔利班就是一群宗教学校的学生，也可意译为"神学士"。

有一条留言，它这样警告道："我们呼吁所有的同胞，从这个异教徒之网中，拯救出他们干净纯洁的姐妹和女儿。务必停止执行美国人的各类计划，否则你们将面临的是进一步更为致命的袭击。"当地警方称，袭击这些女子学校的人，要么是塔利班的支持者，要么是希克马蒂亚尔的忠诚追随者。[48]

总体而言，从阿富汗以及整个中东地区吸取到的一个教训是，如何对待女性并不是美国的外交政策所关切的问题，除非援助资金能流向为女性提供堕胎服务的计划生育诊所，就像在乔治·W. 布什执政期间发生的事情那样。制定外交政策的华盛顿鹰派官员在调查全球的力量制衡问题，并分别挑选其盟友和敌人时，厌女症从来都不是他们会考虑的问题，这一点与种族主义有所不同。在诸如沙特阿拉伯和巴基斯坦等美国的亲密盟友国家中，女性的权利仍旧被系统性地剥夺了。然而，不同于种族主义，厌女症被认为是一种老派的、有时令人不安的文化特征，外人一般不会插手干预当地社会中的一些厌女实践。这就很像过去——其实并没有过去多长时间——殴打妻子一般被视为家庭纠纷，无涉他人，所以外人不会插手干预。

我们近年来的历史可谓清晰地道明了一件事，那就是，女性的权利就是人权。任何未能认识到这一点的外交政策，都是在实质性地非人化对待人类的半数人口。

第九章

结论：我们该如何应对厌女症？

在我告诉人们我正在写一部关于厌女症历史的书时，一般会得到两种截然不同的反应。有趣的是，这两种不同的反应也是按照性别区分的。第一种反应来自女性，她们表示对我在研究中的发现有强烈的好奇。第二种反应来自那些知道"厌女症"确切含义的男性，他们会对我点头示意，或是给我一个意味深长的眼神，他们似乎都默认了一个假设，认为我正在为厌女症辩护。可要是我说我正在写一部关于种族主义历史的书，我想，几乎没有人会自动得出结论，认为我是一个种族主义者。这足以表明，厌女症与种族主义的情况非常不同，在许多男性看来，厌女从来不是一种认知偏见，而是一个几乎不可避免的事实。

纵观人类发展的历史，厌女症一直都是研究犹太人大屠杀的历史学家丹尼尔·戈德哈根所称的"社会常识"（他是在谈论反犹主义时用的该词）的组成部分。[1]这种偏见过于显而易见，以至于不会引起人们的注意。在不同文明的不同发展时期，人类历史都清楚地记录了这一点：男人谴责女人，或是对女人表示全然的厌恶，都被认为是正常的，只因为她们生来就是女人。世界上的几大宗教和最著名的哲学家都对女性抱有怀疑和轻蔑，有时甚至达到了妄想症的地步。这样的例子不胜枚举：在古典时代的社会中，雅典的女性会被约束在家中；在中世纪末期，无数女性被错当成女巫活活烧死。尽管这两个社会都有长期诋毁和妖魔化女性的历史，但是，这些案例都没有被人们当作是对女性的偏见导致的后果。

由此可见，一种偏见，可能在存续了很长一段时间之后才会有定名。

现如今，在世界上的很多地区，诸如戴面纱、按性别隔离居住和阴蒂切除术之类的社会实践及当地习俗仍然被当作社会"常识"的组成部分。汉弗莱公共事务研究所的数据显示，女性所拥有的财产仍不到世界总财产的1%。根据联合国儿童基金会的报告，全球有1.2亿名学龄儿童没有上过学，其中80%的儿童都生活在撒哈拉以南的非洲和东南亚地区，而且绝大多数是女孩。据报道称，1993年初，印度孟买地区的一个小诊所实施了8000次堕胎手术，其中7999次堕掉的都是女孩。[2]诚如乔治·奥威尔所言，"倘若想要看清近在眼前的事情，真的需要做出持续不懈的努力才行"[3]。

在西方文化的某些黑暗角落里，厌女症仍在盛行。在男性感受到被羞辱和愤怒之处，女性仍然会成为普遍的替罪羊。1990年，一个叫作"格托男孩"*的音乐团体发行了一首说唱歌曲，歌词中这样唱道："她赤身裸体，而我是个偷窥高手／她的躯体如此曼妙动人，以至于我想强奸她／她本不应该拉开窗帘的，所以，这

---

* Geto Boys，1986年成立于美国休斯顿的著名南部说唱先驱团体，以涉及厌女、暴力、毒瘾等争议性主题的歌词著称。

就是她命中注定的劫数。"在流行的说唱歌词中,女人不是"婊子"(bitches)就是"娼妓"(hoes)。而在流行文化中,说唱歌手并不是厌女症的唯一支持者,他们也远非最早的厌女者。即使在人人颂扬爱与性自由的20世纪60年代到70年代,如"滚石"等流行乐队脍炙人口的歌曲的标题也是《由我主宰》("Under My Thumb")和《愚蠢女孩》("Stupid Girl")等。此外,1976年,"滚石"乐队发行了一张名为《遍体鳞伤》(*Black and Blue*)的音乐专辑,封面上放的就是女性被绑在椅子上且被打得鼻青脸肿的照片。可见,对女性的敌意与仇视似乎一直都位居说唱文化的核心。在谈到以仇视同性恋和厌女而臭名昭著的说唱歌手冰块酷巴[*]时,一位来自芝加哥贫民区的年轻黑人说自己喜欢冰块酷巴的音乐是因为他"说的是事实,至少在我生活的社区中,事实就是这样。这个社区的男女关系非常紧张,很多男性表现得像皮条客一样,而很多女性的行事方式也都像婊子和娼妓一样"。[4]尽管黑人女性和其他人士都对说唱文化中这种公然蔑视女性的用词进行了激烈的抗议,但这显然是一种疏离和挫败文化的产物,在这种文化中,厌女症仍然算是一种社会"常识"。这再一次提醒世人,对女性的轻蔑像坚不可摧的病毒一样,能在不同文化中游走并进行自我繁殖。

关于厌女症,历史给我们留下的教训大抵可以用以下四个词来概括:无所不在、经久不竭、致命恶毒、变化万端。早在发明车轮之前,人们就发明了厌女症。而如今,当人类文明的车轮浩浩荡荡地驰骋在火星平原之际,厌女症——这一更加古老的发

---

* Ice Cube(1969—),原名为老欧谢·杰克森(O'Shea Jackson Sr.),美国洛杉矶著名的饶舌歌手、演员、剧作家和电影制片人。

明——仍然在扼杀生命。从来没有哪种偏见像厌女症这般顽固持久,也从未见过何种偏见能如厌女症的特征那般,达到如此令人发指的地步。没有哪个种族在历史上曾经遭受过如此漫长的歧视;没有任何由个体组成的特定群体——无论其群体特征是什么——会在如此广泛的全球范围内,受到这般歧视。没有任何其他偏见能像厌女症这样,有如此众多且复杂多变的伪装形式。有时候,厌女症是在社会和政治层面都得到了社会默许的情况下才出现的;有时候,它则是以一种臆想的形式,出现在某个精神病患饱受折磨的头脑之中,这时的厌女症除了病患自己充满仇恨的幻想之外,没有任何逻辑和理性可言。此外,也很少有什么偏见能如厌女症这般,有着毁灭性的破坏力量。然而,这些本应该使厌女症显得赫然而突兀的特征,却在以一种奇怪的方式让它变得丝毫不醒目。就厌女症历史的情况而论,我们确实还不够努力,没能做一些我们该做的事情去铲除它,这就导致我们根本看不清近在眼前的事物。

2003年11月,美国连环杀手长名单上又增加了一个杀人犯——加里·里奇韦[*]落网受审,他被指控在20年间杀害了48名年轻女性,其中大多数是娼妓。为此,里奇韦站在西雅图的法庭上接受审判,被陪审团一遍又一遍地宣判"有罪"。[5] 试想,要是他如此凶残杀害的是犹太人或是非裔美国人,那么想必会引发举国震动,各大新闻媒体肯定也会进行铺天盖地的曝光,提出一些发人深省的问题,例如,在我们进入新千年之际,美国的种族关系现状如何之类的。然而,里奇韦或开膛手杰克之

---

[*] Gary Leon Ridgeway,堪称美国历史上最猖狂的连环杀手,被他谋杀的受害者多见于华盛顿州西雅图南郊的绿河一带,因此他被称为"绿河杀手"或"格林河杀手"。可参见据此改编的电影《绿河杀手》(*Green River Killer*)。

流的犯罪行为，通常都是留给精神科医师来下定论的。他们想要杀死女性的冲动最后会被视为心理反常或精神错乱的结果，而实际上，那只是一种普遍偏见的升级而已。从公共浴室墙壁上潦草涂画的诅咒之词"屄"所流露出的轻蔑，到连环杀人犯的滔天暴行，厌女症的范围似乎太过广泛，也太过极端，以至于没有人能给它一个简单的合理解释，尽管人们并没有因此停止尝试。的确，写一部关于某种仇恨或偏见的历史，最主要的正当理由，肯定是找到它的源起，从而找出结束它的方法。就书写厌女症历史的本书而言，如果只是囊括一系列体现男性蔑视女性的言行，那绝对是远远不够的。

正如前述所提及，厌女症的历史表明，这是一项极其艰巨的任务。其原因显而易见，主要在于女性与男性之间的关系具有复杂性，包括生理、性、心理、社会、经济及政治上的关系。这是一个千年难解之结，由相互交织的两性依存关系而构成，它不仅涉及我们作为个体的存在本身，还涉及人类作为一个物种的根本存在。要是我们直接斩断这个结，那么，在这些纠结缠绕的散线中，我们能否找出男人蔑视女人的根源呢？

在从生理到政治的各个层面上，女性和男性都彼此密切关联，正是各个层面的合力产生了厌女症的理论。所有这些领域都假定，男性蔑视女性的内核在于男性对女性的恐惧，这种恐惧使他们认识到女性不同于男性，而且这种不同有潜在的威胁。厌女症的历史无疑也证实了，男性沉迷于女性和他们的不同之处，不管这种不同是真实的，还是幻想出来的。对男性而言，女性是原初的"他者"——"非我"。人们常有一种惊人的倾向，把任何被归类为他者的人变成替罪羊。而事实是，在出现不同的种族、宗教或阶级之前，就已经有了女人和男人。但是，对那些将女性视为"他者"的人来说，女性还牵涉一个更为复杂的问题——她是一种永不能被排除在外的"他者"。种族主义者可以避免与其所鄙视的群体互动。但与女性的交往最终是无可避免的，对那些厌女者而言也是如此。诚然，也许新几内亚高地的部落男子和亚马孙盆地的原住民不准女性离开他们的卧榻之侧；雅典的绅士们可能会将她们锁在家中的偏僻一隅；天主教神学家也许会将她们幽闭在修道院的深深重门之后；而穆斯林的狂热分子也可能将她们从头到脚地裹匿在黑罩袍之下。但是，男人与女人的亲密关系最终是无法避免且必不可缺的。因为，人类的生命和社会的维系都有赖于此。

依赖、恐惧……蔑视。对于这种由多种相互冲突的感受组成的情感，任何试图解释它的理论都避免不了遭遇以下两种常见的挫败：它们要么过于雄心勃勃，只是看似宏大而无所不包，要么就是解释得还不够全面和深入。第一类过于雄心勃勃的理论给出的一般是生物学、性、心理学以及精神分析上的解释。比如，生物学理论表明，"从本质上来讲，女性才是胎儿的原初或基本形态"，从孕期的第6周到第12周，随着雄激素睾酮的释放，胎儿才会慢慢发育成男性胎儿。[6] 男性性质（maleness）被视为对原初的女性性质（femaleness）的叠加，这让男性害怕会回到他们原初的性态。也就是说，个体发育（ontogeny）会重复系统发育（phylogeny）——个体的发育变化重复了他或她所属物种的发育变化。在对女性的描述中，将其比作沼泽、泥塘、瘴气、凹坑等的厌女修辞数见不鲜，这些喻象据说就是男性对于自己会被吞噬的恐惧的体现。一些性理论认为，男性害怕被阴道吞噬并/或视阴道为一种被阉割后的器官，基本上也反映了这种吞噬的概念。同样雄心勃勃的理论还包括心理学和精神分析学的假设——弗洛伊德学派的理论和其他一些理论。总而言之，这些理论都将男婴早期对母亲的依赖，或者说对母亲单方面的爱恋，视为罪魁祸首。男婴的这种依赖和爱恋会让他在人生发展的后期对所有女性都产生愤怒与憎恨。在弗洛伊德的理论中，厌女症是基于男孩对女孩"微不足道"的阴蒂的蔑视。这其实也与那类雄心勃勃的理论相契合，它们所寻求的都是一种宏大而过于宽泛的理论阐释（详见本书第七章）。

这正是此类理论的弱点所在。既然所有男性都是从女性胎儿形态发育而成的，都在他们最易受影响的成长关键期依赖母亲，而所有与女性发生过性关系的男性也都真实经历过这种被"吞噬"的体验，那么，这些理论似乎都在预设：所有男性都是厌女者。但事实是，并非所有男人都有厌女症。厌女症只是男女关系历史的一部分。如果这就是全部的故事，那么，女性在过去争取平等方面所取得的进展几乎是不可能的。过去两个世纪以来，在西方或拥有西方式民主的国家中，女性在争取平等方面取得了长足的进步，而这些也是在男性的倡导和支持下取得的。如果厌女症是两性历史的全貌的话，那么，像本书这样的书就不会付梓问世了。这些都表明，对原初女性形态的恐惧，或是对前俄狄浦斯时期全能母亲进行复仇的欲望，并不是决定男女关系的普遍性因素。

第二类理论，即那些不够全面而深刻的理论，往往从社会、经济和政治的层面来看待世界，倾向于将世界看作一场永无休止的权力斗争。总体而言，他们采用的是理性主义的方法。当他们看到偏见时，他们会质问这种偏见是为了什么目的而存在的。据这种观点来看，偏见源于某个种族、阶级或族群在经济、社会和政治上剥削另一个群体时，为自身的行为辩护的需要。很多女权主义者发现，这种或类似的解释模式具有很强的说服力，于是，她们将其发展为对所谓的"父权制"进行批判的有力武器，在这种社会体制中，所有权力都掌握在男性手中，而女性永远被视为下层阶级。于是，厌女症便作为一种意识形态出现，它贬损女性是为了证明她们卑下劣等的地位。

然而，没有哪种偏见像厌女症一样生产出如此众多且变化万端的幻象，这些幻象包括但不仅限于：女性有致使其他女性小产的魔力，女性可以像女巫那样骑着扫帚在空中飞来飞去，女性能使男人的阳物消失，女人只需轻轻一触碰就可以将男人封印在厄运之中，女人会咬死猫并吸食其血，女人会与多角的恶魔怪物交媾，再生下魔鬼的后代，等等。世界上只有一种偏见能像厌女症这样，历经数个世纪仍冥顽不灵地抱持着仇恨与蔑视，那就是反犹主义。

虽然反犹主义是在罗马帝国沦陷之后的几个世纪中才在欧洲发展起来的，而且它的盛行范围主要限于基督教社会，但它与厌女症不止一点点相似。因而，它们之间的相似和不同也都可以拿来做一番有趣的对比。大约1500年以来，反犹主义一直是社会"常识"的一部分——它被当作一种信念，被理所当然地视为宇宙和社会秩序的一部分，以至于人们很少对它进行反思与批判。像女性受到的指控一样，人们认为犹太人"违反了世界的道德秩序"，这主要是由于犹太人在耶稣被处死这件事中所起的推波助澜的作用。犹太人否认耶稣的神性，因此人们就认定他们要为耶稣之死负责。女性同样受到责备，因为人们认为，正是由于夏娃导致了人类的堕落，这才需要上帝让其子耶稣来道成肉身，所以，女性首先就要为人类的堕落负责。在欧洲中世纪晚期和近代早期，人们认为，犹太人和女性都具有令人难以置信的种种魔力，他们能使谷物枯萎、井水生毒、牛畜动物和其他男人的妻子流产，等等。尽管绝大多数犹太人和女性都只是一些处于社会最底层的最贫苦的人，但他们还是被赋予了这些惊人的魔力。很明显的是，犹太人和女性对任何人都构不成什么真正的威胁。[7] 即便事实如此，这两类人都没能逃脱针对他们的狂热暴力与凶残迫害。对犹太人来说，暴力事件的发生相当频繁。而对女性来说，在欧洲猎巫狂热时期，暴力迫害达至顶峰，在这之后，女性又经历了不同程度的迫害，并且它们持续了将近300年（详见本书第四章）。

反犹主义与厌女症还有另一个共同特征，那就是经久不衰。反犹主义在欧洲——特别是在德国——大肆兴起之前，其背后的宗教原因就已经成为历史现实的一部分。在这之后，反犹主义从一种宗教偏见变成了一种世俗偏见。此时，种族取代了宗教，成为迫害犹太人的主要动机。正如我们所见，反犹主义便是以种族迫害的形式，在20世纪早期的维也纳知识分子圈中大行其道。在20世纪的头十年中，反犹主义和厌女症结成了一种可怕的联盟，出现在奥托·魏宁格和阿道夫·希特勒等人的思想理论中。于是，这两条仇恨之河，在纳粹统治时期的恐怖暴行中汇聚在了一起。

17世纪以降，基督教的权威力量在精英知识阶层中不断衰落。极具可塑性的厌女症同样经历了世俗化的演变。例如，对于女性在智力和道德上的劣等性，曾经那些源自宗教权威的诠释已被所谓的"科学"解释取代了，就像在20世纪初期，科学也被用来为反犹主义辩护。

对于魔鬼犹太人的夸张描述，主要局限在反犹主义盛行的基督教世界。但是，对厌女症而言，这种虚幻性却是它的典型特征，在世界上的任何地方都会表现出来。在许多非常多元的文化中，包括在犹太教、印度教、日耳曼民族、缅甸佛教乃至许多非洲部落的信仰中，人们都能找到恶魔女人或各式各样的魔女形象。其中最为著名的要数古典希腊神话故事中的女妖了，诸如戈耳工三姐妹*、复仇三女神†、卡律布狄斯‡和斯库拉§，等等。不同于魔鬼犹太人，恶魔女人至今仍然是一个流行的主题，甚至一路发展，出现在了大众文化中。例如，在马蒂·罗宾斯的歌曲《魔女》（"Devil Woman"）中，开头部分是这样唱的：

> 恶魔女人，你真邪恶，
> 就像那珊瑚礁的黑色……

但是，就像反犹主义一样，"在规模与程度上，任何社会目标或社会冲突都无法与厌女症相匹敌"[8]。然而，即使是反犹主义，即便它如此非理性，也起源于一时一地，无论其源头在今天看来是多么遥不可及和毫无关联。反犹主义最早可以追溯到公元1世纪后期，在当时和此后的数个世纪中，世人就犹太人和基督徒谁才是《圣经》经文真理的正统继承者，以及应该如何释经等问题争个不休。但是，当男人和女人自然而然地站在各自的对立面时，却没有什么明显的社会、政治或意识形态的冲突，他们的观点纯属按照其性别来加以区分。历史已证明，女性可以像男性一样支持侵略战争，即使战争会危及她们儿子的性命，尽管当社会秩序

---

* Gorgon，希腊神话中的三个蛇发女妖，据传，人眼视之便会立即化为顽石。
† Furies，希腊神话中的三个复仇女神，又名"厄里倪厄斯"，希腊语中表"愤怒"。
‡ Charybdis，希腊神话中像漩涡一样的海妖，会吞噬所有经过的东西，包括船只。
§ Scylla，希腊神话中吞吃水手的海妖，其名在希腊语中表"撕碎、扯破"。

因长期或创伤性的冲突而最终崩溃时,最脆弱无依的也会是女性。事实上,女性有时会煽动他人对其他女性施暴。据说,在卢旺达种族大屠杀期间,卢旺达的政府公务员波利娜·尼拉马苏胡科就曾煽动男性对女性施暴,让胡图族男性在杀害图西族女性之前先强奸她们。更具有讽刺意味的是,她还曾担任过该国的家庭与妇女发展部部长。《纽约时报》便撰文戏称尼拉马苏胡科为"指使人强奸的妇联部长"。[9]目前,尼拉马苏胡科正在因种族灭绝罪而接受审判,成为历史上第一位面临这一指控的女性。

即使在涉及女性权利的问题上,包括选举投票权,也有很多女性选择站在反对女性的男性这一边。今天,很多女性往往是"支持选择权"运动最强劲的反对者。可见,对这部分女性而言,她们的女性身份并没有任何意识形态上的特殊诉求,而是被容纳进了另一个范畴,一个比女性身份更为重要的范畴。历史和常识都已经如此清晰地表明,厌女症不能被解释成某种社会、政治或意识形态冲突的产物,也不能说它在某种程度上是男女关系固有的本质。毫无疑问,一些社会、经济或政治问题确实会加剧女性和男性之间的对抗与冲突,比如,一方对另一方存在经济上的依赖。但是,这种情况并不能解释厌女症的源起。在这一点上,厌女症不同于我们所知道的其他任何偏见。

我是从大约3000年前的东部地中海地区开始研究这段历史的。在那里诞生了一个十分复杂的信仰体系,它比其他任何信仰体系都更加会影响我们如何看待女性及其在社会中的角色地位。这种信仰体系是希腊思想和犹太-基督教思想与神话的产物,我认为,它可以为一般意义上的厌女症的源起提供一条重要的线索。因此,通过对它的一番审视,我们进而能够在为厌女症寻找解释的过程中，超越社会结构层面的一些制约。

在希腊神话和犹太-基督教中，都有一个创世神话，其主流版本都是人类之堕落。根据这一神话，男人是先于女人被神或上帝自主地创造出来的。因此，男人不仅被视为与上帝的神性有着某种特殊的联系，而且在一定程度上，男人也与自然本身相分离。男人是单独的创造物，与自然相分离，还与他的创造者有着一种独特的联系。而女人的创造却结束了男人与上帝之间的独特关系，并且将与自然相关的所有特征都引入了男人／人类世界。突然之间，人也变得像所有野兽一样，受制于同样的需求和有限性，包括交配的需求、分娩的痛苦、生存的斗争、衰老和苦痛的经历、各种疾病造成的肉体衰弱，最后是可耻的死亡。用法国小说家路易-费迪南·塞利纳的话来说，这就是"现实存在之恐怖"[10]。但真正的恐怖，其实是意识到男人／人类根本不是自主自治的，而是有所依附的。"还有我们的母亲夏娃，她把亚当从天堂的美梦中唤醒，迫使他面对这个赤裸裸的现实世界：这里有劳作、历史，还有死亡。"[11]诗人奥克塔维奥·帕斯曾这样写道。而在希腊神话中，潘多拉扮演着和夏娃一样的角色，她使人类幡然醒悟，但她也破除了人类的美好幻想。正如夏娃和潘多拉所提醒我们的：自主权从来就不是一种选择。

在不那么复杂的层面上，对失去自主权的恐惧，以及对不再独立于自然的恐惧，恰好反映了男性对于被女性的力量所吞噬的恐惧，这种恐惧在世界各地的许多文化中都普遍存在。

然而，男人是不会轻易放弃他们对自主权的幻想的。犹太人、基督徒所信仰的孤独之神，从无到有地创造了整个宇宙，这一过程中，没有任何女性的参与。在古今中外的所有神灵之中，他是唯一一位对自己的造物没有任何性欲的神祇，而且，对于她们的美丽，他很少表现出欣赏。相反，女性的美丽常常会激怒他。这位造物主与他的创造物之间没有任何联系，他唯一的要求就是让她们去增强他在宇宙中独一无二的特性，要是她们没能这样做，他就会惩罚她们。这位造物主始终是一个楷模，尽管事实证明，他是不可能被人类所效仿的，然而，这并没有阻止一些人的尝试。从一定意义上来说，所有的厌女者，从柏拉图、亚里士多德，到德尔图良、圣托马斯·阿奎那，再到卢梭、尼采和希特勒，他们都试图以这种或那种方式来证明，男人／人类有望重申他们与上帝或宇宙的独特关系——或者以他们自己所选择的阐释方式将自身命运解读为终极真理。于是，这种种尝试便创造了一种二元论，在这种二元论中，女人是次等的真相，囿于性欲之中，是不断前进、探寻真理途中的阻碍。因此，必须拒斥和诋毁女人，因为她们是变化万端的那个世界的信使，而男人试图在这个易变的世界之外保持他们的独立性，努力建构起他们所认为的性别优势，以便凌驾于这个世界之上。想必持这种观点的人也肯定会认可凯瑟琳·赫本在电影《非洲女王号》(*The African Queen*)中扮演的柏拉图主义者。她对亨弗莱·鲍嘉扮演的角色说："奥尔纳特先生，大自然是我们来到这个世界上必须要征服，并且要凌驾于其上的东西。"[12]

但是，"凌驾于"自然必然包括了解自然，以及了解人类与自然之间的关系。尽管我们是唯一能够理解这种关系的物种，但是，我们至今仍然既不能凌驾于自然之上，也不能在自然之轭下沉沦。我们仍与自然休戚相关、密不可分。

人类自主的神话早已不复存在。但具有讽刺意味的是，它在哲学层面上又得到了某种复兴，正是这种理论——起源于启蒙运动——为攻击厌女症提供了知识基础。这一时期的白板假说声称，人与人之间的所有差异都是社会因素造成的。它试图以这种解释来消除人性中的本质差异，包括除了解剖学和生物学之外的所有性别差异。对意欲提高女性社会地位的改革者来说，这种理论可以让他们更方便地去论证，那些经常被用来证明女性在某种程度上要"低人一等"的性别差异，实际上都是女性的成长环境和所受的教育导致的结果。于是，他们认为只要消除这些外在环境的阻碍，就可以证明女性在各个方面能同男性一样。白板假说其实也建立在一种很危险的二元论上，它认为，人类与自然界中的其他成员是有所区别的。在某种程度上，人类历史也是与自然历史分隔开的。男性和女性的行为，并非根源于任何与生俱来的本质——这一点，与他们身处的世界上的其他生物有所不同——而是深受社会结构的制约和影响。[13]

厌女症的历史一再表明，二元论思想体系往往对女性不利，尤其是人类堕落的神话及其所宣扬的观点，即认为男人对自然界中的其他成员享有特权，但这种特权关系最终被女人破坏了。白板假说其实是在哲学层面上延续了这种二元划分。尽管在消除对女性的偏见的斗争过程中，白板假说曾在某个阶段发挥过积极的作用，但最终，要是女性想基于这一理论前提来论证她们的平等地位，那它实际上会帮倒忙。这主要有两个原因。首先，自19世纪以来，随着科学的迅猛发展，人们对白板假说的一些基本假设提出了质疑。毕竟，我们可不想根据一个基于错误假设的理论来为女性争取平等。其次，退一步讲，就算白板假说是真的，它也只会以我们共同的人性为代价，否认或轻视男女之间的真正差异。

查尔斯·达尔文的进化论颠覆了我们认识自然的方式，同时，也深刻形塑着人类的行为。这些都对白板假说提出了质疑。

根据伯特兰·罗素的观点,"那类说人人生而平等,以及成年人之间的差异完全是由教育造成的理论假说,根本就无法自洽,因为它同时又在强调,同一个物种的成员之间存在一些先天性的差异"[14]。进化论也许算得上是自从地球不再是宇宙中心以来最具有革命性的科学理论了,但是,由于上述令人不安的主张,进化论现在遭到了支持神创论的保守右派和支持白板假说的激进左派的双面夹击。这两派反对进化论的依据也基本相同。不管是从人与上帝的特殊关系方面来说——正如犹太-基督教《创世记》的人类堕落神话所体现的那样,还是就自然在塑造生物的过程中单单给予了人类特殊的豁免权而言——正如白板假说所暗含的那样,进化论都否认了人类与自然界是分离的。

大量证据表明,人类行为是由遗传特征和社会因素共同塑造的,而且,人类就像加拉帕戈斯象龟一样,是慢慢进化而来的物种。这种进化也包括我们的性行为。那么,对厌女症而言,这又意味着什么呢?有一些女权主义者会担心,如果论证女性和男性之间的某些差异是与生俱来的,反而会导致歧视女性的行为拥有正当性,所以她们才坚定地支持白板假说。史蒂芬·平克*曾这样评论道,她们这样做,就好像"给躺在铁轨上的女权主义又戴上了一副镣铐,而死亡列车正在慢慢逼近"[15]。事实上,有关人性的进化论观点可能保护了我们免受白板假说中所固有的厌女倾向的侵袭。要知道,那些相信人性是由社会结构所决定的人,往往也曾争论说女人可以像男人一样,并且要求男女在方方面面都要保持一致。于是,信奉这套思维模式的社会体制就会惩罚那些喜

---

* Steven Pinker(1954—),加拿大裔美国实验心理学家、认知科学家和科普作家。平克以广泛宣传演化心理学和心智计算理论而闻名于世。

欢化妆打扮的女性，或者去惩罚任何偏离了无性女性的典范的行为。这些人认同柏拉图的观点，认为母职只是生物学上的功能，并不是什么行为上的结果，所以婴儿一出生就可以被人从母亲身边带走，交由国家在公共育儿机构抚养。

如果说进化论有助于解释为何男人和女人会有所不同，以及为何作为个体的我们会有所不同，它也没有在这些差异上强加任何道德或法律上的区分。更为重要的是，如果达尔文的理论确实有助于我们认识到两性之间的差异，那么，它就可以帮助我们一起反驳那些想要忽视或抹除这些差异的人——无论他们是出于什么样的意识形态目的——并且，它也可以保护我们免受这类人在此过程中对人性所施加的各种暴力行径。然而，归根结底，女性的平等并非源自任何有关人性的理论，而是源自追求个人公平、正义和平等的观念。这些都是自启蒙运动以来，从哲学和政治学原则中发展而来的观念。

"事实上，男女可能在心理上有所不同，但这与女权主义的原则并没有不兼容之处，"平克这样写道，"我再重申一遍：所谓平等，并非主张所有的人类群体都需要有一样或是可以互换的人生经验；平等是一种道德原则，作为个体的人不应该因其所属群体的普遍特质，而被人们评判或加以限制。"也就是说，如果人们发现大多数女性在美容院花费的时间，比在图书馆阅读柏拉图的时间要更长，这也不是剥夺她们的投票权的依据。男性的情形同样如此，如果有事实证明男人更喜欢看足球、喝啤酒，而不是更擅长解几何题，这也并不影响他们享有投票的权利。

进化论可能无法解释清楚厌女症，但它无疑可以帮助我们了解男女两性是如何进行性互动的。而这反过来可以让我们更好地理解一些两性冲突的根源，它们似乎明显超越了时间和地域文化的界限。例如，让我们来看看有关爱情诗歌的进化论上的解释吧。它会表明，并不是每一种男女之间的对抗形式都必然具有破坏性力量。在我们人类作为一个物种进化的某个阶段，人类女性开始抑制自己的发情周期。与我们在动物界中几乎所有的近亲物种的雌性不同，在灵长类动物里，人类女性的排卵期是秘而不宣的。"人类的排卵期被隐藏得如此之巧妙，"生理学家兼生物学家贾雷德·戴蒙德[*]这样写道，"以至于直到1930年前后才第一次有了关于女性排卵周期的准确科学记录。而此前很长一段时间，许多医生竟然都认为女性在生理周期的任何阶段都能怀孕，他们甚至还认为，怀孕最有可能发生在行经期。"[16] 其他灵长类动物的雄性比人类男性更容易分辨雌性是否能接受性行为——在排卵周期的恰当时间内，雌性灵长类动物的臀部会呈鲜红色，并且会因为充血而肿胀。这时候，雄性灵长类动物便会积极响应并聚集在一处，而最优质的雄性将拥有第一交配选择权。但人类两性中的情况则完全不同。自青春期往后，女性在整个周期中，似乎都持续表现出能够接受性行为的样子。而这时，男性的任务便是要去破译，去看看女性是否真的准备好接受他的关注。很多时候，女性并没有准备好，所以男性必须对她进行一番劝诱：

> 若我们有足够的时间与空间，
> 这份羞怯，女士，并不是犯罪。
> 我们会坐下来，思考走哪条路，
> 来度过我们漫漫的爱情假日……

---

[*] Jared Diamond（1937— ），美国生物学家、非虚构作家，代表作为《枪炮、病菌与钢铁》。

> 应该花上一百年时间去赞美
> 你的双眸，凝望你的前额。
> 得花两百年时间来崇拜每只乳房，
> 而剩下的，还须花上三万年时光……
> 但在我的身后，我总能听得到
> 光阴的长翼战车正疾驰着驶来，
> 而那在我们眼前横亘着的一切
> 是浩瀚无垠又永恒的茫茫沙漠。[17]

如果发情周期仍然奏效，那么，所有的诗人需要做的就是在这个月的恰当时间点出现，而他不那么羞怯的心上人就会觉得有义务与他交配，又或者，事实上，她可以选择与任何合适的男性进行交配。但是，由于人类性行为的特殊性质，这其中总是充满不确定性。此外，女性也有权利去选择她们认为最适合自己的配偶。因此，男性必须想方设法地去影响女性的选择。在这个过程中，有些人的确创作出了伟大的艺术作品。所以，在很大程度上，我们人类之所以有爱情诗歌，还得归功于人类女性对发情周期的抑制。也许这也是为什么比起牧师和哲学家，诗人（也囊括了那些总体而言有创意的艺术家）更有可能从两性冲突的故事中跳脱出来，获得一些非凡洞见。他们的作品已证明，厌女症只是男女两性关系这个大故事中的一小部分而已。对诗人和作家来说，男女之间的冲突和各种矛盾都可以通过艺术来超越。

人类性行为革命的核心是女性能够做出选择，这绝非巧合。抑制发情周期使得人类女性摆脱了生理性的强制因素，使得男性对她持续关注，并让她能够有更多的机会去挑选适合自己的配偶。女性的排卵对人类进化至关重要。同样重要的是，它使女性和男性之间的关系超越了纯粹的繁衍目的，让男女两性有更加复杂和多样化的社会互动。这也是所有人类文化的一个特色：两性之间的互动可以形成许许多多复杂多样的关系模式——他们可以成为恋人、朋友、伴侣以及工作同事等。这提醒人们，女性的选择权不仅仅是关乎她们自身完整性的核心所在，也是我们人类之所以为人的最本质原因——它将我们与其他灵长类动物区分开来。[18] 在整个人类历史上，扩大选择权对女性而言至关重要也就丝毫不奇怪了。女性拥有自行选择配偶、控制与配偶交配的环境的权利，标志着女性的历史进入了一个重要的新阶段。当下，女性选择权的争夺点集中在女性能否掌控自己的生育权上。

如果选择权对于女性的进化（因而也是整个人类的进化）如此重要，那么女性的性欲也是如此——她有权展示性欲，也有权突出表现它。将厌女症作为社会"常识"的文化的特征之一便是，人们试图压制女性展示性欲的权利。在某些文化中，诸如在阿富汗的塔利班政府（详见本书第八章）那里，这种压制就达到了一种偏执的程度，所以他们会认为，只要是与女性性诱惑有关的东西，比如内衣，都会激发出男性心中一种近似于恐怖的联想。这种恐惧心理，通常都与他们试图将女性的性行为限制在其生育功能上有关，因此，母亲的形象在许多厌女者的心目中占据着重要的地位，也就不足称奇了。在所有其他层面上，他们在与女性相处时都会出现各种各样的问题。当然，通常情况是，男性会以一种保护者的姿态来掩饰自己内心对女性展示性欲的反对，他们常常会打着"保护女性"的幌子，以让她们免受邪恶的大男子主义的盘剥伤害为借口。例如，"二战"时期的纳粹分子遵循了这一古老且陈腐的传统，这在他们查禁化妆美发廊和美容院等行业时给出的借口（详见本书第七章）中昭然若揭。但是，厌女者的种种行为和他们对女性的痴迷只能表明，这些厌女的男性没有能力与成熟女性建立起正常的两性关系。

我们对女性之美的认识凸显着深刻的矛盾性，这是我们所继承的蔑视身体的犹太-基督教传统的一部分，至今，这种观念仍然残留在我们自己的文化中。在玛丽·沃斯通克拉夫特那些号召女性的耳熟能详的名言中，她其实也回应了这类对女性之美的敌意和仇视。比如，沃斯通克拉夫特曾这样呼吁，"放弃为了美的化妆打扮吧，那不过是一种武断且随意的虚假魔力"，若我们不这么做的话，女人就是在"证明自己的头脑智力的确不如男人"（详见本书第六章）。其实，绝大多数女性都会反对这种身心之间的二元划分，但是，叫人难以理解的是，在玛丽·沃斯通克拉夫特之后又过了两个多世纪，人们仍然在呼吁女性要放弃美，不要爱好化妆打扮。正如心理学家南希·艾特考夫所观察到的那样，"这绝不是解决问题的办法！我们不应该放弃追求美和打扮自己，因为自古以来，这都是女性生活中的一个方面，能给予我们快乐和力量"[19]。

当然，解决办法绝不应是拒绝美丽，而是要拒斥厌女症。自启蒙运动以来，现代民主观念蓬勃发展，它强调个人的自主自治，认可个人追求自己的幸福快乐的权利。因而，无论是女性自己，还是那些支持女性为争取平等权利而奋斗的男性，他们都对厌女症所依赖的一些观念——即女性不知何故就违反了这个世界的道德秩序——发起了挑战。现如今，女性愈来愈多地被纳入这一道德秩序，并被视为这种道德秩序的重要组成部分。即便在那些对这种变化持抵制态度的文化之中，目前的情形也有所好转。厌女症已经不再被视作"社会常识"。男人无须再与他们的内心冲突交战，也不必再与女人——这个他能与之建立起最富有成效、最令人愉悦和满足的关系的人——发生争执。

也许,我们很快就要从位于厌女症核心的长期幻想中醒悟过来了。也许,我们终将能学会用它应得的蔑视来对待厌女症——这一世界上最古老的偏见。

进阶阅读建议

Ahmed, Leila, *Women and Gender in Islam*, Yale University Press, New Haven and London, 1992.

Anderson, Bonnie S, and Zinsser, Judith P., *A History of their Own*, Volume I, Oxford, 2000.

Balsdon, J. P. V. D. *Roman Women: Their history and habits*, Harper and Row, 1962.

Barrett, Anthony A., *Agrippina: Sex, Power and Politics in the Early Roman Empire*, Yale University Press, 1996.

Bauman, Richard A., *Women and Politics in Ancient Rome*, Routledge, New York and London, 1992.

Bishop, Clifford and Osthelder, Xenia, editors, *Sexualia: From prehistory to cyberspace*, Koneman, 2001.

Bloch, Howard, *Medieval Misogyny and the Invention of Western Romantic Love*, University of Chicago Press, 1991.

Blundell, Sue, *Women in Greece*, Harvard University Press, Cambridge, 1995.

Breslaw, Elaine G., editor, *Witches of the Atlantic World, A Historical Reader and Primary Source Book*, New York University Press, 2000.

Brown, Peter, *Body and Society: Men, women, and sexual renunciation in early Christianity*, Columbia University Press, New York, 1988.

Burleigh, Michael, *The Third Reich: A new history*, Pan Books, 2001.

Clack, Beverley, editor, *Misogyny in the Western Philosophical Tradition, A Reader*, Routledge, New York, 1999.

Clarke, John R., *Roman Sex, 100 BC–AD 250*, Harry N. Abrams, Inc., New York, 2003.

Davidson, John, *Courtesans and Fishcakes: The consuming passions of Classical Athens*, Harper Perennial, 1999.

Davis-Kimball, Jeannine, with Mona Behan, *Warrior Women: An archaeologist's search for history's hidden heroines*, Warner Books, New York, 2002.

Eller, Cynthia, *The Myth of Matriarchal Prehistory: Why an invented past won't give women a future*, Beacon Press, Boston, 2000.

Etcoff, Nancy, *The Survival of the Prettiest: The science of beauty*, Doubleday, New York, 1999.

Fest, Joachim C., *The Face of the Third Reich*, Pelican Books, 1972.

Freud, Sigmund, *Civilization and Its Discontents*, Dover Publications Inc., New York, 1994.

Friedan, Betty, *The Feminine Mystique*, Norton, New York, 1963.

Gay, Peter, editor, *The Freud Reader*, W. W. Norton and Company, New York, 1989.

Gilmore, David, *Misogyny: The male malady*, University of Pennsylvania Press, 2001.

Goldhagen, Daniel, *Hitler's Willing Executioners: Ordinary Germans and the Holocaust*, Vintage, New York, 1997.

Groneman, Carol, *Nymphomania, a History*, W. W. Norton & Co, New York and London, 2002.

Heer, Friedrich, *The Medieval World: Europe 1100–1350*, Welcome Rain, 1998.

Huizinga, J., *The Waning of the Middle Ages*, Peregrine Books, 1965.

Hunt, Lynn, editor, *The Invention of Pornography*, Zone Books, New York, 1993.

Johnson, Paul, *A History of Christianity*, Touchstone, New York, 1976.

Kaplan, Robert D., *Soldiers of God: With Islamic warriors in Afghanistan and Pakistan*, Vintage, New York, 2001.

Karlsen, Carol, *The Devil in the Shape of a Woman: Witchcraft in colonial New England*, Vintage, New York, 1989.

Keddie, Nikki, and Baron, Beth, editors, *Women in Middle Eastern History*, Yale University Press, New Haven and London, 1991.

Kendrick, Walter, *The Secret Museum: Pornography in modern culture*, University of California Press, 1987.

Keuls, Eva, *The Reign of the Phallus*, University of California, 1985.

Kleinbaum, Abby Wettab, *The War Against the Amazons*, New Press, New York, 1983.

Kofman, Sarah, translated from the French by Catherine Porter, *The Enigma of Woman: Woman in Freud's writings*, Cornell University Press, 1985.

Latifa, written with the collaboration of Shekeba Hacchemi, translated by Linda Coverdale, *My Forbidden Face, Growing up under the Taliban: A young woman's story*, Hyperion, New York, 2001.

Lea, Henry, arranged and edited by Arthur Howland, *Materials Towards a History of Witchcraft*, Thomas Yoseloff, 1957.

Levkowitz, Mary R. and Fant, Maureen B., editors, *Women's Life in Greece and Rome: A source book in translation*, John Hopkins University, 1982.

Llewellyn, Anne, editor, *War's Dirty Little Secret: Rape, prostitution and other crimes against women*, The Pilgrim Press, 2000.

McElvaine, Robert S., *Eve's Seed: Biology, the sexes and the course of history*, McGraw-Hill, New York, 2001.

Meacher, Robert, *Helen: Myth, legend and the culture of misogyny*, Continuum, New York, 1995.

Meyer, Johann Jakob, *Sexual Life in Ancient India: A study in the Comparative History of Indian Culture*, Barnes and Noble, 1953.

Miles, Rosalind, *Who Cooked the Last Supper: The women's history of the world*, Three Rivers Press, New York, 2001.

Moller Orkin, Susan, *Women in Western Political Thought*, Princeton University Press, 1979.

Moulton, Ian Frederick, *Before Pornography: Erotic writing in early Modern England*, Oxford University Press, 2000.

O'Shea, Stephen, *The Perfect Heresy: The revolutionary life and death of the medieval Cathars*, Walker and Company, 2000.

Paz, Octavio, translated from the Spanish by Helen R. Lane, *Conjunctions and Disjunctions*, Seaver Books, 1982.

Pearsall, Ronald, *The Worm in the Bud: The world of Victorian sexuality*, Pelican Books, 1969.

Pinker, Steven, *The Blank Slate: The modern denial of human nature*, Viking, 2002.

Pomeroy, Sarah, *Goddesses, Whores, Wives and Slaves*, Schocken Books, New York, 1975.

Rich, Adrienne, *Of Woman Born: Motherhood as experience and institution*, W. W. Norton, New York, 1986.

Russell, Bertrand, *The History of Western Philosophy*, George Allen and Unwin Ltd., London, 1946.

Shlain, Leonard, *Sex, Time and Power: How women's sexuality shaped human evolution*, Penguin Books, 2003.

Stark, Rodney, *The Rise of Christianity: A sociologist reconsiders history*, Princeton University Press, 1996.

Stephens, Walter, *Demon Lovers: Witchcraft, sex and the crisis of belief*, University of Chicago Press, 2002.

Tannahill, Reay, *Sex in History*, Abacus, London, 1979.

Trevor-Roper, Hugh, *The European Witch-craze of the 16th and 17th Centuries*, Penguin, Harmondsworth, 1966.

Warner, Marina, *Alone of all her Sex: The myth and the cult of the Virgin Mary*, Vintage, New York, 1983.

Willey, David, *God's Politician: John Paul at the Vatican*, Faber and Faber, London,

1992.

Wollstonecraft, Mary, *A Vindication of the Rights Of Woman*, with an Introduction by Miriam Brody, Penguin Classics, 1992.

Yalom, Marilyn, *A History of the Breast*, Ballantine Books, 1997.

注 释

第一章 潘多拉的女儿们

1 参见以下书中的相关统计数据：*The Blank Slate: The modern denial of human nature*, by Steven Pinker, Viking, 2002。

2 *Hesiod: Theogony/Works and Days[elip]*, translated by Dorothea Wender, Penguin Classics, 1973.

3 同上。

4 *Helen: Myth, legend and the culture of misogyny*, by Robert Meacher, Continuum, 1995.

5 Wender, 见前引。

6 *Goddesses, Whores, Wives and Slaves*, by Sarah Pomeroy, Schocken Books, 1975.

7 *The Epic of Gilgamesh*, translated by N. K. Sanders, Penguin Classics, 1960.

8 *Women in Greece*, by Sue Blundell, Harvard University Press, 1995.

9 公元前7世纪的诗人西蒙尼特斯（Semonides）写道："宙斯将其设计为万恶之渊薮：女人／她用牢不可破的枷锁将我们束缚于其中。"

10 *The Tragical History of Dr Faustus*, by Christopher Marlowe.

11 *The Iliad*, translated by Richmond Lattimore, 转引自 Robert Meacher, 见前引。

12 *The Trojan Women*, translated by Gilbert Murray and George Allen, Unwin Ltd., 1905.

13 *Civilization and Its Discontents*, by Sigmund Freud, Dover Publications, 1994.

14 参见这本书中的介绍：*Larousse Encyclopaedia of Mythology*, Hamlyn, 1968。

15 Menander, 转引自 *The Reign of the Phallus*, by Eva Keuls, University of California, 1985。

16 'A Husband's Defense, Athens circa 400 B.C.', 转引自 *Women's Life in Greece and Rome: A source book in translation*, edited by Mary R. Lefkowitz and Maureen B. Fant, John Hopkins University, 1982。

17 Pomeroy, 见前引。

18 同上。

19 *Courtesans and Fishcakes: The consuming passions of Classical Athens*, by James Davidson, Harper Perennial, 1999。

20 Keuls, 见前引。

21 "亚马孙女战士们得承受古典时代的英雄投掷出的标枪, 教会里的神父和无数基督教捍卫者喷出的道德怒火, 文艺复兴巨匠口中迸出的奇异咒语和魔法威力, 以及现代早期的殖民征服者的大胆妄为与贪婪无度……尽管亚马孙女战士们一次次地受到这些伤害、打压和挫败, 但她们在西方文化中总是顽强地一次又一次地出现、卷土重来。" 艾比·克莱因鲍姆 (Abby Kleinbaum) 在下面这本书中曾就亚马孙女战士神话的非凡持久特性给出了上述评论: *The War against the Amazons*, New Press, 1983。

22 Blundell, 见前引。

23 同样, 阿里斯托芬于公元前5世纪写的喜剧也经常使用类似的主题。在其中, 女性会公然挑战盛行的道德、社会和政治秩序。毫无疑问, 阿里斯托芬的作品反映了他所在的那个时代世界的关切、痴迷和关注点。由于悲剧和喜剧享有相似的主题, 可以想见, 悲剧和喜剧二者都具有反映时代的意义。

24 *Antigone*, translated by E. F. Watling, Penguin Classics, 1947。

25 同上。

26 *Hippolyta*, translated by Judith Peller Hallet, Oxford Classical Texts, 1902–13。

27 柏拉图的二元论并非一种新理论。公元前6世纪, 毕达哥拉斯学派制定了一张对立表。这份表单由十组对立关系组成, 毕达哥拉斯学派哲人认为, 正是这些对立关系在支配着宇宙的运行秩序: 例如, 善与恶, 左与右, 光明与黑暗, 有限与无限, 男性和女性, 等等。古人还将万物归结为四种元素, 这四种元素内部, 也是两对对立的元素: 火与气、水与土。一种思维习惯会将男女之间的差异视为永恒不变的矛盾对立面, 于是, 这便构成了无休止的性别冲突的根源。

28 转引自 *An Introduction to Western Philosophy: Ideas and arguments from Plato to Popper*, Anthony Flew, Thames and Hudson, 1989。波普尔的《开放社会及其敌人》(*The Open Society and Its Enemies*) 是对柏拉图和马克思的政治和社会思想的一种批判。

29 *The History of Western Philosophy*, by Bertrand Russell, George Allen and Unwin, 1946。

30 *The Republic*, translated by H. D. P. Lee, Penguin Classics, 1955。所有引文均出自本书这一版本。

31 在柏拉图的洞穴寓言中, 洞穴里的囚犯是通过感官来感知这个世界的虚假幻象的。我们不妨想象一下，囚犯自小就住在地牢里，被铁链锁在那里。在洞穴的出口附近，大火正在熊熊地燃烧着，不时会有人从火和囚犯之间的一条往上升的道路上经过。外面的世界照旧正常运行着，但囚犯们什么也看不见，他们只看到那个世界的影子投射在洞穴的墙壁上，不停地闪烁着。因为他们知识也有限，所以他们误认为这就是真实的现实。就像囚犯们会被他们从未直接感知到的现实之阴影所迷惑那样，我们这些只通过感官来认识世界的人，同样对绝对、永恒的完美理念的世界一无所知。在这个完美理念的世界中，用眼睛和耳朵、味觉和触觉来感知的世界，只是一个影子罢了。于是，哲学王就等同于那个逃离出洞穴，并且最后亲眼看到了洞外的大千世界的囚犯。

32　Russell，见前引。
33　Keuls，见前引。
34　'On the Generation of Animals'，转引自 *Misogyny in the Western Philosophical Tradition, A Reader*，edited by Beverley Clack，Routledge，1999。
35　*Women's Life in Greece and Rome: a source book in translation*，by Mary R. Lefkowitz and Maureen B. Fant，John Hopkins University Press，1982.
36　Pomeroy，见前引。
37　*Too Many Women?: The sex ratio question*，by Marcia Guttentag and Paul Secord，Sage Publications，1983.
38　节选自 Lysistrata，in *The Complete Plays of Aristophanes*，edited by Moses Hales，Bantam Books，1962。

第二章　城门口的女人：古罗马的厌女症

1　Lefkowitz and Fant，见前引。
2　同上。
3　同上。
4　同上。
5　*The City of God*，translated by Gerald G. Walsh et al，Image Books，1958.
6　*Roman Women: Their history and habits*，by J. P. V. D. Balsdon，Harper and Row，1962.
7　Livy，*The Early History of Rome*，translated by Aubrey de Sélin-court，Penguin Classics，2002.
8　*Civilization and Its Discontents*，Sigmund Freud，Dover，1994。火焰一直燃烧到了公元394年，那时，基督徒已经成为罗马帝国的统治者，终于下令要将火焰熄灭。古老的预言花费了16年终于成真。公元410年，罗马被入侵的西哥特大军攻陷，从此衰亡。
9　*Jugurthine War, and Conspiracy of Catiline*，Sallust，translated by S. A. Handford，Penguin Classics，1963.
10　同上。

11 同上。
12 埃及女性就像美索不达米亚平原的女性一样,以其精致的妆容而闻名于世。"化妆"一词在美索不达米亚文字中第一次出现,可以追溯到公元前 3000 年。
13 *Roman Women*, Balsdon, 同上。
14 Shakespeare, *Antony and Cleopatra*, Act 2, Scene 2.
15 Lefkowitz and Fant, 见前引。
16 同上。
17 *Women and Politics in Ancient Rome*, by Richard A. Bauman, Routledge, 1992.
18 Livy, 见前引。
19 Pomeroy, 见前引。
20 Bauman, 见前引。
21 Macrobius, 转引自 Bauman, 同上。
22 精神病学专家 Frank Caprio, 转引自 *Nymphomania: A History*, by Carol Groneman, W. W. Norton, 2000。
23 Groneman, 同上。
24 同上。
25 Translated by Rolfe Humphries, Indiana University Press, 1958.
26 同上。
27 Tacitus, *The Annals*, translated by Michael Grant, Penguin Classics, 1956。在古罗马,十分离谱和骇人听闻的婚姻并非不为人知。比如,在尼禄统治时期,一位贵族的行为就曾经让舆论哗然。他以角斗士的身份去斗牛,并且最终还嫁给了他的男朋友。尼禄本人也曾戴上新娘的头纱,嫁给了一位男性爱人。
28 同上。
29 *Agrippina: Sex, power and politics in the early Roman Empire*, by Anthony A. Barrett, Yale University Press, 1996.
30 Tacitus, 见前引。
31 Bauman, 见前引。
32 可能就在小阿格里皮娜去世的前几年,她还写过一本自传。这本自传详细描述了她的生平和家庭里的种种不幸。遗憾的是,如今我们只能从塔西佗和老普林尼(Pliny the elder)那儿了解到这份独特的文本了,他们都将这个文本作为他们著作的参考资料。我们从中基本可以窥探出,暴君尼禄很可能是一个难产儿,也即,他并非头部先从子宫中出来,这可能解释了他母亲为何没有再生育更多的孩子。
33 Juvenal, 见前引。
34 *Apulieus, The Golden Ass, A New Translation*, by E. J. Kennedy, Penguin Classics, 1998。由人类英雄变形幻化而来的公驴很害怕一旦结束与女人的性事,自己也将会被狮子吃掉,所以他决定,在其必须结束性行为之前,就先行逃掉。

第三章 神圣干预：厌女症和基督教的兴起

1 源自希伯来文手稿写成的《便西拉智训》，它曾在 20 世纪时被人发现，转引自 Russell，见前引。
2 *A History of Christianity*, by Paul Johnson, Simon and Schuster, 1976.
3 有一些证据表明，毕达哥拉斯和他建立的学园都允许女性入学。
4 转引自 Pinker，见前引。
5 转引自 *Body and Society: Men, women, and sexual renunciation in early Christianity*, by Peter Brown, Columbia University Press, 1988。
6 Tacitus, *The Annals*。她的丈夫对这一指控进行了调查，她最后被无罪释放。
7 图密善皇帝（Domitian，执政时间 81—96）的一个男亲戚是一名基督徒，当使徒来到罗马时，他曾与圣保罗一起工作过。相传，罗马美丽的圣克雷芒教堂（San Clemente）就建在他家家族别墅的旧址之上。
8 这里引用的论点和论据来源于：*The Rise of Christianity: A sociologist reconsiders history*, by Rodney Stark, Princeton University Press, 1996。
9 女性先是服用毒药来打胎，如果毒药没奏效，堕胎失败，就需要进行手术，这就要使用刀片、钉子和钩子，一点一点地从子宫里切开胎儿并拽出残肢碎片。大多数时候，女性是被其情人和丈夫强行带去堕胎的。比如，图密善皇帝在致使其侄女怀孕后便强迫她去堕胎，他的这位侄女正是死于流产后的并发症。
10 Stark，见前引。
11 Guttentag and Secord，见前引。
12 Stark，见前引。他引用了以下这一论点：在使徒保罗写给哥林多地区的信件（《哥林多前书》第 14 章第 34—36 章）中，那个臭名昭著的论述——女性在教会里要保持绝对安静——其实并不是保罗自己说的，而是保罗引用的一个他试图去反驳的对手说过的话。
13 'Is Paul the Father of Misogyny and Anti-Semitism?' by Pamela Eisenbaum, *Cross Currents*, Winter 2000-2001。她雄辩有力地论证说，圣保罗既不是厌女者，也不是反犹主义者。
14 这一描述来自《新约》次经《保罗行传》（Acts of St Paul），转引自 Johnson，见前引。
15 Brown，见前引。
16 同上。
17 De Ieuinion 5.1, Corpus Christianorum 2:1261.
18 'On Female Dress', from *The Writings of Tertullian*, Volume I, translated by the Rev. S. Thelwall, Edinburgh, 1869.
19 2 Corinthians, 6:16.
20 同上。
21 转引自 Brown，见前引。

22 Tertullian,见前引。
23 相比之下,帝国统治的前 130 年中只有 15 位皇帝。
24 它们建于奥勒良(Aurelian)皇帝的统治时期(270—275)。直到今天,它仍然是罗马城的一个显著特征。
25 瓦勒良(Valerian)皇帝于公元 260 年被沙普尔一世(Shapur I)击败。
26 第一次发生在公元 165—180 年,第二次发生在公元 251 年。
27 Stark,见前引。
28 字面的理解有时会有一定的风险,在一个有着特别惨痛教训的例子中,我们看到,奥利金便是从字面意义上来理解马太的这句话的:"有为天国的缘故自阉的。"(《马太福音》,第 19 章第 12 节)
29 The Gospel of St Thomas,转引自 Brown,见前引。
30 转引自 *A History of their Own*, Volume I, by Bonnie S. Anderson and Judith P. Zinsser, Oxford, 2000。
31 Brown,见前引。
32 同上。
33 同上。
34 摘自 Paul Surlis 神父 2002 年发表的演讲。
35 Brown,见前引。
36 当罗马帝国的官员想要对袭击犹太人的暴动提起诉讼时,米兰主教安布罗斯(Ambrose)——一个曾经激励了圣奥古斯丁的人——介入干涉,他保护了那些反犹太人的暴徒,他给出的理由是,他们都是好基督徒。
37 摩尼的教义深具二元性,他认为,一切物质本质上而言都是邪恶的。因此,他的追随者将生育繁殖视为邪恶的延续,他们禁止繁殖生育,也拒绝相信以下这一想法:上帝真的会允许他的独子来到这个物质世界。相反,他们会教导说,耶稣只是一个虚假的幻象。公元 276 年,摩尼被波斯人处决。
38 *Confessions*, translated by Henry Chadwick, Oxford University Press, 1991。所有进一步的引文均来自此版本。
39 *The City of God*, translated by Gerald G. Walsh, S. J., Demetrius B. Zema, S. J., Grace Monahan, O. S. U., Daniel J. Honan, Image Books, 1958。所有进一步的引文均来自此版本。
40 Russell,见前引。
41 Walsh et al.,见前引。
42 在汇总了题词、信件和文本的合集《希腊罗马妇女生活》(*Women's Life in Greece and Rome*)中,莱夫科维茨(Lefkowitz)和范特(Fant)两位编辑提到了希帕基亚(Hipparchia)和阿珀罗尼亚(Appolonia),她们分别生活于公元 3 世纪和公元 2 世纪。
43 来自 Socrates Scholasticus' *Ecclesiastical History*。
44 Damascius' *Life of Isidore*, translated by Jeremiah Reedy, Phanes Press, 1993。

45 来自尼基乌主教约翰（John of Nikiu）的编年史。
46 同上。
47 Socrates Scholasticus，见前引。
48 *The Decline and Fall of the Roman Empire*，by Edward Gibbon，Penguin Classics，2000.

第四章　从天后到魔女

1 关于摩西是否亲临在场，还存在一些争论。其他《旧约》中的先知，例如以诺和以利亚等，也被认为是死后直接去往天堂，绕过了对复活的漫长等待。
2 转引自 *Alone of All her Sex: The myth and the cult of the Virgin Mary*，by Marina Warner，Vintage Books，1983。
3 *The Medieval World: Europe 1100–1350*，by Friedrich Heer，Welcome Rain，1998.
4 Anderson and Zinsser，见前引。
5 转引自 *The Perfect Heresy: The revolutionary life and death of the medieval Cathars*，by Stephen O'Shea，Walker and Company，2000。
6 Anderson and Zinsser，见前引。
7 Heer，见前引。
8 同上。
9 同上。
10 Warner，见前引。
11 人们谴责教会过于富裕且日渐与信徒疏远，这些指责也是其他异端运动的舆论基础，例如受到了彼得·沃尔多（Peter Waldo）传教宣扬的运动便主张回归到耶稣般的赤贫状态。
12 O'Shea，见前引。
13 Warner，见前引。
14 同上。
15 *The Canterbury Tales*，by Geoffrey Chaucer，由 Nevill Coghill 翻译为现代英语，Penguin Books，1951。
16 同上。
17 转引自 *Medieval Misogyny and the Invention of Western Romantic Love*，by Howard Bloch，University of Chicago Press，1991。
18 在公元3世纪的古罗马，对通过使用魔法而导致他人死亡的女巫，按规定，要将其焚烧处决。公元6世纪，法兰克王后弗雷德贡德（Fredegund）将几名被当作女巫的女性活活地烧死，因为有人指控是她们造成了王后两个年幼儿子的死亡。被抓的女性经过严刑拷打，最终，她们在被烧死之前认了罪。使用酷刑以及由女性指控其他女性谋杀自己孩子，将成为后来猎巫运动中焚烧女巫这种狂热运动的两大特征。

19 1080 年，当一些女性被指控为女巫，因为导致风暴来袭和庄稼歉收而要遭受死刑时，教宗格里高利八世（Gregory VIII）向丹麦国王抱怨并请求停止使用这种死刑惩罚。然而，流行的迷信依然存在，而且，它们往往会招致残酷的后果。1090 年，一群暴徒在巴伐利亚州将三名女性活活烧死。90 年后，一名被怀疑使用了巫术的女性，在当地市民的要求下被强行开膛破肚，最后，这名女子不得不拖拽着自己的肠子，缓慢步行着穿过根特的街道。
20 *The Waning of the Middle Ages*, by J. Huizinga, Peregrine Books, 1965.
21 *Demon Lovers: Witchcraft, sex and the crisis of belief*, by Walter Stephens, University of Chicago Press, 2002.
22 后来将会出现相当多的学术性研究假设，比如，关于这种精液是何时被提取的，是如何被提取出来的，以及是否可以使用来自"夜间污染"——或者说梦遗——后的精液，等等。
23 Stephens，见前引。
24 转引自 Stephens，同上。
25 即使在猎巫活动的高峰期，爱尔兰也基本没有受到什么影响。如前所述，在爱尔兰凯尔特人的传统中，缺乏像古典时代、犹太教以及基督教的传统世界观中常见的厌女元素。
26 *Europe's Inner Demons*, by Norman Cohn, University of Chicago Press, 2000.
27 同上。从 17 世纪开始，恶魔附身的现象变得更加普遍，它经常会同时影响到大批女性的生活。最著名的案例便是卢丹地区的大量修女和塞勒姆的妇女。正如这位波希米亚的牧师所说的那样，被恶魔附身的人的通常表现是，对参加宗教仪式会产生厌恶心理。
28 *Malleus Maleficarum*, by Henricus Institoris, 由 the Rev. Montague Summers 翻译并撰写导言、参考书目和注释，John Rodker, 1928。这段引文便来自萨默斯的导言。以下所有引文，除非另有注明，均来自萨默斯的译本。
29 Stephens，见前引。
30 同上。
31 *Materials Towards a History of Witchcraft*, Volume Two, by Henry Lea, arranged and edited by Arthur Howland, Thomas Yoseloff, 1957.
32 O'Shea，见前引。
33 Summers，见前引。
34 *The Encyclopaedia of Witchcraft and Demonology*, by Rossell Hope Robbins, Crown, 1959.
35 Lea，见前引。
36 Jean Bodin，转引自 Lea，同上。
37 Stephens，见前引。
38 Cohn，见前引。
39 *The European Witch Craze of the 17th Century*, Hugh Trevor-Roper, Penguin Books, 1966.

40　Lea，见前引。
41　1971 年，北爱尔兰的英国人用来对付可疑的爱尔兰共和军激进分子的手段也与此相似，最多不过是稍加修改罢了。
42　*The Devil in the Shape of a Woman: Witchcraft in colonial New England*，by Carol Karlsen，Vintage Books，1989.
43　*Democracy in America*，by Alexis de Tocqueville，Everyman's Library，1994.
44　根据历史学家邦妮·安德森（Bonnie Anderson）和朱迪斯·津瑟（Judith Zinsser）的研究发现，她在 1920 年被封为圣徒，这是因为她有德行的一生，而非其成功的军事生涯。见前引。
45　同上。

第五章　噢！美丽新世界：文学、厌女症及现代性的兴起

1　在《牛津英语词典》中，"misogyny"（厌女／厌女症）一词于 1656 年首次出现在收录的词汇表中，它被定义为"对女性的仇恨或蔑视"。1630 年，"misogynist"（厌女者）出现在一本名为《被传讯受审的斯韦特曼》（*Swetman Arraigned*）的小册子中。斯韦特曼是一本臭名昭著的攻击女性的小册子的写作者（参见下文）："斯韦特曼的名字在女性耳中，要远比厌女者这一标签可怕得多。"
2　*The Weaker Vessel: Women in 17th century England*，by Antonia Fraser，Alfred A. Knopf，1984.
3　*The Family, Sex and Marriage in England 1500–1800*，by Lawrence Stone，Pelican Books，1979.
4　转引自 Stone，同上。
5　同上。
6　William Blackstone，牛津大学法学教授，转引自 *A Vindication of the Rights Of Woman*，by Mary Wollstonecraft，由 Miriam Brody 撰写导言，Penguin Classics，1992。
7　Stone，见前引。
8　转引自 *Who Cooked the Last Supper: The women's history of the world*，by Rosalind Miles，Three Rivers Press，2001。
9　Anderson and Zinsser，同上。
10　Stone，见前引。
11　Fraser，见前引。
12　同上。
13　Stone，见前引。
14　同上。
15　Russell，见前引。
16　希腊人和犹太人的关于人类堕落的神话，主要建立在男性自主自治的概念之

上。他们认可这种观念：男人是在女人之前被上帝创造出来的，即使没有女人，男人也能过上自主自治的幸福生活，可以享受与神灵或诸神之间的特殊优待关系。

17　转引自 Russell，见前引。
18　这仍然是社会学家所持有的一个主要观点，尽管它现在受到进化生物学中各项研究发现的挑战。
19　Stone，见前引。
20　Locke，见前引。
21　同上。
22　第二步将不得不再等上三个世纪才能实现，直到 20 世纪 60 年代，避孕药才会被广泛地使用。
23　'The Poetry of the 18th Century', by T. S. Eliot, *The Pelican Guide to English Literature*, volume 4: *From Dryden to Johnson*, edited by Boris Ford, Pelican Books, 1973.
24　转引自 *A History of the Breast*, by Marilyn Yalom, Ballantine Books, 1997。
25　*Ben Jonson's Plays*, vol. 1, 由 Felix Schelling 撰写导言, J. M. Dent and Sons, 1960。
26　转引自 *Before Pornography: Erotic writing in early modern England*, by Ian Frederick Moulton, Oxford University Press, 2000。
27　*William Shakespeare, The Complete Works*, General Editors Stanley Wells and Gary Taylor, Oxford, 1988.
28　*Misogyny: The male malady*, by David Gilmore, University of Pennsylvania Press, 2001.
29　*Selected Essays by T.S. Eliot*, Faber and Faber, 1969.
30　同上。
31　奥赛罗对他妻子苔丝狄蒙娜发出了同样的哀叹。随着他的嫉妒不断加深，他如此评论道（参见《奥赛罗》第 3 幕，第 3 场）：

　　　　哦，婚姻的诅咒啊，
　　　　我们称这些精致的生灵为我们所拥有，
　　　　但我们却不想要她们的贪婪胃口！

32　如这条引言所说，或者，又如 T. S. 艾略特指出的那样，莎士比亚对格特鲁德这个人物的塑造根本就是失败的，她无法证明儿子对她怀有如此愤恨的合理性。这又是该剧众多难解之谜之一。
33　*Shakespeare: A Life*, by Park Honan, Oxford University Press, 1998.
34　*The Complete Poems of John Wilmot, Earl of Rochester*, 由 David M. Vieth 编辑并撰写了导言, Yale University Press, 1968。这是罗切斯特诗歌的首个未遭到审查的完整版本。在他的另一首诗歌中，个人卫生似乎取代了厌女症而

成为该诗人恳求其情妇的一个主题：

> 美好又惹人厌的宁芙，你要干净、善良
> 我所有的快乐都被恢复、重新回来了
> 通过使用仍然落后的纸巾
> 替代以前用过的海绵纱布。

在这个例子中，罗切斯特只是反映了这一时期所有阶层的英国男女的真实卫生情况，他们以肮脏邋遢和缺乏良好的个人卫生而臭名昭著。这也提醒人们，在罗马帝国灭亡之后，随之消失的，还有帝国那美好的公共洗浴池、它的渡槽系统，以及用于冲洗街道上排水沟的源源不断供应着的自来水等。于是，这之后的欧洲便忍受了1000多年的肮脏。17世纪时，伦敦的个人卫生习惯通常只包括洗手和洗脸。一位日记作者塞缪尔·佩皮斯（Samuel Pepys，1633—1703）曾对自己的日常生活进行了颇为有名的一番记录，其中就包括对自己多次性经历的明确记述，还有他与妻子因洗澡闹矛盾而导致性不和的这类事情。他妻子伊丽莎白去浴室洗浴后（这是她人生中第一次去浴室洗澡）便拒绝让他同床、与他同房，唯一的条件是——除非他也去浴室洗澡。在这样僵持不下三天以后，他对洗澡的敌意终于被他的性需求所克服，于是，他只好答应先去洗澡。但是，通常人们都认为，是女性对洗浴有着更强的抵触心理。

35 转引自 *Rochester's Poetry*，by David Farler-Hills，Rowman and Littlefield，1978。

36 由此而产生的焦虑，在一些诙谐的诗歌创作中得到了释放。其中最为著名的要属罗切斯特的诗歌《人造阳物先生》（"Signior Dildo"）。

37 *The Secret Museum: Pornography in modern culture*，by Walter Kendrick，University of California Press，1987.

38 *The Rise of the Novel*，by Ian Watt，University of California Press，1957.

39 笛福其他两本得到认可的小说分别是《鲁滨孙漂流记》（*Robinson Crusoe*，1719）和《瘟疫年纪事》（*A Journal of the Plague Year*，1722）。

40 Stone，见前引。

41 Defoe，'Conjugal Lewdness'，1727.

42 *Roxana: The fortunate mistress*，by Daniel Defoe，由 David Blewett 编辑并撰写导言，Penguin Classics，1982。

43 同上。

44 《罗克珊娜》中另一奇怪之处在于，它虽是一个关于妓女的故事，但书中几乎没有告诉读者任何关于她性生活的内容。书中唯一带有一点情色内容的场景，实际上发生在罗克珊娜和她忠诚的女仆艾米之间。故事是这样的：罗克珊娜的情人看上了艾米，艾米也对其有意，但是，由于艾米过于腼腆和"女性化"，她没敢主动采取任何行动。于是，罗克珊娜便邀请艾米和自己的情人一起上床。当艾米打退堂鼓时，罗克珊娜还坚持要求她这么做。当艾米仍然坚持并表现得腼腆时，罗克珊娜甚至开始直接帮艾米脱衣服。起初艾米还是有所拒绝，但在好一阵推搡之后，她便向罗克珊娜屈服了，罗克珊娜最后还揭发说，"她让我做我想做的事"，这一般是女人在向男人投怀送抱时常说的那种话。随后，罗克珊娜将女仆艾米赤身裸体地抱送到她自己情人的床上，让艾米和她的情人共枕一处，并看着他们两人做爱。笛福写作该场景，可能是为了体现女主角行动果敢，但是，以此种方式来呈现，便直接挑战了女性羞怯的刻板印象。罗克珊娜表现得像个男人一样，她果断地随意摆布着艾米，这也正如她掌控着自己的金钱和情人一样。罗克珊娜摆布他们是为了满足她自己的控制欲。

45　这些陈旧的厌恶女性的刻板印象，大致可以追溯到尤维纳利斯笔下，若将它们和笛福对罗克珊娜进行的丰富而又具有原创性的形象刻画做一番对比，将会很有趣。像蒲柏这种鄙视小说，认为小说只是为洗碗女仆而写的文学作品的作家，他笔下对女性的诗性流露现在看起来很可悲，老套乏味，也已经过时了。

46　*Pamela*, by Samuel Richardson, vol. 1, 由 George Saintsbury 撰写导言, Everyman's Library, 1960。

47　小说家亨利·菲尔丁（Henry Fielding）则丝毫没有怀疑过答案会是什么。在他写的一本名为《莎梅拉》（*Shamela*）的小册子中，他故意攻击理查森，认为理查森是个伪君子。菲尔丁的第一部小说《约瑟夫·安德鲁斯》（*Joseph Andrews*）也是对《帕梅拉》的戏仿，在这部小说中，故事情节是：一个英俊的年轻男仆被好色的波士夫人所引诱。菲尔丁认为，人们设想只有男人才好色，这其实很荒谬，他在其最伟大的作品《汤姆·琼斯》（*Tom Jones*）中也探索了这一相同的主题。

48　*Emile*, by Jean-Jacques Rousseau, translated by Barbara Foxley, Everyman Library, 1911。

49　*Women in Western Political Thought*, by Susan Moller Orkin, Princeton University Press, 1979。

50　Rousseau，见前引。

51　同上。

52　Russell，见前引。

53　*The Invention of Pornography: Obscenity and the origins of modernity 1500-1800*, 由 Lynn Hunt 编辑并撰写导言, Zone Books, 1993。

54　Kathryn Norberg，转引自，同上。

55　*Justine: or, Good Conduct Well Chastised* 和 *The History of Juliette: or, The Fortunes of Vice* 这两本书，分别于 1814 年和 1815 年被查禁。直到 1965 年，它们才得以在英语世界中流传并被广泛传播。

56　*The History of Juliette: or, The Fortunes of Vice*, Grove Press, 1968。

第六章　维多利亚时代的秘密

1　*The Golden Bough: The roots of religion and folklore*，by Sir James Frazer，Avenel Books，1981。
2　*Sexual Life in Ancient India: A study in the comparative history of Indian culture*，by Johann Jakob Meyer，Barnes and Noble，1953。迈耶的分析主要建立在对古老的印度史诗《摩诃婆罗多》(*The Mahabharata*)所做的分析上。
3　在整个西欧都发现存在类似的小雕像，它们还被用来证明，在早于有记录的历史之前——大约在公元前8000年至公元前3000年之间——就存在母系文明社会。然而，众所周知，人们很难从人工制品中得出有关真实的社会关系的可靠结论。如果我们对中世纪的了解仅限于圣母马利亚的肖像的话，说不定也会得出结论，认为奉行天主教的欧洲是个母权制社会。
4　转引自 *Sexualia: From prehistory to cyberspace*，edited by Clifford Bishop and Xenia Osthelder，Koneman，2001。
5　*Conjunctions and Disjunctions*，by Octavio Paz，由Helen R. Lane翻译自西班牙语，Seaver Books，1982。
6　转引自 *Sex and History*，by Reay Tannahill，Abacus，1981。
7　同上。
8　Paz，见前引。
9　同上。
10　Bishop and Osthelder，见前引。
11　转引自 Tannahill，见前引。
12　转引自 Bishop and Osthelder，见前引。
13　Meyer，见前引。
14　来自 Associated Press 的报道，时间为2002年11月10日。
15　转引自 Bishop and Osthelder，见前引。人们希望，神父的愤慨是针对这样一个事实：西欧的绝大多数女性都无法享有与男性平等的受教育权。
16　同上。
17　同上。
18　Meyer，见前引。
19　Tannahill，见前引。
20　Meyer，见前引。
21　Tannahill，见前引。
22　源自'An Occasional Letter to the Female Sex'，转引自下书的编辑导言：*Common Sense*，edited by Isaac Kramnick，the Penguin American Library，1976。
23　源自下书的导言：*A Vindication of the Rights of Woman*，by Mary Wollstonecraft，由Miriam Brody编辑并撰写导言，Penguin Books，1992。
24　Brody, Introduction，同上。

25　Brody, Introduction, 同上。
26　Brody, Introduction, 同上。
27　同上。
28　Russell, 见前引。
29　转引自 *Of Woman Born: Motherhood as experience and institution*, Adrienne Rich, W. W. Norton, 1986。
30　1998年，在都柏林圣三一学院一篇未发表的论文中，珍·E. 霍兰（Jenny E. Holland）表示，这种认为是男人创造了生命的神话的观点，是对科学接管了助产士角色的一种寓言式批判，它发生在医学迅速发展的19世纪。
31　Tannahill, 见前引。
32　同上。
33　*Charles Dickens: Selected Journalism, 1850–70*, 由 David Pascoe 编辑并撰写导言和注释, Penguin Classics, 1997。
34　Hippolyte Taine, 转引自 *The Worm in the Bud: The world of Victorian sexuality*, by Ronald Pearsall, Pelican Books, 1969。
35　*The People of the Abyss*, by Jack London, 由 Brigitte Koenig 编辑并撰写导言, Pluto Press, 2002。
36　同上。
37　Mrs Elizabeth Fry, 转引自 Pearsall, 见前引。
38　同上。
39　同上。
40　*Nymphomania: A History*, by Carol Groneman, Norton, 2001.
41　转引自 Professor John Duffy, Tulane University School of Medicine, in 'Masturbation and Clitoridectomy', *Journal of the American Medical Association*, 19 October 1963。
42　这一例子转引自 Groneman, 见前引。
43　在下文中有很好的描述：'Women at our Mercy', by Peter Stothard, *The Times*, 27 March 1999。后来，布朗否认与记者见过面，也否认宣称外科手术可以治愈精神类疾病。但是，报纸媒体仍旧坚持这样报道。《英国医学杂志》此后还报道了曾在布朗那里做过手术的女性精神病患者的名字。于是，布朗失去了皇家学院的会员资格，他只好离开英国，前往美国去谋求职业的发展。
44　Duffy, 见前引。
45　转引自 Pearsall, 见前引。格林纳威女士在法国和德国也取得了巨大的成功。
46　同上。
47　狄更斯的作品与他近乎同时代的法国作家埃米尔·左拉的作品形成了一种鲜明对照。左拉的小说中充斥着对性成熟女性的生动描绘，但它们却没有对儿童做出令人信服的描写。1888年，左拉的小说《土地》(*La Terre*)在英国被查禁认定为色情淫秽作品，一时间成为下议院争相讨论的话题。一位国会议员曾怒不可遏地宣称，英国的社会道德品质正在被"这种文学"所"蚕食殆尽"。

该书的英国出版商也因出版此书而被判处三个月的监禁。
48　Rich，见前引。
49　*The Lancet*，转引自 Pearsall，见前引。
50　Miles，见前引。依据迈尔斯的说法，该法典让丈夫拥有了各项权利，比如，丈夫可以强迫妻子居住在或搬到任何他指定的地方，丈夫在离婚时可以获得妻子的所有财产和收入，丈夫可以以通奸罪的罪名将妻子投入监狱并进行关押——这种关押一般不会超过两年——而他自己通奸后则不必承担同样的起诉和审判后果，并且他还可以剥夺妻子对子女的所有抚养权。因此，迈尔斯总结道："在黑暗的欧洲中世纪，法国女性其实生活得要比现在好很多……"
51　Pearsall，见前引。
52　转引自，同上。
53　Herbert Spencer，转引自 Miles，见前引。
54　*Saturday Review*，February 1868，转引自 Pearsall，见前引。
55　Tannahill，见前引。
56　转引自 Pearsall，见前引。
57　转引自 *Witches of the Atlantic World: A historical reader and primary source book*，edited by Elaine G. Breslaw，New York University Press，2000。
58　同上。
59　De Tocqueville，*Democracy in America*，Everyman's Library，1972.
60　同上。
61　*Shades of Freedom: Racial politics and presumptions of the American legal process*，by A. Leon Higginbotham，Oxford University Press，1996.
62　转引自《精华杂志》(*Essence Magazine*)网站上的一次访谈。谢夫塔尔(Sheftall)与约翰内塔·B. 科尔(Johnetta B. Cole)共同撰写了《性别言说：非裔美国社区中为争取女性平等而做的斗争》(*Gender Talks: The struggle for women's equality in African American communities*)，Ballantine Books，1999。
63　Miles，见前引。
64　甚至在当时，人们对于为何要在遥远的西部、没有法律约束的边疆地区采取如此进步革新的举措，也有着很多的猜测。西部牛仔和歹徒枪手似乎已经得出了他们的结论，也即，怀俄明州的形象会有所提升，因为女性在大多数美国人眼中代表的是一切可敬和有德之物。女性还赢得了担任法庭陪审团成员的权利。就连反对这一举措的联邦政府首席大法官霍伊特(Hoyt)后来也总结道："这些女性有如此的尊严，她们端庄、举止得体，富有聪明才智，所以，她们赢得了怀俄明州每一位公正的公民的钦佩。"可参见 Tannahill，见前引。
65　Miles，见前引。
66　Tannahill，见前引。
67　Russell，见前引。
68　但是，尼采对拜伦的误解，就像他对女性的误解一样深。拜伦远非像传说中的那位浪子唐璜一样，他也并非一位无情的诱惑者，一心只想剥夺女性的美德，拜伦自己反而通常更像是位被诱惑者，而非引诱女性者。例如，拜伦最伟大的诗篇、喜剧史诗《唐璜》，讲述的就是一位相当温文尔雅、富有理想且本性善良的年轻小伙的故事。这个年轻人发现他很难拒绝美人。

69 在有关权力的概念上，尼采与萨德也有些相似的地方。但是，我们这位"神圣的侯爵"萨德定会认为，尼采的女性观很是可笑和幼稚。正如萨德所见，既然女人也是人，那么，她们就同样可以达到与男人同等程度的不人道，这正如萨德在《朱丽叶的故事，或邪恶的喜乐》一书中所清晰阐明的那样。

70 转引自 Pearsall，见前引。

71 研究"开膛手杰克"连环案的专家们也争论不休，他们不知道这位杰克的具体作案数，也不知道是不是该将这些谋杀案的杀人凶手都认定为是这位开膛手。因为至少还发生了多达十几起其他命案，其中，有些案件发生在开膛手第一次作案记录之前，而有些案件，则发生在最后一次普遍认定是开膛手作的案之后。时不时地，这些谋杀案都会被认定是开膛手所为。但是，就像其他一些与开膛手杰克有关的事情一样，大多数被认定为与开膛手杰克所谓的关联，其实都是基于人们纯粹的猜测想象。

72 转引自 *The Complete Jack the Ripper*, by Donald Rumbelow, 由 Colin Wilson 撰写导言, the New York Graphic Society, 1975。

73 他的具体报告内容被网站 *Casebook: Jack the Ripper* 援引。谷歌搜索引擎共存储了 178 000 条与开膛手杰克犯下的谋杀案相关的条目，该网站便是其中之一。

74 Rumbelow，见前引。

75 开膛手杰克的真实身份至今仍然是个谜团，没有被人们破解。围绕杰克身份的猜测，导致历史上大约出现了 15 个主要的嫌疑人，有人认为，他可能是维多利亚女王的孙子、克拉伦斯公爵（Duke of Clarence），也有人说他是名波兰的理发师。几名目击者举证称，有一名看起来像"外国人"的"着装破旧却显文雅"的男子，曾在几名受害者死前不久与她们进行过交谈。白教堂地区是一个犹太人社区，警方很担心这样的谣传会引发反犹主义的社会暴乱。出于这个原因，他们销毁了可能是他们所掌握的为数不多的真实线索之一。这条线索是，在这样的第四起谋杀案发生后不久，一名警察治安官在不远处的墙上发现了一些涂鸦，上面写着："犹太人成为备受指责的人，绝不是没有原因的。"这些都是刚涂写上去的新鲜字迹，有可能是凶手想试图激起人们对当地犹太人的敌对和仇视情绪。所以，西格蒙德·弗洛伊德才会在后来推测说，厌女症和反犹主义之间存在着某种关联。

第七章　超人时代的厌女症

1 *Collected Poems*, edited by Edward Mendelson, Random House, 1976.

2 *The Enigma of Woman: Woman in Freud's writings*, by Sarah Kofman, 由 Catherine Porter 从法语版翻译, Cornell University Press, 1985。

3 *Some Psychical Consequences of the Anatomical Differences Between the Sexes*, The

Freud Reader, edited by Peter Gay, W. W. Norton and Company, 1989.
4　Bishop and Osthelder, 见前引。
5　Gay, 见前引。
6　同上。
7　Kofman, 同上。
8　*Civilization and Its Discontents*, Sigmund Freud, Dover Publications, 1994.
9　转引自 Betty Friedan in *The Feminine Mystique*, Norton, 1963。
10　*Eve's Seed: Biology, the sexes and the course of history*, Robert S. McElvaine, McGraw-Hill, 2001。
11　有关魏宁格的一些相关信息，大部分都来自网页 www.theabsolute.net/ottow/ottoinfo，浏览日期为 2003 年 11 月 5 日。同样，网页上的这些材料，则来源于 Chandak Sengoopta 博士撰写的博士论文《维也纳帝国的性、科学与自我》(*Sex, Science, and Self in Imperial Vienna*)，约翰斯·霍普金斯大学，1996 年。
12　*Sex and Character*, by Otto Weininger, 来自网站 *feastofhateandfear*, 浏览日期为 2003 年 11 月 11 日。
13　同上。
14　同上。
15　参见网页：www.theabsolute.net/ottow/ottoinfo。
16　同上。
17　弗洛伊德用理论说明，厌女症和反犹主义之间存在着潜在的联系，至少就它们二者在西方文明中所表现出来的关系而言。弗洛伊德推测，二者都是出于人们对阉割的恐惧。犹太人施行割礼与看到女性生殖器引发了同样的恐惧（参见本书第九章）。
18　*Hitler 1889–1936: Hubris*, by Ian Kershaw, W. W. Norton, 1998.
19　Weininger, 见前引。
20　*The Face of the Third Reich*, by Joachim C. Fest, Pelican Books, 1972.
21　Kershaw, 见前引。
22　同上。
23　同上。
24　同上。
25　同上。
26　Fest, 见前引。
27　同上。
28　同上。
29　Kershaw, 见前引。
30　*The Third Reich: A New History*, by Michael Burleigh, Pan Books, 2001.
31　同上。
32　来自网页档案 *Truth at Last Archives*, 2003 年 11 月 11 日。斯特莱彻于 1946 年 10 月被盟军审判并处决。

33 Burleigh，见前引。

34 同上。

35 *Mein Kampf*，转引自 Fest，见前引。

36 转引自 Fest，同上。

37 同上。

38 同上。

39 *Women Writing the Holocaust*，网页版，2003 年 11 月 17 日。

40 *Hitler's Willing Executioners: Ordinary Germans and the Holocaust*，by Daniel Goldhagen，Vintage Books，1997.

41 这些照片转载自 Goldhagen 的书，同上。

42 *The Nazi Doctors*，by Rover Jay Lifton，转引自 *New York Times*，2003 年 11 月 19 日。

43 来自网站 *Women in Concentration Camps*，2003 年 11 月 17 日。

44 *The Origins of the Family, Private Property and the State*，by Friedrich Engels，由 Michael Barrett 撰写导言，Penguin Classics，1985。

45 Rosalind Delmar，转引自 Michael Barrett，同上。

46 *The Woman Question: Selections from the writings of Karl Marx, Frederick Engels, V. I. Lenin, Joseph Stalin*，International Publishers，1951.

47 同上。列宁追随的是恩格斯的思想，而恩格斯在《家庭、私有制和国家的起源》(*Origins*，见前引)一书中曾经断言，"整个女性群体"的解放，只能通过参与到整体的经济中来实现。

48 Iris Chang，*The Rape of Nanking*，转引自 *War's Dirty Little Secret: Rape, prostitution and other crimes against women*，Anne Llewellyn，editor，The Pilgrim Press，2000。

49 公元前 334 年，在亚历山大大帝入侵波斯期间，少数士兵因为强奸而受到惩罚，这是为数不多的惩罚案例之一。亚历山大大帝处决了两名士兵，因为他们强奸了两名波斯人的妻子。亚历山大大帝还将这两名士兵比作"放出来意欲毁灭人类的残忍野兽"。参见 *Plutarch's Life of Alexander*，translated by Thomas North，Southern Illinois Press，1963。

第八章　身体政治

1 Pearsall，见前引。

2 同上。

3 Tannahill，见前引。

4 *Why I am not a Christian: And other essays on religion and related subjects*，by Bertrand Russell，Simon and Schuster，1950.

5 也有一些例外情况，例如，19 世纪的节育倡导者、行为放荡不羁的安妮·贝赞特（Annie Besant）曾经宣称："要是《圣经》和宗教阻碍了女性的权利，那么，我们就必须摒弃《圣经》和宗教。"参见 Pearsall，见前引。

6　Miles，见前引。

7　*The 'Rhythm' in Marriage and Christian Morality*, by Fr Orville Griese, Newman Bookshop, 1944.

8　同上。

9　*God's Politician: John Paul at the Vatican*, by David Willey, Faber and Faber, 1992.

10　同上。

11　同上。

12　同上。

13　转引自 Willey，同上。

14　Joan Didion，评 *Armageddon: The cosmic battle of the ages* by Tim LaHaye and Jerry B. Jenkins，*New York Review of Books*，2003 年 11 月 17 日。

15　BBC 世界版新闻网站，2003 年 6 月 28 日。

16　对爱尔兰女性来说，幸运的是，只需要很短的船程便可以到达英国。每年都有数千名爱尔兰女性前往英国，在那里接受她们在爱尔兰不能合法做的堕胎手术。这便使得继任的爱尔兰政府继续伪善地维护他们所谓的"生命权"立场，而与此同时，他们又不必面对这种政策所带来的负面后果。

17　Bishop and Osthelder，见前引。

18　Dr Jacques Leclercq，转引自 Griese，见前引。

19　同上。

20　根据 2003 年 1 月 20 日 *New York Times* 的报道数据，在 1981 年，每 1000 名 15 岁至 44 岁的女性中，就有超过 29 人堕过胎。而在 2003 年，这一人数为 21.3 人。

21　*New York Times*，2003 年 9 月 4 日。

22　同上。

23　*New York Times*，2003 年 5 月 10 日。

24　同上。

25　*New York Times*，2003 年 6 月 2 日。

26　*Dallas Morning News*，1996 年 8 月 9 日。

27　同上。

28　*Dallas Morning News*，见前引。

29　*Women and Gender in Islam*，by Leila Ahmed, Yale University Press, 1992。艾哈迈德还指出，英国驻埃及总领事克罗默勋爵（Lord Cromer）在埃及发起了反对戴面纱的运动，而与此同时，他在英国国内却建立了一个反对女性享有选举权的机构组织。

30　Haleh Afshar，转引自 Ahmed，同上。

31　同上。

32　*New York Times*，2002 年 5 月 17 日。

33 同上。
34 同上。
35 *New York Times*，2002 年 7 月 2 日。
36 *New York Times*，2002 年 7 月 6 日。
37 *My Forbidden Face: Growing up under the Taliban, a young woman's story*，by Latifa，与 Shekeba Hacchemi 合著，由 Linda Coverdale 翻译，由 Karenna Gore Schifff 撰写了前言，Hyperion，2001。
38 *Soldiers of God: With Islamic warriors in Afghanistan and Pakistan*，by Robert D. Kaplan，Vintage，2001。
39 Latifa，见前引。
40 同上。
41 同上。
42 同上。
43 Kaplan，见前引。
44 John Anderson，*New Yorker*，2002 年 1 月 28 日。安德森研究发现，塔利班统治时期的国家元首毛拉穆罕默德·奥马尔（Mullah Mohammed Omar）曾在他的丰田"陆地巡洋舰"汽车的 CD 播放器上播放过世俗音乐。
45 Latifa，见前引。
46 *Los Angeles Times*，2001 年 11 月 4 日。
47 *New York Times*，2002 年 10 月 27 日。
48 *New York Times*，2002 年 10 月 31 日。2003 年 12 月，在呼吁要为阿富汗起草新宪法的一次全国性大会上，百名女性代表中有一位公开反对穆斯林游击队的圣战者出席。"你为什么要再次将这些人选为委员会的主席呢？"她质问道，"为何要将那些给阿富汗人民带来如许灾难的罪犯选到委员会里去呢？"根据英国广播公司于 2003 年 12 月 18 日对该事件的报道，最后，因为此事，这位女性代表不得不转而寻求联合国的庇护。最终，没有任何女性入选这次大会所设立的委员会。

第九章　结论：我们该如何应对厌女症？

1 Goldhagen，见前引。
2 *Washington Post*，1993 年 4 月 4 日。
3 *The Collected Essays, Journalism and Letters of George Orwell*，Volume 4: *In Front of Your Nose, 1945–50*，edited by Sonia Orwell and Ian Angus，Penguin Books，1970。
4 'Rock turns mean and ugly'，by Greg Kot，一位摇滚乐评论家，*Chicago Tribune*，1990 年 11 月 18 日。
5 *New York Times*，2003 年 11 月 6 日。里奇韦因其"绿河杀手"的名号而为人所知，自 20 世纪 80 年代第一批受害者的尸体开始陆陆续续出现在西雅图南郊附近的绿河一带以来，他一直逍遥法外。

6 Samuel Slipp，转引自 *Misogyny: The Male Malady*, by David Gilmore, University of Pennsylvania Press, 2001。

7 将罗马当局统治下的犹太人的待遇与他们在基督徒统治下的命运进行比较，将会很有趣。罗马当局统治时期，犹太人确实对罗马帝国管理和控制犹太地区构成了真正的威胁。尽管当时发生了两次重要的犹太人起义，第一次发生在公元66年，第二次是在公元132年，而且，这两次起义都是以犹太人的大量流血牺牲为代价才被镇压下去的，但是，罗马人并没有制定一些反犹主义的法律。基督教兴起之后，它的一大重要特征便是对其他宗教和种族的不宽容态度，这在很大程度上是有别于罗马统治时期人们的思想的。

8 Goldhagen，见前引。

9 *New York Times Magazine*，2002年9月15日。

10 *Fable for Another Time*, translated by Mary Hudson, University of Nebraska Press, 2003.

11 Paz，见前引。

12 转引自 Pinker，见前引。

13 同上。

14 Russell，见前引。

15 Pinker，见前引。

16 *The Rise and Fall of the Third Chimpanzee: How our animal heritage affects the way we live*, Vintage, 1992.

17 'To his Coy Mistress', by Andrew Marvell, the *Oxford Book of English Verse*, edited by Christopher Ricks, Oxford University Press, 1999.

18 倭黑猩猩（Bonobo，又叫 pygmy chimpanzee），是除人类外唯一一种会隐藏排卵期的灵长类动物。通常，倭黑猩猩的性行为比较活跃，而且，它们也像人类一样，会出于生育以外的其他各种原因而进行性活动。参见 *Demonic Males: Apes and the origins of human violence*, by Richard Wrangham and Dale Peterson, Mariner Books, 1996。

19 *Survival of the Prettiest: The science of beauty*, by Nancy Etcoff, Doubleday, 1999.

人名译名对照表

A

阿巴斯，穆罕默德，毛拉 Abbas, Mullah Mohammed
阿尔伯特，亲王 Albert, Prince
阿佛洛狄忒 Aphrodite
阿格里帕 Agrippa
阿基坦的埃莉诺 Eleanor of Aquitaine
阿伽门农 Agamemnon
阿克顿，威廉，医生 Acton, Dr William
阿里斯托芬 Aristophanes
阿斯特尔，玛丽 Astell, Mary
阿塔，穆罕默德 Atta, Mohamed
埃庇米修斯 Epimetheus
埃多斯，凯瑟琳 Eddowes, Catherine
埃伦贝格，菲利普·阿道夫·冯 Ehrenberg, Philipp Adolf von
埃斯库罗斯 Aeschylus
霭理士，亨利·哈夫洛克 Ellis, Henry Havelock
艾略特，乔治 Eliot, George
艾略特，T.S. Eliot, T.S.
艾森鲍姆，帕梅拉 Eisenbaum, Pamela
艾斯阿德，纳瓦勒 Assaad, Nawal
艾特考夫，南希 Etcoff, Nancy
安伯利，子爵夫人 Amberley, Lady
安布罗斯，圣 Ambrose, St
安提戈涅 Antigone
奥德修斯 Odysseus
奥登，W. H. Auden, W. H.
奥古斯丁，圣 Augustine, St
奥古斯都，皇帝 Augustus, Emperor
奥雷斯特斯 Orestes
奥利金 Origen
奥威尔，乔治 Orwell, George
奥维德 Ovid
奥兹克，辛西娅 Ozick, Cynthia

B

巴达达，阿马雷 Badada, Amare
巴克斯 Bacchus
巴雷特，詹姆斯·H. Barrett, James H.
巴亚德，约翰，医生 Bayard, Dr John
拜伦，勋爵 Byron, Lord
班昭 Ban Zhao
邦德，托马斯，医生 Bond, Dr Thomas
保拉 Paula
保禄六世，教宗 Paul VI, Pope

保罗，圣 Paul, St
鲍德勒，托马斯 Bowdler, Thomas
鲍嘉，亨弗莱 Bogart, Humphrey
贝恩，阿芙拉 Behn, Aphra
本·拉丹，奥萨马 bin Laden, Osama
比比，穆罕塔兰 Bibi, Mukhtaran
比比，扎弗兰 Bibi, Zafran
彼得罗妮拉 Petronilla
庇护九世，教宗 Pius IX, Pope
庇护十二世，教宗 Pius XII, Pope
宾斯费尔德，彼得，特里尔主教 Binsfield, Peter, Bishop of Trier
冰块酷巴（说唱歌手）Ice Cube
波蒂纳里，贝雅特丽齐 Portinari, Beatrice
波伏瓦，西蒙娜·德 Beauvoir, Simone de
波默罗伊，萨拉 Pomeroy, Sarah
波普尔，卡尔 Popper, Karl
伯里克利 Pericles
伯特，约翰·A. Burt, John A.
柏拉图 Plato
勃朗特，艾米莉 Brontë, Emily
勃朗特，夏洛特 Brontë, Charlotte
博丹，让 Bodin, Jean
博热，勒诺·德 Beaujeu, Renaut de
布莱克，威廉 Blake, William
布莱克威尔，伊丽莎白 Blackwell, Elizabeth
布朗，艾萨克·贝克 Brown, Isaac Baker
布朗，彼得 Brown, Peter
布列塔尼库斯 Britannicus
布鲁图，德基姆斯 Brutus, Decimus
布洛赫，伊万 Bloch, Ivan
布洛克，A.J. Block, A.J.
布什，乔治·W. Bush, George W.

C
查普曼，安妮 Chapman, Annie

D
达尔文，查尔斯 Darwin, Charles
达拉斯，戈蒂埃 d'Arras, Gautier
大阿格里皮娜 Agrippina the Elder
戴蒙德，贾雷德 Diamond, Jared
但丁·阿利吉耶里 Dante Alighieri
德尔图良 Tertullian
德鲁西拉 Drusilla
德谟克利特 Democritus
德摩斯梯尼 Demosthenes
狄安娜 Diana
狄奥多西一世，皇帝 Theodosius I, Emperor
狄奥·卡西乌斯 Dio Cassius
狄俄尼索斯 Dionysus
狄更斯，查尔斯 Dickens, Charles
笛福，丹尼尔 Defoe, Daniel
笛卡尔，勒内 Descartes, René
杜布瓦，神父 Dubois, Abbé
多米提乌斯 Domitius

E
俄瑞斯忒斯 Orestes
恩格斯，弗里德里希 Engels, Freidrich

F
弗洛伊德，西格蒙德 Freud, Sigmund
福尔图娜 Fortuna
福特，福特·马多克斯 Ford, Ford Maddox
傅玄 Fu Hsuan
富尔维娅 Fulvia

G
盖依-谢夫塔尔，贝弗利 Guy-Sheftall, Beverly

冈恩，大卫，医生 Gunn, Dr David
戈达德，威廉 Goddard, William
戈德哈根，丹尼尔 Goldhagen, Daniel
戈德温，威廉 Godwin, William
哥白尼，尼古拉 Copernicus, Nicholas
格莱奇娜，彭波尼娅 Graecina, Pomponia
格莱斯顿，威廉 Gladstone, William
格雷夫斯，罗伯特 Graves, Robert
格里尔，杰梅茵 Greer, Germaine
格里芬，迈克尔 Griffin, Michael
格里斯，奥维尔，神父 Griese, Fr Orville
格林纳威，凯特 Greenaway, Kate
格托男孩（说唱组合）Geto Boys
古滕塔格，马西娅 Guttentag, Marcia

H

哈德良，皇帝 Hadrian, Emperor
汉谟拉比，国王 Hammurabi, King
汗，贾迈勒 Khan, Jamal
荷马 Homer
贺拉斯 Horace
赫本，凯瑟琳 Hepburn, Katharine
赫卡柏 Hecuba
赫西俄德 Hesiod
赫伊津哈，约翰 Huizinga, J.
霍梅尼，阿亚图拉 Khomeini, Ayatollah
霍普金斯，马修 Hopkins, Matthew
霍滕西乌斯，昆图斯 Hortensius, Quintus
霍滕西亚 Hortensia

J

吉本，爱德华 Gibbon, Edward
吉蒂勒，爱丽丝，夫人 Kyteler, Lady Alice
伽利略·伽利雷 Galileo Galilei

伽卢斯，盖乌斯·苏尔皮基乌斯 Gallus, Gaius Sulpicius
杰拉尔达，夫人 Geralda, Lady
金布塔斯，玛利亚 Gimbutas, Marija
君士坦丁，皇帝 Constantine, Emperor

K

喀提林，卢西乌斯 Catiline, Lucius
卡拉塔库斯 Caratacus
卡利古拉，皇帝 Caligula, Emperor
开膛手杰克 Jack the Ripper
凯利，玛丽·简 Kelly, Mary Jane
恺撒，尤利乌斯 Caesar, Julius
康德，伊曼努尔 Kant, Immanuel
康诺利，詹姆斯 Connolly, James
科蒂尼奥，埃尔希玛 Coutinho, Elsimar
科利奥兰纳斯 Coriolanus
科普，詹姆斯·C. Kopp, James C.
克拉第努斯 Collatinus
克拉马，亨利 Kramer, Henry
克劳伯格，卡尔，教授 Clauberg, Professor Carl
克劳狄乌斯，皇帝 Claudius, Emperor
克利奥帕特拉 Cleopatra
克利兰，约翰 Cleland, John
克吕泰涅斯特拉 Clytemnestra
克伦威尔，奥利弗 Cromwell, Oliver
克瑞翁 Creon
库别兹克，奥古斯特 Kubizek, August

L

拉瓦尔，阿明娜 Lawal, Amina
莱德雷德，理查德，奥索里主教 Ledrede, Richard, Bishop of Ossory
劳巴尔，格莉 Raubal, Geli
老加图 Cato the Elder
勒瓦瑟，泰蕾兹 le Vasseur, Thérèse
雷必达，马库斯 Lepidus, Marcus

雷米，尼古拉 Rémy, Nicholas
李维 Livy
里根，罗纳德 Reagan, Ronald
里奇韦，加里 Ridgeway, Gary
理查森，塞缪尔 Richardson, Samuel
丽达 Leda
利伯略，教宗 Liberius I, Pope
莉薇娅，皇后 Livia, Empress
良善女神 Bona Dea
列宁，弗拉基米尔 Lenin, Vladimir
卢克雷蒂娅 Lucretia
卢梭，让-雅克 Rousseau, Jean-Jacques
鲁道夫，埃里克·罗伯特 Rudolph,
　　Eric Robert
路德，马丁 Luther, Martin
路加，圣 Luke, St
路易十四，国王 Louis XIV, King
罗宾斯，马蒂 Robbins, Marty
罗姆，恩斯特 Röhm, Ernest
罗慕路斯 Romulus
罗切斯特，约翰·威尔莫特，伯爵
　　Rochester, John Wilmot, Earl of
罗森伯格，阿尔弗雷德 Rosenberg,
　　Alfred
罗斯福，西奥多 Roosevelt, Theodore
罗素，伯特兰 Russell, Bertrand
洛克，约翰 Locke, John
伦敦，杰克 London, Jack

M
马吉安 Marcion
马可，圣 Mark, St
马克·安东尼 Mark Antony
马克思，卡尔 Marx, Karl
马克西姆斯，瓦莱里乌斯 Maximus,
　　Valerius
马罗，克莱芒 Marot, Clement
马瑟，科顿，牧师 Mather, Rev. Cotton
马修，圣 Matthew, St

迈尔斯，罗莎琳德 Miles, Rosalind
麦卡莱恩，尤法妮 McCalyane,
　　Euphanie
梅萨利娜 Messalina
梅特鲁斯，埃格内修斯 Metellus,
　　Egnatius
梅休，亨利 Mayhew, Henry
美狄亚 Medea
门格勒，约瑟夫 Mengele, Joseph
弥尔顿，约翰 Milton, John
抹大拉的马利亚 Mary Magdalene
莫尔，托马斯 More, Thomas
莫妮卡，圣 Monica, St
莫特，柳克丽霞 Mott, Lucretia
墨涅拉俄斯 Menelaus
穆巴拉克，总统 Mubarak, President
穆勒，约翰·斯图亚特 Mill, John
　　Stuart

N
拿破仑 Napoleon
纳赛尔，贾迈勒·阿卜杜勒 Nasser,
　　Gamel Abdel
尼波斯，科尔涅利乌斯 Nepos,
　　Cornelius
尼采，弗里德里希 Nietzsche, Friedrich
尼科尔斯，玛丽·安 Nichols, Mary
　　Ann
尼拉马苏胡科，波利娜
　　Nyiramasuhuko, Pauline
尼禄，皇帝 Nero, Emperor
聂斯托利，君士坦丁堡主教 Nestorius,
　　Bishop of Constantinople
纽卡斯尔，玛格丽特，公爵夫人
　　Newcastle, Margaret, Duchess of
诺克斯，约翰 Knox, John

O
欧里庇得斯 Euripides

P

帕里斯 Paris
帕斯，奥克塔维奥 Paz, Octavio
潘恩，托马斯 Paine, Thomas
潘多拉 Pandora
彭透斯 Pentheus
皮桑，克里斯蒂娜·德 Pisan, Christine de
平克，史蒂芬 Pinker, Steven
蒲柏，亚历山大 Pope, Alexander
普劳提乌斯，奥路斯 Plautus, Aulius
普里阿摩斯 Priam
普里斯特利，约瑟夫 Priestly, Joseph
普鲁塔克 Plutarch
普罗米修斯 Prometheus

Q

齐亚·哈克，将军 Zia ul-Haq, General
乔叟，杰弗里 Chaucer, Geoffrey
琼森，本 Jonson, Ben

R

日耳曼尼库斯 Germanicus
若望保禄二世，教宗 John Paul II, Pope
若望二十二世，教宗 John XXII, Pope

S

萨德，侯爵 Sade, Marquis de
萨堤尔 Satyr
萨鲁斯特 Sallust
萨默斯，蒙塔古，牧师 Summers, Rev. Montague
塞利纳，路易-费迪南 Céline, Louis-Ferdinand
塞涅卡 Seneca
塞扬努斯 Sejanus
桑格，玛格丽特 Sanger, Margaret
森普罗尼亚 Sempronia
沙夫茨伯里，勋爵 Shaftesbury, Lord
莎士比亚，威廉 Shakespeare, William
圣母玛利亚 Virgin Mary
圣女贞德 Joan of Arc
施里曼，海因里希 Schliemann, Heinrich
施特莱彻，尤利乌斯 Streicher, Julius
施洗约翰 John the Baptist
叔本华，阿图尔 Schopenhauer, Arthur
司布伦格，詹姆斯 Sprenger, James
司各脱，邓斯 Scotus, Duns
斯蒂芬斯，沃尔特 Stephens, Walter
斯莱皮恩，巴尼特·A.，医生 Slepian, Dr Barnett A.
斯潘塞，萨拉 Spenser, Sarah
斯塔克，罗德尼 Stark, Rodney
斯坦顿，伊丽莎白·凯迪 Stanton, Elizabeth Cady
斯特赖德，伊丽莎白 Stride, Elizabeth
斯通，劳伦斯 Stone, Lawrence
斯韦特曼，约瑟夫 Swetman, Joseph
苏格拉底 Socrates
苏亚雷斯，弗朗西斯科 Suarez, Francisco
梭伦 Solon
索福克勒斯 Sophocles

T

塔奎尼乌斯·苏培布斯，罗马皇帝 Tarquinius Superbus, King of Rome
塔西佗，科尔涅利乌斯 Tacitus, Cornelius
忒修斯 Theseus
特鲁斯，索杰纳 Truth, Sojourner
特洛伊的海伦 Helen of Troy
提比略，皇帝 Tiberius, Emperor
图拉真，皇帝 Trajan, Emperor
托克维尔，亚历西斯·德 Tocqueville, Alexis de
托勒密 Ptolemy

托马斯·阿奎那,圣 Thomas Aquinas, St

W

韦斯特,丽贝卡 West, Rebecca
维多利亚,女王 Victoria, Queen
维特根斯坦,路德维希 Wittgenstein, Ludwig
魏宁格,奥托 Weiniger, Otto
温弗瑞,奥普拉 Winfrey, Oprah
沃纳,玛丽娜 Warner, Marina
沃斯通克拉夫特,玛丽 Wollstonecraft, Mary
屋大维娅 Octavia

X

西科德,保罗 Secord, Paul
西利乌斯,盖乌斯 Silius, Gaius
西斯笃五世,教宗 Sixtus V, Pope
希波吕托斯 Hippolytus
希尔,保罗 Hill, Paul
希尔,弗里德里希 Heer, Friedrich
希金博特姆,莱昂 Higginbotham, Leon
希克马蒂亚尔,古勒卜丁 Hekmatyar, Gulbuddin
希拉里翁 Hilarion
希罗多德 Herodotus
希姆莱,海因里希 Himmler, Heinrich
希尼,谢默斯 Heaney, Seamus
希特勒,阿道夫 Hitler, Adolf
夏娃 Eve
小阿格里皮娜 Agrippina
辛普森,阿格尼丝 Simpson, Agnes
辛普森,詹姆斯·扬 Simpson, James Young
雪莱,玛丽 Shelley, Mary
雪莱,珀西·比希 Shelley, Percy Bysshe

Y

雅典娜 Athena
亚当 Adam
亚当斯,阿比盖尔 Adams, Abigail
亚当斯,约翰 Adams, John
亚里士多德 Aristotle
亚历山大大帝 Alexander the Great
亚历山大的克雷芒 Clement of Alexandria
亚历山大的西里尔,圣 Cyril of Alexandria, St
亚历山大的希帕蒂亚 Hypatia of Alexandria
杨震 Yang Chen
耶稣基督 Jesus Christ
伊阿宋 Jason
伊丽莎白一世,女王 Elizabeth I, Queen
伊姆利,吉尔伯特 Imlay, Gilbert
伊斯梅内 Ismene
伊西斯 Isis
易卜拉欣,赛义德 Ibrahim, Said
英诺森八世,教宗 Innocent VIII, Pope
英诺森三世,教宗 Innocent III, Pope
尤利娅 Julia
尤维纳利斯 Juvenal
约翰,圣 John, St

Z

詹姆士一世兼詹姆士六世,国王 James I & VI, King
哲罗姆,圣 Jerome, St
宙斯 Zeus

图书在版编目（CIP）数据

厌女简史：世界上最古老的偏见 /（爱尔兰）杰克·霍兰著；汪丽译. -- 北京：北京联合出版公司，2024.8
ISBN 978-7-5596-7601-6

Ⅰ.①厌… Ⅱ.①杰… ②汪… Ⅲ.①女性－社会问题－研究－世界 Ⅳ.① C913.68

中国国家版本馆 CIP 数据核字 (2024) 第 084387 号

北京市版权局著作权合同登记号 图字：01-2024-2197 号

厌女简史：世界上最古老的偏见

作　　者：[爱尔兰] 杰克·霍兰
译　　者：汪　丽
出 品 人：赵红仕
策划机构：明　室
策划编辑：赵　磊
特约编辑：李洛宁
责任编辑：孙志文
装帧设计：山川制本 workshop

北京联合出版公司出版
(北京市西城区德外大街 83 号楼 9 层　100088)
北京联合天畅文化传播公司发行
北京市十月印刷有限公司印刷　新华书店经销
字数 268 千字　880 毫米 ×1230 毫米　1/32　11.5 印张
2024 年 8 月第 1 版　2024 年 8 月第 1 次印刷
ISBN 978-7-5596-7601-6
定价：68.00 元

版权所有，侵权必究
未经书面许可，不得以任何方式转载、复制、翻印本书部分或全部内容。
本书若有质量问题，请与本公司图书销售中心联系调换。
电话：(010) 64258472-800

A Brief History of Misogyny: The World's Oldest Prejudice

Copyright © Jack Holland 2006.

First published in the United Kingdom in the English language in 2006.

This edition published by arrangement

with Little, Brown Book Group, London.

Simplified Chinese edition copyright

© 2024 by Shanghai Lucidabooks Co., Ltd.

All rights reserved